北大文化产业评论

Peking University Cultural Industries Review

叶朗 向勇 ◎ 主编

2021

中国出版集团公司
华文出版社

图书在版编目（CIP）数据

北大文化产业评论. 2021 / 叶朗，向勇主编. ——北京：华文出版社，2022.5

ISBN 978-7-5075-5550-9

Ⅰ．①北… Ⅱ．①叶… ②向… Ⅲ．①文化产业－研究 Ⅳ．①G114

中国版本图书馆CIP数据核字(2022)第072646号

北大文化产业评论 2021

主　　编：	叶　朗　向　勇
责任编辑：	杨艳丽　袁　博
出版发行：	华文出版社
地　　址：	北京市西城区广安门外大街 305 号 8 区 2 号楼
邮政编码：	100055
网　　址：	http://www.hwcbs.com.cn
电　　话：	总编室 010-58336239　发行部 010-58336212　58336230
	责任编辑 010-58336191
经　　销：	新华书店
印　　刷：	三河市龙大印装有限公司
开　　本：	787mm×1092mm　1/16
印　　张：	14
字　　数：	260 千字
版　　次：	2022 年 5 月第 1 版
印　　次：	2022 年 5 月第 1 次印刷
标准书号：	ISBN 978-7-5075-5550-9
定　　价：	69.00 元

版权所有，侵权必究

中华文化传承与创新研究智库丛书
编 委 会

主　　编　彭　锋
副 主 编　向　勇　赵冬梅
执行主编　杨玉娟　芦秋婉

专家委员会
邓小南　黄璐琦　彭兴业　吴必虎
张晓崧　强世功　吴建发　陈云斐
康　涛　陈　勇　谭玉英

编委（按姓氏拼音排序）
傅艺玮　靳凌志　乐伟欢　李赛梅　李耀宗
刘　欢　刘文政　曲文鹏　上官民哲　宋　亮
项　玥　谢周莹　熊君玥　闫小青　邹彦宇

《北大文化产业评论》编委会

主　编
叶　朗　向　勇
执行主编
王韶菡　郑雨琦　潘玛婷　梁　沁
编辑
刘结成　钮沭联　汪　卷　闫小青　唐丽质　任晓珊　王佳萱
专家委员会委员（按姓氏笔画排序）
王一川（北京大学）
尹　鸿（清华大学）
李天铎（台湾实践大学）
李向民（南京艺术学院）
何庆基（香港中文大学）
李　炎（云南大学）
花　建（上海社会科学院）
张胜冰（中国海洋大学）
金元浦（中国人民大学）
单世联（上海交通大学）
范　周（中国传媒大学）
胡智锋（北京师范大学）
顾　江（南京大学）
贾旭东（中国传媒大学）
高宏存（中央党校国家行政学院）
徐秀菊（澳门理工学院）
彭　锋（北京大学）
魏鹏举（中央财经大学）
Boyi Li（The University of Exeter）
Peter Williamson（The University of Cambridge）

本书为2017年度国家社会科学基金重大项目"丝绸之路经济带沿线国家文化产业合作共赢模式及路径研究"（课题编号17ZDA043）阶段性成果

编者按

2021年是中国共产党建党100周年，也是"十四五"规划的开局之年。经历了过去一年突发性公共卫生事件的紧急处理，以及严重自然灾害与全球多变局势的应对，如今我们又重新站在新征程的起点上，见证了中华民族的团结与毅力，感受到高涨的民族自信心。基于此，党中央首次明确提出在2035年建成社会主义文化强国的目标，要求繁荣我国的文化事业和文化产业，提高国家文化软实力，其重点任务是提高社会文明程度，提升公共文化服务水平，健全现代文化产业体系。

为配合推进这一长远目标的实现，2020年10月末，"跨媒体艺术与数字共生"线上博士生学术论坛顺利召开，为青年学者在关于文化产业数字化的前沿议题的思考上提供了交流碰撞的平台。2021年1月16日至17日，第十八届中国文化产业新年论坛暨中国抚州文创生态大会"迈向2035：文化强国与新发展格局"线上会议顺利召开。该论坛广邀国内外知名专家学者和业界精英共聚云端，通过多元对话，推动新时代文化产业发展的理论思考与实践关怀。以上两次会议中的优秀论文成为本刊重要的稿件来源，参会代表也成为本刊重要的撰稿作者。此外，本刊还广发《征稿启事》，来自不同研究领域、拥有不同学术背景的学者踊跃投稿，共吸纳优秀论文16篇。

为加速推动《北大文化产业评论》成为国际文化产业领域中知名学者研究成果发表的主要阵地，并入选南京大学中文社会科学引文索引（CSSCI），本刊继续规范投稿要求，完善审稿程序，并将本年度收录的稿件统筹于理论视野、前沿观察、产业动态、区域热点四个固定板块之下，有侧重地展现出不同角度、不同层次的文化产业研究视点。

在理论视野板块，所选论文涉及多个不同领域的理论：既有立足于艺术介入探讨的关系美学问题，也有在艺术事件观之下对本雅明光晕理论的反思和重塑，更有将时代背景和行业特点相结合，围绕"发展文化产业学"这一新的理论构建所展开的关于演出二级平台策略和文化大数据体系云平台建设等新社会现象的思考。无论是传统经典理论的再发展，还是新兴理论的尝试提出，这些论文都紧密围绕我国当今文化产业发展热点，兼具很强的学术与现实意义。

在前沿观察板块，所选论文主要探讨乡村振兴、跨文化传播及数字化时代的"新文创"等话题：乡村振兴包括对其美学构建要求的思考和以文旅促进其价值链的阐释；在跨文化传播视域下，主要依托符号表达和接受美学展开对中国纪录片、短视频等走向海外的过程中遇到的问题和对策思路的讨论；在数字化时代下的新文创领域中，则对当今的城市更新及其创意实现贡献了有效的思路。

在产业动态板块，所选论文多采用案例研究的方法阐释某些行业门类的跨界发展和最新动向。围绕传统民间舞蹈文化的当代传承与价值开发等问题，有学者从形制出发，通过动态捕捉、群体整合及剧场介入等步骤提出了建设性意见，也有学者从内容出发，根据"一带一路"倡议的主旨提出了丰富艺术内涵、建立情感纽带、促进共生发展的设想；在电影行业的相关讨论中，有学者发展了发行窗口期理论，针对我国电影发行市场的相关政策规划提出了建议；在休闲街区的创建上，有学者也相应提出了有效的理念、路径与方法。这些产业研究从文化产业各门类的实际状况出发，结合丰富的理论背景与政策实际，有益于促进其良性健康发展。

在区域热点板块，所选论文多以某个区域的现实问题来反映文化产业的发展动态：韩国在疫情之下如何利用数字技术促进其博物馆、美术馆的发展，对于其他国家在类似境况下所面临的问题也有积极的参考价值；日本濑户内国际艺术节的审美体验，促进了对于在地艺术与创意旅游相结合的发展路径的理解；北京市"神木"IP的挖掘营造，充分彰显了地方博物馆活化的可能性。这些区域事件的探讨，不仅有针对地反映了地方性问题和经验，也给其他国家、地区相应产业的发展和总体学术理论的构建做出了新的贡献。

本刊致力于把有价值的学术观点、正确的文化导向传播给广大受众，并期待文化产业与其他行业能够产生更具创造性的良性互动。我们也真诚欢迎社会各界人士继续关注和支持本刊。

《北大文化产业评论》编辑部

目 录

编者按 ·· 1

理论视野

艺术事件观下数字时代传统艺术的光晕重塑
　　——以《宋梦追卿记》为例 ··· 2
发展文化产业学的研究视角与细分行业实践：基于消费者
　　需求特性的演出二级平台策略研究 ·· 12
发展文化产业学视角下中国文化大数据体系云平台建设的
　　政策伦理性问题思考 ·· 28
关系美学视角下的"艺术乡建" ··· 45

前沿观察

接受美学视域下的中国纪录片海外传播效果研究
　　——以美食纪录片《风味原产地》为例 ·· 68
跨文化传播视域下，中华传统文化的形象建构与符号表达研究
　　——以 YouTube 中国视频博主为例 ·· 83
略述以文旅产业促乡村振兴的价值链
　　——兼析周窝音乐小镇之"表里" ·· 93
《归园田居》与乡村美学设想
　　——从文化产业角度阐释陶渊明诗 ··· 104
新文创城市：数字传播时代的城市更新主张及其实践 ·························· 115

产业动态

"一带一路"倡议下传统舞蹈的文化开发与当代建设 ………… 128

电影发行窗口期的理论缘起与市场现状 ……………………… 139

略论打造休闲街区的理念、路径与方法 ……………………… 152

中国传统民间舞蹈文化的当代传承与价值开发

　　——以传统乐舞集《沉香》系列为例 …………………… 160

区域热点

北京东方神木营造与神木博物馆核心 IP 的挖掘与重构 ……… 172

疫情如何改变美术馆、博物馆的未来

　　——以韩国国立中央博物馆、国立现代美术馆和国立民俗博物馆为例 … 188

在地艺术与创意旅游

　　——濑户内国际艺术节的审美建构 ……………………… 199

《北大文化产业评论》征稿启事 ……………………………… 212

理论视野

艺术事件观下数字时代传统艺术的光晕重塑
——以《宋梦追卿记》为例

张艺璇[①]

(北京大学艺术学院,北京)

【内容提要】 本文在艺术事件观的视角下对本雅明"光晕"理论的内涵、物性、事性和不可复制性进行了批判性反思,将本雅明的故事观作为救赎光晕的重要密码,指出光晕来自传统艺术内部和外部的"事性",能够通过"再域化"和"再叙述"被再现和重塑。本文认为合理应用数字技术能够再现内部光晕的"不可接近性""历史仪式性""物我感应性"等特征;通过分析案例《宋梦追卿记》中经典故事《双渐追卿》的当代演绎可以发现,重建历史语境、重讲传统经验能够驱动传统艺术外部光晕的当代重塑。

【关键词】 艺术事件观,光晕,经验,物性,事性

引　言

近年来,随着数字技术的蓬勃发展,新媒体浪潮已席卷全球各行各业。以传统文博行业为例,自 2016 年起,国家文物局等五部门联合实施的"互联网+中华文明"三年行动计划推动了全国 5000 余家博物馆与文化科研单位联合,共同打造文物数字化展示传播平台,全息影像、云上展览、沉浸式体验等数字文物展览方兴未艾。2020 年新冠肺炎疫情的蔓延更是倒逼博物馆行业提前进入数字时代,疫情期间全国文物系统动员全国文博机构联袂呈现数字文物展览 2000 余个,在推出的云展厅、云课堂、云考古、云直播等网络展示活动中,总浏览量超过 50 亿人次。利用新媒体技术呈现传统文化已成为势不可当的发展趋势,更成为响应习近平总书记"让收藏在

---

① 张艺璇,北京大学艺术学院博士生,山西太原人。主要研究方向为数字创意产业。

禁宫里的文物、陈列在广阔大地上的遗产、书写在古籍里的文字都活起来"的号召的重要方式。

然而，在数字技术正悄然改变传统博物馆、美术馆面貌的当下，面对本雅明"机械复制技术在展示和传播传统艺术的同时，会导致传统艺术光晕的消逝"的预言，我们不禁发出疑问：发达的数字复制技术是否会进一步削弱传统艺术的光晕？今天，传统艺术的光晕是否还有被重塑的可能？本文将结合《宋梦追卿记》的案例，从艺术事件观的角度对本雅明的光晕理论进行反思。

一、艺术事件观下光晕理论的当代反思

（一）本雅明光晕理论的内涵考辨

对本雅明现存著作进行考证可以发现，本雅明最早在《评陀思妥耶夫斯基的〈白痴〉》一文中使用"光晕"（Aura）概念，与格奥尔格圈子的用法相似，主要是指物体散发出的光亮。在 1930 年 3 月写成的《毒品尝试记录》一书中，本雅明较为详细地阐释了光晕的概念，认为所有事物都能显现真正的光晕；光晕处在变化之中，事物的每一个变化都可能引起光晕的变化；真正的光晕，绝不会像庸俗的神秘书籍所呈现和描绘的那样，清爽地散射出神灵的魔幻之光。真正的光晕的特征，更多地见之于笼罩物体的映衬意象。可见，光晕并不是一个固定对象或一个固定不变的概念，本雅明前后期对光晕的理解也有所不同。

在《机械复制时代的艺术》一书中，本雅明将光晕等同于原作，认为光晕是传统艺术作品即时即地、独一无二的存在，后人常据此把光晕与原真性、艺术的本源联系在一起，这从根本上否认了光晕被复制的可能。然而，在《波德莱尔的几个母题》一书中，本雅明却将光晕建立在对一种客观的或自然的对象与人之间的关系的反应的转换上，把光晕指定为非意愿回忆之中自然地围绕感知对象的联想，其运作的心理机制建立在普鲁斯特式的非意愿记忆和弗洛伊德的自由联想法之上，将光晕移置到人与艺术的"引力场"上，从而跳出了历史线性的逻辑，给了光晕被重塑的可能。本雅明也在《讲故事的人》中表达了"光晕"可以体现在传统文学讲故事的艺术之中的观点。他把讲故事看作人类经验的传递，经验会在光晕的笼罩下化为听众不由自主的回忆，最终深藏于人类的集体文化心理结构中。由此可见，本雅明的光晕理论存在着艺术本源论、主客感知论之间的矛盾，他所提到的"经验""感知""环境"等概念在艺术事件观的视野下具有极大的讨论空间。

（二）艺术光晕物性与事性的反思

艺术事件观发端于哲学现象学的转向，彭锋教授对哲学概念中的事实与事件进行了区分。他以东方哲学中的"庄周梦蝶"为例，认为我们没有唯一永恒真实的庄周，但也不是完全没有真实的庄周，我们拥有的只是在不同事件中真实在场的庄周。哲学之本正是构建于一个个当下事件的在场。杨国荣教授对"事物"进行了拆分，认为人与物的关系，乃是以人与事的关系为中介。"物"唯有融入于"事"，才呈现其多样的意义；"事"的展开过程，也是"物"的意义不断呈现的过程，"事"和"物"不可分割。

当代艺术的本质也由作为"物"的艺术逐渐转向作为"事件"的艺术，杜威在《艺术即经验》中指出，"艺术本就应该以人的经验为出发点"。艺术家通过手工劳动传递个人的经验，对观众来说，重要的不再是作品是不是艺术品，而在于作品能否提供人们以经验和感受。这些与本雅明关于原始故事所传达的"经验"有着异曲同工之妙。高建平教授将经验的范围扩大为"事件"，他认为"艺术品是作为艺术家制造的某个事件的留存物或痕迹而存在的。它们之所以成为艺术品，正是由于事件性"。卢文超教授认为，艺术并非只是客观存在的物品，一直在那里静止不动地散发着美学的光芒，作为物品的艺术会有很多关联和经历，这些都会加入它的意义之中，从而改变它已有的意义。因此，在艺术事件观下，艺术是一种事件，艺术品是物性与事性的统一。物性体现着艺术品的美学价值，事性则源自艺术品的历史价值。

卢文超教授对本雅明《机械复制时代的艺术作品》论文中艺术品的物性与事性做了界定。本雅明清晰地指出，事物的本真性包括"自它问世起一切可以绵延流传的东西，从物质上的持续到注入其中的历史见证"。其中物质上的持续是"物性"，注入其中的历史见证是"事性"，本真性就是物性与事性的统一。在本雅明看来，机械复制技术只能实现"物性"的完美复制，在这个过程中，"复制技术使所复制的东西从其传承关联中脱离了出来"，"物品物质上的持续与人没有了关系"，"历史地注入某物的见证就难以确凿了"。可见，本雅明所认为的机械复制时代所丧失的光晕，只是艺术品原真性中"事性"的那一部分。用格罗伊斯的说法，光晕的本质就是"艺术作品与外部语境的关系"，即让艺术品得以进入历史的"事性"。

本雅明所描述的自然的光晕也呼应了"事性"中人与环境的关系这一部分。他指出："我们把自然事物的灵韵定义为远方某物使你觉得如此贴近的那种独有显现。某个夏日正午，站在远处一座山峦或一片树枝折射成的阴影里，休憩着端详那山或那树，这就在呼吸着那山或那树的灵韵了。"艺术的灵韵不在自然事物本身，而在于它与人所共处的情境，呼吸也不是一种静态的观看，而是对艺术事件的切身感知。这与杜威理解艺术的前提是"活生生的人"的论述相一致，两人都认为"生命是在一个环境中进行的；不仅仅是在其中，而且是由于它，并与它相互作用"。"文化就是人处理环境的方式"，这种环境不仅包括人与自然、人与物的关系，也包含人与他人的关系。杜威认为欣赏艺术品最重要的是使艺术品回到产生时的语境。

艺术品的"事性"还体现在光晕被人感知的方式上。本雅明认为光晕是在"非意愿回忆"中的"自由联想"，如富于实践的陶工在陶瓷中传达的隐秘经验一样，人们所感知到的传统艺术的光晕是根植于潜意识深处的个人经验、时代经验和人类集体经验。它可以通过讲故事的方式被传达，观众也可以根据自己的经验去丰富故事，让过去的经验在今天重获生命力。在杜威看来，这种经验蕴含在每个人的生活之中，"那些日常生活的经验，哪怕是一些粗俗的经验，只要是'真经验'，就与审美经验有联系，并且只要它能得到完全的表现，就能导向艺术"。因此，要想理解艺术，必须绕道而行，先揭示艺术与日常生活的关系。与演员的演出一样，讲故事需要讲者和听众同时在场，光晕就在这种氛围之中产生。而机械复制时代消息的爆炸使经验的口口相传不再可能，新闻在经过意识的加工处理后难以变成"不由自主的回忆"，故事艺术的光晕也就此消散。

（三）艺术事件观下可重获的光晕

在本雅明看来，机械复制技术不仅完美地复制了艺术品的"物性"，还放大和传播了它，从这一角度来说，本雅明盛赞了技术在发扬美学价值上的潜能。他认为，首先，复制技术"可以突出那些由肉眼不能看见但镜头可以捕捉的原作部分"，将物性更为突出地展现在我们面前；其次，它"能把摹本带到原作本身无法达到的境地"，将物性去语境化、去事件化，可让更多的人欣赏。

本雅明观点的局限性在于仅从艺术品的内部"事性"角度来谈复制品的"去事件化"，认为艺术品在被手工制作的那一刻——此时此地的经验无法被其他时间地点所再现，漫长岁月中一个个故事在艺术品上所叠加的"陶工的手一样的痕迹"也难以通过复制品被人们感知。这种原初的经验和历史的痕迹共同构成了艺术品天然的内部"事性"。

本雅明并未意识到在将"事"剥离出"物"的外壳后，尽管被复制的"物"看似进入了"万物皆同"的状态，但作为"事"的光晕并未如他所预想的那样枯竭消逝。"事"能够在新的语境下被重新讲述，因为原初的体验与历史的痕迹都是通过"讲故事"被叙述与记录下来的，这种叙述并未固定于原作之上，一旦复制品被赋予了一段前史、一个起源、一种出身，就可以通过叙事再次生发光晕。诚然，我们仍需注意这种故事讲述的方式。本雅明认为"光晕可以在讲故事的艺术中出现"就蕴藏着"再叙事化"的解题密码。我们应当对本雅明的故事观和经验观产生足够的重视，将其纳入光晕理论的讨论范畴内。

　　本雅明提出，"讲故事"的艺术需要具备以下四要素：空间、时间、经验和氛围。空间是指"远行者必会讲故事"，故事的产生需要足够的空间距离，这种距离可以是远行者所带回来的，也可以是听众主动前往陌生之地所产生的。伊斯特·莱斯利解释说："德文中表示遗传经验的词，也就是产生于智慧的经验，一种实用的知识 Erfahrung，在表示旅游的词——Fahren 中找到了词根。"可见，旅游可以使人有故事可讲。时间是指过去生活的往事，因此故事的产生也需要足够的时间距离，能够被讲故事的人所内化吸收为自己的经验。经验被本雅明定义为前工业社会人们对感知、技能和知识的记忆、积累和总结，蕴藏着人们生活的智慧。杜威认为艺术经验和生活经验的不同之处在于人们通过讲故事、听故事能获得具有整一性、丰富性、积累性和圆满性的经验。不断积累的经验与传统产生了重要关联，本雅明认为"经验其实是一个关系传统的事物，无论是在集体存在中，还是在私人生活中都是如此。与其说它是牢牢扎根于记忆的事实的产物，不如说它是在记忆中积累的，往往无意识的材料就是某种积聚的产物"。交流经验的能力是我们最核心的财产，它构筑了我们对历史、集体和所存在的世界的认同。最后一点氛围则是讲故事的人与听故事的人之间的一种经验流动。比如，我们正看一个人时，或者这个人觉得自己被人观看时，他也会反过来看我们。要感知我们所观看的某个对象的光晕，也知道我们的能力赋予了这个对象多少。这种回视让经验的流动成为可能，讲者和听者能够双双进入故事的创作中，根据自己的个人经验和感悟去丰富故事，填充情节，因为"故事能越发彻底地融入听众自己的经验，听众就越想着有朝一日把它转述给别人。这一吸收过程发生在内心深处，它需要一种松弛的状态"。让每一个听故事的人都能把经验深深融入自己的记忆，重新成为讲故事的人，这才是故事真正的光晕所在。

　　因此，在艺术事件观下，作为事性的光晕尽管难以通过复制技术直接获得，却可以通过讲述而重新获得。事中之物的原作变成无事之物的复制品之后，仍然可以让复制品进入新的事件，融入新的经验，重新变成事中之物，重新获得光晕。

二、数字技术助力内部光晕的当代再现

诚如富克斯对技术的看法，"每个时代都有与之相应的特定复制技术，这些技术代表了该时期的技术能力，而且是相应的时代需要的结果"。本雅明所指的机械复制技术经过不断发展，已经能够实现一种"超可复制性"，这意味着借助各种技术手段，人们能够复制任何类型的数据，而不会使数据在传递的过程中被损坏。如3D打印、全息投影等技术已经能够实现艺术物性的全部复制，倘若需要，如今的人类完全有能力为每一件文物制作出一模一样的赝品。然而，正如本雅明所预言的那样，不加审慎地借助这种技术复制艺术品会导致传统艺术光晕的凋零。

雷蒙德·威廉斯认为，只有当技术被挑选、投资，并为了特定社会用途而被有意识地发展时，技术的普遍意义才开始呈现。因此，我们应当让数字技术为再现艺术品内部"事性"所用，有意识地发展数字技术，并将其投入实践。

第一，数字复制技术以一种无限的"不可接近性"加深了人们与传统艺术之间的心理距离。本雅明认为，人们可以在物质上无限靠近光晕，但并不能消除距离，因为远是光晕与生俱来的品质。尽管数字技术能够从视觉、触觉、听觉等知觉上实现与传统艺术的无限靠近，但越是靠近，我们感受到的越不是对"物性"的消遣，而会升腾起一种对原作所蕴含的手工劳动价值的深深崇拜。比如，高清的细节图像会使我们对原作的认识更丰富，并在看到原作后产生一种隐秘的期待，使我们和千里之外的文物之间建立"可望而不可即"的心理距离，并在心中构建一座内在的"教堂"。

第二，数字复制技术以一种被人为塑造的"历史仪式性"使艺术原作被还原到原初的语境。本雅明认为艺术作品一旦被复制，其"即时即地性"便会消失，而本文认为艺术作品的"即时性"从产生之日起便不复存在，它将会在被欣赏时产生一种当下的"即时性"，这种时间向度与欣赏者的个人体验紧密挂钩。艺术作品的"即地性"更是随着艺术品的被移动而处在变动之中。比如，印第安人的弓箭在原始部落仍然是一件实用作品，只有在博物馆与其他艺术品的比较中，原物才被赋予历史语境。VR、全息投影等技术把复制艺术品放置于产生时的环境中，权威的历史解读反而更能让本来对原作毫无感情的观众，通过理解内部"事性"，见到"由仰慕者们几个世纪的热爱与敬仰为传统艺术织成的薄纱"。

第三，数字复制技术能够帮助传统艺术营造一种沉浸式的体验，让观众与传统艺术建立一种"物我合一性"的感知纽带。本雅明认为传统艺术的光晕与一种宗教

式静观有关。在静观的状态中，人不是心不在焉的，而是有深沉冷静的心灵反应，唯一的、持续的且无法破坏的深沉冷静，是祈祷者神圣的静观。尽管技术的发展使人们的注意力越来越游离，依靠自身经验对传统艺术产生高度集中的崇拜已难再得，但技术也可以通过具象化地再现他人经验和历史经验，帮助原本对艺术原作光晕一无所知的观众进入凝神静观的状态。如麦克卢汉所追求的那样，媒介的发展最终是为了帮助人们实现神经系统的延伸，借助媒介的力量帮助人们实现与外部对象的物我感应，达到天人合一的境界。

因此，可以预想到，数字技术并未使传统艺术的光晕消逝，反而使传统艺术"事性"的光晕得以多样化呈现和讲述，对技术带来的感知能力、经验交流的退化起到补益作用。可以说，传统艺术的数字复制品，比传统艺术本身在今天更能使观众沉醉在光晕之中，摆脱理性思考和批判能力。复制品不再是原作不在场时的补充，反而为原作赋予了无穷的、实在的生命力，甚至达到原作所无法抵达的"即时即地"的真实，并将其传递给观众。

三、故事经验驱动外部光晕的当代重塑

前文提到，在本雅明生活的时代，机械复制技术仅能实现"物性"的复制，而数字复制技术能够更好地呈现出传统艺术的内部"事性"。以上两种技术都是对艺术作品"已然"价值的再解释、再展示，只能复现传统艺术"已然"存在的光晕。本雅明认为光晕是变动不居的，他对现在的理解是"某种开放的、未完成的事实"。他让油画的光晕被摄影索取住，但仍然可以在博物馆中存在；戏剧的光晕将会被电影驱逐，但戏院的演员依然可以保有光晕来暗示光晕不会消逝。博物馆和演员分别从"空间"和"人"的角度重新勾连了传统艺术和当下的关系。按照格罗伊斯的现代流通理论，这种"再域化"和"叙事化"为我们重塑艺术的"外部"事性提供了可借鉴的范式。

本雅明也否认历史的线性进步，他认为所有的"过往"可以像星空一样置于同一空间，"任何发生过的事情都不应视为历史的弃物"。张小迪认为这种传统蕴含着当下，当下也指向传统，只有获得传统的阐释权力，才能在当下获得救赎；只有在当下获得救赎，才能将传统从历史话语中解脱出来，显现真理。而传统的光晕艺术就充当了存放过去岁月的热望的宝库，同样可以发挥推动和改变当下的重要功能。传统艺术的光晕也可以从每个人欣赏感受的当下汲取经验，形成新的文化记忆。

只有在这种经验的交织涌动中，艺术的光晕才被重塑和存续，而不仅仅是过去的幻象。

由北京大学、中共江西省抚州市委员会、江西省抚州市人民政府指导，中共福州市委宣传部、北京大学文化传承与创新研究院（抚州）主办的新媒体沉浸式戏剧秀《宋梦追卿记》正是通过重建历史语境、重讲故事经验的方式，在借助新媒体技术再现内部"事性"基础上，完成了对传统艺术外部"事性"的重塑。

（一）光晕再域化：重建历史语境

格罗伊斯认为"光晕"的本质不在于作品的物理属性，而在于作品与其所处的外部空间环境的权力关系……如果我们费力走进艺术，那么它就是原作。通过为艺术作品重新赋予地点和空间，能够实现复制品的"再域化"。因此，尽管《宋梦追卿记》的演出发生在当代的抚州宋岛，但新媒体技术可以通过还原宋代临川的风土人情重建历史语境，让观众在对环境的深度沉浸、呼吸中"遭遇"光晕。设计团队运用光影技术最大限度地还原了宋时有图画记载的临川风物，如"豫章茶船""琵琶""金山寺所题的词话"等。这种光影的运用并非刻意借修饰的伎俩和幽暗的调子来伪造"光晕"，本雅明称之为"僵硬刻板的形式，是对科技进步的无能为力"，是对故事产生的语境——宋代生活的自然呈现。

值得一提的是演出中和结束后"茶香"的营造。本雅明认为："辨出一种气息的光晕能比任何其他回忆都更具有提供安慰的优越性，因为它极度麻醉了时间感。一种气息的光晕能够在它唤来的气息中引回岁月。"抚州当地的茶艺作为非物质文化遗产，至今仍保留着古时的种植技术与制作工序，观船、品茶、闻香、听戏、游园的五感体验，使宋时的光晕在人与环境的互动中被重塑。

（二）光晕再叙述：重讲传统经验

尽管作为传统戏剧的《双渐追卿》完整版早在明代就已经消亡，在20世纪50年代，仅有山东地方吕音戏还在上演折子戏选段《双生赶船》，但主创团队仍然找到了宋代笔记《醉翁谈录》中关于这一故事较为详尽的记载。

> 双渐本为间江县吏，因与知县女苏小卿相爱，乃离县而至远郡，苦志读书，欲待学成为官后向苏家求婚。
>
> 经过两年，小卿父母亡故，流落于扬州为娼。双渐至扬州寻访，得以遇见。而小卿已为当地官员薛司理所眷，双渐与之秘密往来，既而双渐离开扬州，往任临川知县，而苏小卿亦即已嫁于一个五十多岁的男子。

一夜，双渐泊舟豫章城下，适值小卿与其夫泊舟于此，双渐与小卿以诗相唱和，伺机同逃，遂得结为夫妇。

从《醉翁谈录》的书名可以看出，本书的作者可能并非历史上真实存在的人，而只是本雅明笔下一个"讲故事的人"，就像荷马一样，他只是把世间的百态浸入讲述者自己的生活，再散播给听者，反映的是一种普遍的时代记忆。双渐和苏小卿也可能只是人们口耳相传的两个虚构角色。据郑振铎考证，王实甫的《苏小卿月夜泛茶船》、马致远的《江州司马青衫泪》、武汉臣的《李素兰风月玉壶春》、无名氏的《逞风流王焕百花亭》、贾仲名的《荆楚臣重对玉梳记》、石君宝的《李亚仙诗酒曲江池》、白仁甫的《苏小小月下钱塘梦》、武汉臣的《郑琼娥梅雪玉堂春》、戴善甫的《柳耆卿诗酒玩江楼》、王廷秀的《盐客三告状》、纪君祥的《信安王断复贩茶船》等戏剧，都直接或间接受到《双渐苏卿》的影响，融合了不同时代、地域的集体经验，产生了不同的故事结局。主创团队以现存多个版本的情节走向为原始经验，让演员以本雅明讲"史诗"的方式讲述"双渐追卿"的故事，没有刻意的包袱段子，没有令人震惊的起承转合。演员可以根据观众当下的反应进行即兴发挥，观众也可以凭借自然的经验引导故事的走向，一种外部的"光晕"在经验的交流中缓缓升起，被每一个听众重新融入经验的长河中，通过继续转述给他人得以永恒存续。

【参考文献】

［1］［美］汉娜·阿伦特.启迪：本雅明文选［M］.张旭东，王斑，译.北京：生活·读书·新知三联书店，2008.

［2］廖金英.灵韵的消逝于技术复制时代感知方式的变迁——本雅明"灵韵"概念重新解读［J］.国际新闻界，2013（2）.

［3］彭锋.事实与事件——从濠梁之辩看哲学之本［J］.天津社会科学，2013（1）.

［4］杨国荣.基于"事"的世界［J］.哲学研究，2016（11）.

［5］［美］约翰·杜威.艺术即经验［M］.高建平，译.北京：商务印书馆，2010.

［6］［德］瓦尔特·本雅明.艺术社会学三论［M］.王涵，译.南京：南京大学出版社，2017.

［7］［德］鲍里斯·格洛伊斯.艺术力［M］.杜可柯，胡新宇，译.吉林出版集团股份有限公司，2016.

［8］唐宏峰.艺术及其复制——从本雅明到格罗伊斯［J］.文艺研究，2015（12）.

［9］［英］伊斯特·莱斯利.本雅明［M］.陈永国，译.北京：北京大学出版社，2013.

［10］高建平.没有第六感官，只有"一个经验"［J］.文史知识，2015（7）.

[11] [德]瓦尔特·本雅明.论波德莱尔的几个主题[M].刘北成,译.北京:商务印书馆,2013.

[12] 卢文超.艺术事件观下的物性与事性——重读本雅明《机械复制时代的艺术作品》[J].文学评论,2019(4).

[13] [法]贝尔纳·斯蒂格勒.技术与时间1.爱比米修斯的过失[M].裴程,译.南京:译林出版社,2000.

[14] [法]贝尔纳·斯蒂格勒.技术与时间3.电影的时间与存在之痛的问题[M].方尔平,译.南京:译林出版社,2012.

[15] [英]雷蒙德·威廉斯.现代主义的政治——反对新国教派[M].倒嘉,译.北京:商务印书馆,2002.

[16] 唐宏峰.艺术及其复制——从本雅明到格罗伊斯[J].文艺研究,2015(12).

[17] 张小迪.光晕与传统的救赎——本雅明影像思想发微[J].美术与设计,2015(1).

[18] [美]理查德·沃林.瓦尔特·本雅明——救赎美学[M].吴勇立等,译.南京:江苏人民出版社,2008.

[19] [德]瓦尔特·本雅明.上帝的眼睛:摄影的哲学[M].吴琼,杜予,译.北京:中国人民大学出版社,2005.

[20] [德]瓦尔特·本雅明.发达资本主义时代的抒情诗人[M].张旭东,魏文生,译.北京:生活·读书·新知三联书店,1989.

[21] 罗烨.醉翁谈录[M].上海:古典文学出版社,1957.

[22] Boris Groys. Art in the Age of Biopolitics: From Artwork to Art Documentation [M]. in Art Power, Cambridge: MIT Press, 2008: 62.

[23] Marleen Stoessel Aura. Dasvergessene Menschliche [M]. Zur Sproche und Erfahrung Bei Walter Benjamins, Munchen/Wien: Hanser, 1983.

[24] Walter Benjamin. Uber das Grauen. In Rolf Tiedemann, and Hermann Schweppenhauser (eds) [M]. Gesan melt Schriften, Vol VI. Frankfurt/Main: Suhrkamp, 1991.

[25] Walter Benjamin. Protokolle zu Drogenversuchen, in: Gesammelte Sch riften, Hrsg [M]. Von Rolf Tied Emannund Hermann Schweppenhauser, VI/1, Frankfurt/M.: Suhrkamp, 1999.

发展文化产业学的研究视角与细分行业实践：基于消费者需求特性的演出二级平台策略研究

屈欣悦[①]

（北京大学艺术学院，北京 100871）

【内容提要】 发展文化产业学的研究视角，是发展型国家论理论体系的微观补充，是具备政治学、行政学、经济学、管理学、发展学、文化学等综合学科的视角。根据目前中国发展进程中"平台经济"带来的后发优势，对细分领域中结构性因素的把握，是在产业发展中充分发挥后发优势作用的关键。因此，对于发展文化产业学的研究视角把握，及其以演出行业为例的细分行业实践，主要从三个纬度体现：文化产业领域中的文化社会属性与演出产品的易逝性是产业发展的结构性因素；平台经济作为具有中国特色的后发优势，在演出行业中主要表现为兼具交易和生产"最优化"的双重评估纬度；演出二级平台在价格策略、交易策略、渠道策略三个方面对平台策略进行体现。

文章分为五个部分：第一部分引入发展型国家论的理论体系；第二部分明确发展文化产业学在理论体系下的研究思路与问题意识；第三部分阐述发展文化产业学在细分领域中如何体现具有行业特色的后发优势；第四部分以演出行业为例分析发展文化产业学下作为平台经济的后发优势的具体行业策略；第五部分总结全文。

【关键词】 发展型国家论，平台经济，演出行业，二级市场，消费者需求

[①] 屈欣悦，女，北京大学艺术学院硕士研究生。主要研究方向为表演艺术产业、城市区域文化、消费者心理。

一、引言：发展文化产业学的理论背景

文化产业的学科建设工作是一个争议重重且道路漫长的过程。文化产业研究的理论滋养来自文化哲学、文化社会学、文化经济学、文化管理学、文化创意学和文化技术学等诸多学科领域，多学科的理论来源使得文化产业问题具有跨学科、多元化、混合性等特征。国内有相关学者认为，文化产业学科的相关理论建设与规划，并不是像蓄水池一样先有水池然后进行容纳，而是把已经盖好的建筑物围起来。因此，具有事先性质的规划相对而言并不重要，只有当学科领域内逐渐出现的核心议题、有价值的问题、新业态现象等"建筑物"达到一定规模时，搭建"城墙"才会顺理成章。

从国家统计局给出的"文化产业"的定义，即"以文化为核心内容而进行的创作、生产、传播、展示文化产品和提供文化服务的经营性活动，以及为实现上述经营性活动所需的文化辅助生产和中介服务、文化装备生产和文化消费终端生产等活动的集合"，可以看出文化产业中出现的核心问题既包含应然层面的文化学问题，也包含实然层面的发展学问题。

发展学的基本原理与核心议题，包括生态基础问题、民生至上问题、和谐发展问题等，主要逻辑在于以持续发展的眼光看待问题，既要考虑短期内事件因果的动态平衡，也要考虑长期规划的可持续问题，如以生态系统的持续健康为基础的人类社会发展，以民生至上为基准的持久生存与进步，遵照社会演进逻辑等。

从宏观战略的发展视角来看，发展文化产业学的理论框架应该是发展型国家论在中国文化产业领域的进一步细化。发展型国家论对于后进地区的工业化进程产生过较为重要的影响。发展型国家论的要点主要有两个研究分野：一个是从政治学与行政学视角，重点在于政商关系与资本形成；一个是从经济学和管理学视角，重点在于政企关系和资源配置。在整个理论体系的变迁中，对于前者，其研究要点集中在意识形态、官僚体系、政治制度等方面对发展型国家的影响及关系；对于后者，中国的实践表明其已经远远超过资本形成与产业结构政策。

二、发展文化产业学的研究逻辑与细化思路

20世纪80年代后期，发展型国家论进入中国理论研究体系。从当前理论建设的发展状态来看，发展型国家论并不能完全涵盖目前中国的情况。一方面，具备政治

学、行政学、经济学、管理学等多方面的复合学科思维是一件较难实现的事情；另一方面，发展型国家论的宏观性与整体性需要进行多个领域的微观细化。

从20世纪30年代开始，中国文化产品的样态和发展，就与当时的政治环境有着密不可分的关系。中华人民共和国成立后，中国政府与市场关系逐步形成并发展变化。需要注意的是，20世纪60年代前后，在国际环境中，虽然把政府与市场关系作为变量纳入分析框架，却忽视了作为发展中国家的中国具备一定本土特色的市场经济体系。因此，在中国政府与市场形成明确关系并快速发展的八九十年代，这种关系不可避免地受到了国际形态的影响，并带来了相应利弊：国际上成熟的发展范式促进了中国政府与市场关系的进一步成熟，但同时也为探索中国范式带来了桎梏。

在全球化的进程中，在中华人民共和国成立后的70余年中，我国逐渐完成从封闭状态到开放状态的转型，成为从"计划经济走向市场经济、从封闭社会走向开放社会"的"转型国家"。转型国家的重要特点，一方面表现为社会阶层地位与话语权的重新分配，另一方面表现为短期内新兴技术的大量涌入与跨越式发展。因此，在这种状态下，文化消费趋势与特色，呈现出经济地位与社会话语权的脱节现象、代际之间文化消费趋向差异较大、代际之内部分群体之间趋同性明显等特点。西方连续稳定社会发展状态下的文化消费状态的规律与特征总结，并不完全适用于我国国内文化市场评估，如布尔迪厄的"趣味阶级对应论"等理论。

我国国内文化产业的演进逻辑，一方面是国家发展的表征体现，另一方面则呼应了国际形势、技术进步、社会文化变革等外部条件。国内有学者认为，我国文化产业的发展阶段与核心议题发生了七次较大的转变：一是在中华人民共和国成立初期的17年，在公有制经济的框架下，以意识形态塑造为导向的事业化发展；二是在"文革"十年中，文化发展处于边缘化的萧条阶段；三是改革开放初期五年内以经济复苏为主要矛盾，文化产业复苏与文化体制改革相对滞后状态；四是在市场经济引导下（1992—2002）逐步形成文化市场体制状态；五是完善市场经济体制时期（2002—2009），文化产业商品化流通意识逐渐增强；六是在我国飞速发展、国际话语权日益提高的阶段（2009—2017），文化产业作为战略支柱性产业受到重视；七是新时代（2017— ），文化产业在满足人民对美好生活需要中发挥着重要作用。每一个阶段中，文化产业相关政策、文化经营主体、文化市场与文化消费等方面都产生了较大的差异，逐步形成了多元、复杂、交融的文化圈层与事物运行体系。

因此，也有学者认为，文化产业的核心议题，从西方法兰克福学派关于文化产品可复制性的精英主义批判思路，到本土化的文化事业向文化商品化属性的认同转向，再到近年来对文化工业的议题探讨，形成了历史文化传承、文化体制改革与文化科技创新三个维度的演变逻辑。从文化学的视角审视，我国文化与经济螺旋式的上升过程及中国传统"士农工商"的思维，使文化产业在很长一段时间内"非经济属性""非商品属性"的色彩突出，规模化的文化商品交易现象无法融入文化产业的发展中。同时，相关法律、法规、政策、措施、惯例、风尚和观念等悄然变化，使文化艺术的生产体制出现了相应的变化，形成了复杂多样的运行机制。而这些机制又是基于一般社会制度——社会经济基础和上层建筑共同作用的，其中既包含一般社会显性制度，如法律法规、经济、政策、行政管理等，还包含观念、思想、流行趣味、风尚、惯例等一般社会隐性制度。

因而，针对我国文化市场中具有社会主义特色的新现象与新趋势，批判性建构主义文化产业的相关研究尤其重要。一方面，以批判性立身的理论建构是文化产业研究的重要特色，"强调研究者的生活经验和个人感知，保有一种批判性思维、实证逻辑的理性气质，以及知识建构与实践回应的现实责任感"；另一方面，建构符合我国转型社会下具有中国特色的理论框架与规律总结。针对目前我国文化消费市场的新现象与新问题，结合目前国内文化产业的发展阶段，建立发展文化产业学理论基础，对文化产业的相关学科建设具有十分重要的战略意义。

在整个理论体系构建的过程中，通过历时与共时、横向与纵向的对比，有三大问题从宏观、中观、微观层面以递进的方式环环相扣：首先，在提倡文化产业化与产业文化化的大背景下，文化因素在发展国家论中所处的定位及其作为产业发展的助力的优先级尤为重要。这种文化因素往往既包含作为意识形态的政治性因素，又包含在历史事件积累下的、在社会学语境中形成的所谓"风土人情"、社会思潮，以及在各个行业发展出现的趋同性关注和圈层文化。

其次，如果发展文化产业学的理论框架在发展型国家论中，那么还需要明确的是，当前发展主义的要点体现细化到文化产业领域所带来的重要表征，与之相应的产业政策、企业战略、资本形成等方面相较于其他产业有何异同？

再次，在文化产业的各个细分领域中，文化产品所具备的独特属性，如何鲜明地影响并表现在该细分领域内？这种特质与文化产品的共性是何种关系？如何在发展型框架里，利用此种特质构建属于细分领域的特殊模式？

三、发展文化产业学思路下细分领域的研究要点

发展型国家论的理论体系的重要学者亚历山大·格申克龙（Alexander Gerschenkron）对后发优势的理论分析做出了重要贡献。对于不同国家而言，根据具体情况寻找发展过程中的后发优势并形成规模化产业尤为重要。相关理论非常明显地作用于以工业化议题为代表的中国经济体系的研究中。

格申克龙强调了对于发展型国家而言，引入先进技术及相关企业组织结构将会有助于完成结构性的变革。其中，政府力量可能在其中扮演决定性的角色。同时，对本土性独特因素的定位是借鉴"蓝本"后的发展能否赶超先发优势的关键。

"景观社会"到"平台社会"的转型，成为当前国内产业发展的后发优势。一方面，平台成为景观承载的互动网络，融合了技术、金融、物流、生产消费者等多种生产消费元素，形成了新的生态环境；另一方面，平台的长尾效应结合互联网的正外部性，在产业发展打通上下游的整合环节中，占有不可或缺的地位。在当前阶段，我国文化产业转型以文化科技创新维度为主，以文化传承发展、文化体制改革维度为辅。因此，无论是创作平台，还是信息平台，平台与用户黏性特征、平台上下游在文化属性与市场逐利性下的平衡状态，是国内产业发展路径的相应纬度。

平台经济的发展逻辑是搭建系统解决平台，为异质化的需求提供符合双边市场的解决方案。演出票务平台本质上属于信息交易平台，协调演出双边市场———一边为下游端消费者，另一边为上游各演出制作方、投资者等。信息交易平台一般具有以下特征：上游端市场相对看重受众基数与交易转化率，对于平台交易的产品质量差异、平台自身质量差异（如交易便捷程度、视觉效果、数据推送等）相对忽视，而下游端消费者则相反。具体在演出市场中表现为，演出制作方与消费者对于平台效益感知具有一定差异性：演出制作方的主要诉求在于首先以相对优势的价格卖出尽可能多的产品，其次考虑消费的有效性；消费者的诉求则在于在交易时间内获取便捷、符合自身需求的交易体验与交易产品。

从细分行业的产品属性来看，演出产品具有易逝商品特征，演出结束之后商品便会自动消失。因此，对演出二级交易平台的研究，一方面需要考虑易逝商品消费者的需求程度，以及据此进行的交易转移时间在策略构成上的重要作用；另一方面，信息沟通的重要性，一、二级市场顺序问题等方面也需要纳入考量范围。

格申克龙的后发优势理论也暗示，对于越后进的国家及相关产业而言，相关市场机制越难以发挥作用。所以，对于所谓"完美"市场，从理论范式和实际行业的标准确立尤为重要。主流经济学的研究重点放在交易成本而非生产成本上，往往容易忽视另一个完全不同的评估纬度：如果以交换利益最大化（往往以价格作为量化依据）作为评估标准，则工业化发展有利于促进"完美市场"的形成；如果将生产成本的边际效益与转化率作为投资的评估标准，工业化及市场机制的作用则有待商榷。同时，针对不同的评估标准，政府在其中的重要级别也有所不同。

文化艺术市场的特殊性在于：一方面，对交易的评估不能只以价格作为评估变量，交换利益最大化在文化市场中并不能作为标准；另一方面，文化艺术市场中产品的文化属性，使交易市场与生产市场具有一定的因果机制。

演出二级票务平台即演出二级票务交易市场，其目的是满足演出市场中多元化、多维度的交易需求，进行灵活交易，实现利益的最优化处理。演出二级票务平台策略是由竞争环境下演出市场中消费者多样化、差异化的需求表征所决定的，如日益旺盛的精神产品消费需求，对产品相关服务及产品附加价值（如象征价值、情感价值等）的多维度消费需求，以时间感知为主导的不规则需求等。对比不同领域的交易二级平台来看，对于期货商品交易，信息收集对理性交易具有较大影响，因而需要考虑信息准确度变化对二级市场交易造成的波动；对于易逝商品，两级市场不同的价格调控、交易发生的时间考量对满足消费者需求、进行收益管理具有重要作用；对于价值稳定的商品，保证一、二级市场顺序稳定、程序正义是促进市场健康发展的重要条件；对于耐用消费品，明确消费者特性、开发二级消费平台是扩大消费的必要手段。

四、理论视角下的演出行业实践

当演出一级票务市场不足以应对消费群体多元化的需求时，演出二级市场为消费群体提供了更多的消费选择。演出二级票务市场区别于传统票务代理下层层下沉的模式（见图1），也不仅仅是二手转卖市场，而是将二级票务代理、小型票务、场馆票务等一同纳入平台，甚至包含少量一级票务代理票源，形成二级票务交易平台（见图2）。因此，演出二级票务市场承担了部分一级票务代理的直接销售功能和二手转售功能（见图3）。

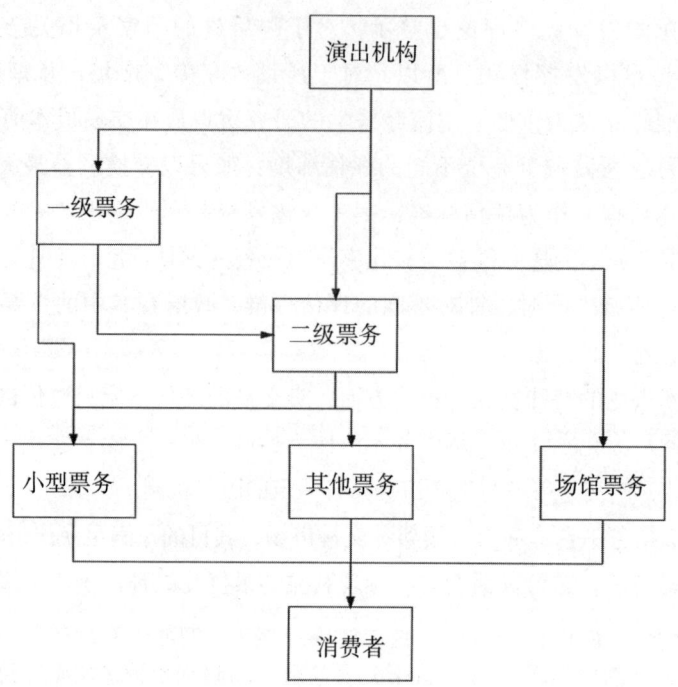

图 1 传统票务代理模式示意图

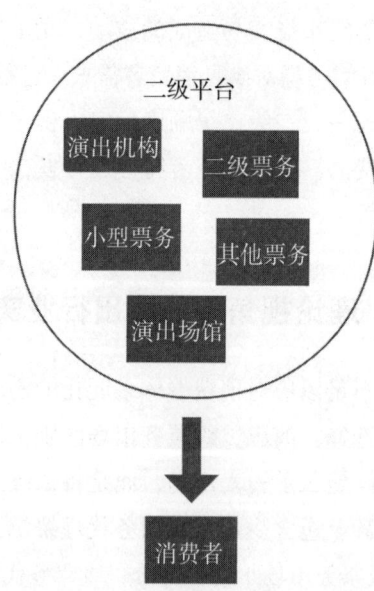

图 2 二级票务市场销售模式

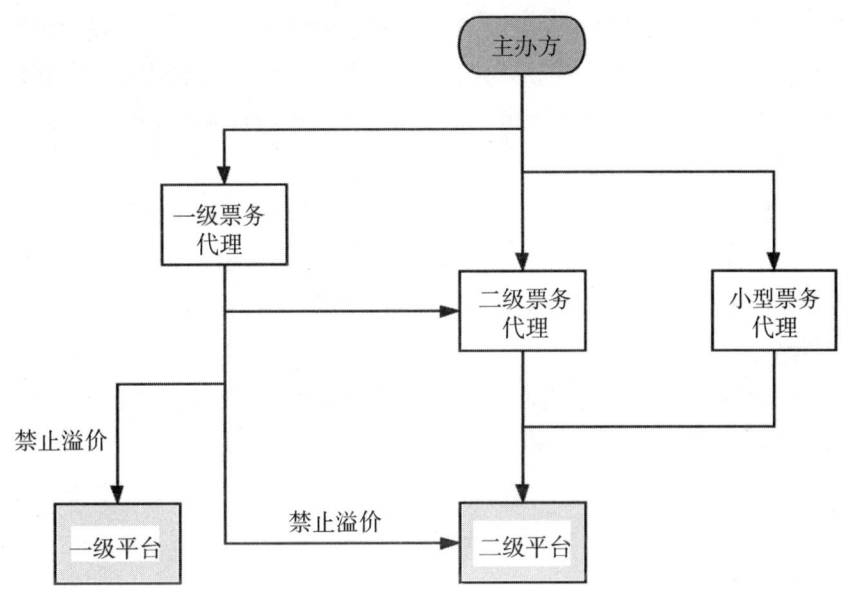

图3 演出市场一、二级票务平台区分管理示意图

演出二级票务平台的策略建立在当前多层次、多维度的消费认知与消费习惯上。在以平台为核心的演出产业链中，消费者的价值创造由销售端转移到了产品设计端，形成了价格策略、交易策略与渠道策略，主要体现在动态定价、灵活交易与多渠道整合三个方面。

（一）价格策略

演出二级票务平台的价格策略，由平台经济的特性和文化产品的属性共同构成。以演出产品为代表的文化产品具有特定的劳动价值、边际价值与协商价值，形成了特殊的双重市场：一个是决定经济价格的有形市场，另一个是决定文化价格的无形市场。有形经济市场的价格无法反映商品购买者所享受到的消费者剩余，即消费者心理价格与实际价格之间的差额。

演出二级票务平台的价格策略主要表现为动态定价。动态定价是收益管理的一种重要手段，最早出现在20世纪70年代的美国航空管理体系中，旨在通过合理的价格将产品销售给合适的人群，在定价的调整中做到利益最优化和目标人群最大化。目前，国内动态票价运用较为广泛的领域基本上局限在航空管理、酒店管理等方面。通过动态定价，企业可以根据细分市场、消费者行为和消费时间的不同，为同一种产品设定不同价格，而非仅仅根据产品的生产成本定价。

在平台经济中，价格结构起着吸引与平衡双边市场的作用。在演出二级票务平台中，存在具有显著策略差异的参与用户，符合以平台为核心的双边市场特征。因此，对相对价格的协商是维持市场平衡的关键，平台的定价取决于用户的需求变化、产品的边际成本及另一边用户的外部收益。

价格策略的操作逻辑是基于消费者不同的消费策略。消费者对精神产品不同程度的追求，使得不同需求的消费者对于演出产品的价格感知与意识价值产生了较为明显的差异。部分消费者依然秉承着传统商品市场中"价值决定价格"的思维模式，认为其最终支付的价格代表了该演出产品的价值；部分消费者愿意为其心仪的演出产品支付更加高昂的价格；也有部分消费者在产品条件差别不大的情况下愿意投入更多的时间成本进行比较，挑选价格更为低廉的演出产品。

同一演出产品在不同时期的不同价格表现是演出二级票务平台的价格策略体现形式。动态定价的优势在于将消费者不同的消费需求通过平台经济的运行模式加以细化。在当前演出产品有限差别定价下（例如，根据剧院内不同位置带来的不同视听质量、不同剧院设施、剧目出演演员等情况），进一步对需求进行细分。

对于具有需求弹性的消费者而言，演出二级票务平台的价格策略能够按照消费者的需求变化更改演出座位的分配和每类产品的价格。例如，如果某剧目在过去演出中或该演出所在剧院中，前十排座位的销售情况优于后十排，那么，主办方可以选择提高前十排座位的销售价格或者更改换座位区域的手续费用，从而进一步满足消费需求，改善销售情况。例如，芝加哥荒原狼剧院将过往的销售数据与每次首映后调查收集的信息相结合，建立了一个能够准确预测整个季度销售的数学模型，便于直接调整市场营销方案，计算收支平衡点。

对于追求演出产品性价比的消费者而言，二级票务市场提供了更大的挑选范围与选择机会。在热门演出销售过程中，当低价位演出产品在一级票务系统出现缺货现象时，消费者可在一级票务系统中相对高价位的、视听效果较好的座位与二级市场中小范围溢价的低价位票务中进行选择。在一级票务系统的演出产品售罄的情况下，二级票务市场下的产品价位调整，能够在一定程度上扼制电商综合平台及个人售票者在"奇货可居"的心态下对演出产品的主观不合理溢价，给予消费者相关合理客观的产品价格，从而优化消费选择。圣保罗室内管弦乐团（SPCO）于2000年以后推出的"先降价，再捐赠"的措施，其本质上和二级票务市场的原理相同。SPCO先向消费者告知降价的事实，即演出产品实际价值远高于实际支付票价，再让客户根据自己的感知价值进行"捐赠"。在这样的策略下，上座率由54%增至89%，总收入也获得了大幅度提升。

在一般商品市场中,如果价格和参考价格相等,消费者就会认为此交易公平,反之则会降低交易意愿。在文化演出市场中,演出产品的时间密集特点,常常导致消费者错过理想的交易时间。因此,消费者对交易公平与满意度的评判,则更多地取决于在一定预算范围内能否完成交易行为,实现对演出产品的体验消费。因而,对于一部分有演出产品消费习惯,愿意进行创新性尝试的消费者而言,动态定价的方式更容易促进其尝试新产品,拓展习惯消费的范围。2019 年的罗大佑演唱会北京站,在初期销售时忽略了粉丝老龄化、消费断层的状况,导致开演初期就面临大量产品囤积的情况。后来,主办方将剩余产品投入二级票务市场进行协商定价后,对外场低价位票面采取一定折扣吸引音乐爱好者,最终提高了 15% 的上座率。

因此,价格策略的表现为动态定价,而原理则为产品销售过程中的供需关系及时反馈。但需要注意的是,文化产品的定价、文化产品的消费者心理价格与市场真实价格往往并不匹配,以市场价格结构来达到吸引潜在消费者的目的。刺激无需求消费者,则容易导致产品中文化精神属性的不完全匹配。

(二)交易策略

根据鲍莫尔 - 富克斯假说(Baumol–Fuchs Hypothesis)的基础模型,演出产品高居不下的成本和局部排他属性,使其对资金回流的速度及产品出售率有较高要求。然而,演出市场时间密集性特质、后福特主义时期消费者对有限空闲时间的把握难度增大、"演出产品属特殊商品,一旦出售不退不换"等演出市场的特殊要求,通常会导致演出市场中出现交易迟滞、取消交易、二次交易、交易安全等问题。

演出二级票务平台的交易策略具体表现为部分灵活交易的需求满足:演出二级票务平台提供了再次交易的公开场合、出票后重新进入交易市场的转售服务、收取手续费的退换票机制、票务核查准入机制、提高人工服务接通率等相关措施。与传统演出市场中小范围的私下交易、依托特定票务平台或第三方平台的限制性"转赠"(转卖)服务等针对交易的措施相比,演出二级票务平台更适合于大范围的规模性再次交易,一定程度上增强了及时反馈,缓解了目前线上演出市场中交流效率低下的问题,从逻辑上规范了交易市场。

只是文化产品的特殊性并不能成为禁止取消交易或是收取相对高昂退票费的理由。针对演出产品是否需要在一定程度上遵循普通商品的退换机制,以及针对目前演出市场的退票手续费的额度合理性等问题,已经出现了法理层面的探讨。同时,在疫情常态化防控的趋势下,演出排布不确定性的增大使得主办方与票务平台方在消费者视角的经营优势表现更为明显。如2020年疫情防控期间造成的杭州场谢欣舞蹈剧场作品《未·知》延期，由杭州剧院渠道购票的订单支持办理退票手续，而在一级代理方大麦购买的订单只支持办理延期。该事件引发的争议最后由消费者与多方面进行协商后得以解决。可见，对于灵活交易策略的根属主体问题仍然需要讨论。

演出二级票务平台提供的再次交易场所仍然存在规范无力的情况，甚至导致新交易隐患的出现。首先，二级票务平台核实的是票务的真假性问题，而非票务的来源性问题，虽然其从逻辑上解决了虚假交易的问题，但对于票源是否隶属于公售范围的相关核查机制较为不完善。其次，对比相关领域内较为成功的尝试，目前演出二级票务平台仍然有待讨论的空间。这些尝试包括以剧院为主体对转售平台进行运营，退票重新登记进入系统抽选，对售罄的票务建立缺货登记系统，退票后按照订阅次序发邮件通知消费者。从整体层面看，演出二级票务平台从宏观层面上缓解了演出产品的消费迟滞问题，促进了演出的收入最优化。

但从参与主体层面看，平台经济"赢家通吃"的属性容易造成演出消费市场的主体性垄断，导致"劣币驱逐良币"的现象。据《泰晤士报》报道，曾有60%以上的音乐会门票只能通过二级代理商获得。根据Technavio的数据，全球二级票务平台的体量将在2024年超过200亿美元。因此，对演出产品进入二级票务平台的时间进行考量，防治一、二级市场的倒挂问题与二级票务平台的垄断问题，最大程度保证参与各方的利益最优化，是未来的努力方向。

同时，演出二级票务平台灵活交易的逻辑诞生于消费者个性化的消费需求，本质上与"季票订购"培育长期稳定顾客群体的营销逻辑相悖：季票观众具有习惯性消费需求，通常与演出季紧密联系，更重视消费者与剧院而非具体剧目的紧密联系。因而季票观众的后续营销成本低于单票观众的。相比较而言，单票订购的观众的消费理由更具有偶然性。演出二级票务平台的交易便利性与灵活性，使得其在争取具有突发性需求的观众方面具有优势，在一定程度上促进了演出产品的消费"破圈"。摩天轮票务创始人崔杰夫在采访中透露：演出旺季，摩天轮票务的单月交易额在1亿元以上。"我们做过一个市场调研，有大概25%的消费者都不是提前安排要去看演出的，而是在买票便捷和低价的双重吸引下，才临时决定去看的。"[1]因而，交易便捷促发的演出消费群体拓展一方面根属于交易优势，另一方面源于目前国内演出

---

[1] 火爆的二级票务市场为何不挣钱？北京商报.2019-04-18.
http://app.bbtnews.com.cn/?action=show&app=article&contentid=295958&controller=article.

市场消费的增量市场。因此，偶发性需求被激活的观众与长期转化培养而来的观众其实并不具有因果关系。

而且，演出二级票务平台的灵活交易策略使其几乎完全依托于数字技术的支撑，除了对于网络设备适应性、协同性、兼容性等与消费体验和服务质量直接挂钩的技术要求之外，也意味着无纸化票务将会成为未来市场趋势。相比较于国外演出市场至今仍然保有的通过邮寄节目单、场刊等方式作为会员维系的重要手段，以及将新闻媒体作为艺术批评发表的重要阵地等方式，迅速进入无纸化票务时代的影响似乎比表征层面上要深远得多：国内演出的评论主要以新媒体为主要阵地，且质量良莠不齐。深度的艺术批评则更多以学术论文的方式发表于专业领域内的学术期刊。对灵活交易的迎合性满足将一定意义上造成文化产品的"快销式消费"，导致在消费者引导层面上产生马太效应。

（三）渠道策略

演出二级票务平台的渠道策略主要体现在多售票渠道的整合模式上。售票渠道除了具有交易功能之外，本身还具备传递产品信息、收集消费者资料、聚集消费者等功能，是演出产业链中的重要一环。对具有高介入需求的消费者而言，演出二级平台的渠道策略提供了更为详细的宣传信息与教育信息，承担了部分艺术场馆的艺术普及责任。对于具有偶发性需求的消费者而言，多渠道模式更适合制作方完成营销下沉与观众拓展的任务。渠道信息整合有利于演出市场实现消费者区隔，对消费者个性化需求进行侧写与精准营销。

通过渠道策略提升服务价值，提供多样化服务，构建服务商品化，激发网络平台的正外部性是平台经济的发展逻辑。以猫眼、淘票票为代表的平台，在庞大的消费数据积累下已经完成了从单纯票务服务平台到数据平台再到制作公司的转变。演出票务平台的经营在分工明细化的表现下隐藏着产品结构单一的问题。例如，疫情防控状态下以 StubHub 为代表的二级票务公司争取救助的尝试和媒体对其破产的揣测，在一定程度上提前暴露了这一问题。

同时，演出行业至今没有形成标准化、可公示的票房数据反馈渠道。2020年，中国演出行业协会发布了全国演出票务数据采集与服务平台建设的招商文件。但值得演出市场思考的是，对比电影票务领域里国家电影事业发展专项基金管理委员会办公室领导的官方数据统计平台，演出市场中并没有数据统计的权威平台。一方面，演出票务的公售率设置使得演出票务对"票补"过后大规模整改的电影票务监管与统计较为困难；另一方面，演出产品的巡演是以剧院作为主体进行档期与周期的确认，票房反映在一定程度上与剧院的主动性相关，对于剧目本身的质量反映有一定干扰因素。

以大麦为代表的票务平台已经进行了一站式宣发平台、直播端口搭建、剧目运营与版权投资等布局，但是相关布局极大程度依托于阿里文娱的全产业链布局，而非依托票务系统本身的渠道优势。同时，演出二级票务平台的发展策略并非完全符合平台经济从"实体商品集散地到实体服务提供平台，再到虚拟信息提供平台"的线性演进逻辑。

根据政策的趋势与政府部门的相关规定，政府角色在演出产业的平台发展进程中主要负责意识形态氛围的维护和整体方向的把控。对于产业发展的助力，更多表现为保证准入门槛的"隐形"存在。疫情之后，票务平台的渠道优势已经并不完全依托于网络平台，而更倾向于在城市建设背景以剧院为单位的线上线下布局。演出票务平台的渠道优势更趋向于与文化和旅游的耦合度提升，与实体消费进行结合，而并不完全依托于网络环境带来的信息红利。同时，内容生产市场与交易市场的相互转换连接的"整合平台"，正在成为演出票务平台未来的发展方向。

演出票务平台建设相关政策表述见表1。

表1　演出票务平台建设相关政策表述（2009—2021）

时间	政策名称	内容
2009年	《文化产业振兴规划》	支持全国文化票务网络建设
2011年	《关于加强演出市场有关问题管理的通知》	从事营业性演出活动票务代理、预订、销售业务的经营单位，需按照《营业性演出管理条例》相关要求设立演出经纪机构，取得营业性演出许可证
2012年	《"十二五"时期文化改革发展规划纲要》	鼓励在商业演出和电影放映中安排一定数量的低价场次或门票，鼓励网络文化运营商开发更多低收费业务
2017年	《文化部"十三五"时期文化产业发展规划》	鼓励各类企业依法从事传播渠道建设，支持发展电子票务、演出院线等现代流通组织形式，建立互联互通、安全高效的文化产品流通体系；发挥各类信息网络设施和平台的文化传播作用，提升文化产品传播数字化、网络化水平；鼓励建立规范透明票务系统，提供优质便民服务
2019年	《文化和旅游部关于进一步加强演出市场管理的通知（征求意见稿）》	要求做好票务信息公开，加强票务、票源流行监管工作，强调优化营商环境，促进演出市场消费，强化演出市场主体责任，认识到完善工作机制的重要性

续表

时间	政策名称	内容
2021 年	《常见类型移动互联网应用程序必要个人信息范围规定》	基本功能服务为"演出购票",不得因非必要信息拒绝用户使用基本功能
2021 年	《"十四五"文化产业发展规划》	鼓励发展文化电子商务及电子票务、演出院线等现代流通组织和流通形式,发挥各类信息网络平台的文化传播作用,提升文化产品传播数字化、网络化水平;发挥各类文化产业展会交易平台作用,鼓励搭建统一开放的区性文化产品展示交易平台;建设演出票务监管服务平台

在行业实践过程中,需要仔细辨别的是,演出二级票务平台多渠道的整合优势所带来的"正外部性"不仅是针对竞争环境下的平台而言,还是针对消费者而言的。竞争环境下消费者便捷、低门槛的市场进入是演出二级票务平台拓展用户的重要手段,这使消费者无形中沦为产品宣传的廉价劳动力。演出二级票务平台中多渠道的整合模式也意味着"卖方多属"现象,导致消费者对于产品缺乏一定的选择权。消费者是否无形中成为数据平台中的"数字劳工"?二级票务平台宣传渠道、社交渠道、教育渠道等多种功能设置促进了海量信息的产生,消费者在消费过程中产生的点击量、信息分享、浏览记录等是否会在多渠道布局下的信息采集功能提升中沦为资本剥削的"免费数字劳工"的战利品?更为重要的是,根据消费信息进行的市场区隔,针对消费者的消费习惯进行以大数据测算为前提的产品推介,是真正意义上引导消费,推动演出增量市场的激活,还是只是一种大数据的"杀熟"行为?

五、结　　语

格申克龙认为,制约后发优势的因素,在于各细分领域的结构性因素。因此,国内产业发展下形成的具有中国特色的"平台社会"作用于细分领域时,在行业特殊的结构性因素下产生了完全不同的影响机制。

对于演出行业的二级票务平台而言,作为文化产品的社会文化属性与作为演出产品的易逝性,在平台经济的作用下,使得其部分适用于交易市场与生产市场两个维度的评估体系。目前,政府作用在其中为隐性助力。因此,在当下演出二级票务平台逐渐走向生产与交易的整合平台的现状下,结合平台经济的双重属性,分析中国式政府与市场更为细化的指导路径,是发展文化产业学视角下具有本土特色的未来路径。

【参考文献】

[1] 向勇.阐释、批判与建构主义：中国文化产业研究范式的立场解释[J].探索与争鸣，2020（06）.

[2] 周正兵.文化经济学学术史[J].北京联合大学学报（人文社会科学版），2020，18（01）.

[3] 宋磊.发展型国家论的研究传统与中国悖论[J].公共行政评论，2021，14（02）.

[4] 宋磊，谢予昭.中国式政府——市场关系的演进过程与理论意义：产业政策的视角[J].中共中央党校（国家行政学院）学报，2019，23（01）.

[5] 王宁.音乐消费趣味的横向分享型扩散机制——基于85后大学（毕业）生的外国流行音乐消费的质性研究[J].山东社会科学，2017（10）.

[6] 李向民，杨昆.新中国文化产业70年史纲[J].福建论坛（人文社会科学版），2019（10）.

[7] 刘静，惠宁.新中国成立70年以来文化产业的演变、特征与经验[J].西南民族大学学报（人文社科版），2020，41（02）.

[8] 王一川.艺术制度与艺术高峰[J].艺术评论，2021（01）.

[9] 宋磊.后发优势论的隐形结构及其中国意义[J].开放时代，2020（06）.

[10] 段鹏，李嘉琪，明蔚.情境建构和资本收编：中国短视频平台的景观社会形塑——以对乡村用户的研究为例[J].新闻与传播评论，2019，72（04）.

[11] 崔晓明，姚凯，胡君辰.交易成本、网络价值与平台创新——基于38个平台实践案例的质性分析[J].研究与发展管理，2014，26（03）.

[12] 万兴，高觉民.纵向差异化双边市场中平台策略[J].系统工程理论与实践，2013，33（04）.

[13] 李向民.精神经济[M].北京：新华出版社，1999.

[14] [加]弗朗索瓦·科尔伯特.文化艺术营销管理学（第四版）[M].林一，译.北京：北京大学出版社，2017.

[15] 林立敏，林一.表演艺术产业的价值创造[J].福建论坛（人文社会科学版），2018（10）.

[16] 王丽颖，巩天啸，陈丽华，蓝颖杰.二级市场季节性商品的订购和销售决策[J].管理科学学报，2014，17（05）.

[17] 袁睿.简论中国艺术品一、二级市场倒挂现象的原因和治理[D].中央美术学院，2014.

[18] 米凯.济南国美电器二级市场竞争战略研究[D].山东大学，2012.

[19] 向勇.文化产业导论（第一版）[M].北京：北京大学出版社，2015.

[20] 林翔.互联网时代媒体经济发展研究[D].武汉大学，2013.

[21] 竺乾威.文化体制改革的新制度经济学分析——以国有文艺院团转企改制为例[J].江苏行政学院学报，2012（05）.

[22] 陈威如，余卓轩等.平台战略——正在席卷全球的商业模式革命[M].北京：中信出版社，2013.

[23] 沈亮.美国非营利职业戏剧的演出季和季票订购[J].戏剧艺术,2012(02).

[24] 熊之莺.对"法扎"评论的评论[J].戏剧与影视评论,2019(03).

[25] 史健勇.优化产业结构的新经济形态——平台经济的微观运营机制研究[J].上海经济研究,2013,25(08).

[26] 李允尧,刘海运,黄少坚.平台经济理论研究动态[J].经济学动态,2013(07).

[27] 刘皓琰.信息产品与平台经济中的非雇佣剥削[J].马克思主义研究,2019(03).

发展文化产业学视角下中国文化大数据体系云平台建设的政策伦理性问题思考

郑雨琦[①]

（北京大学艺术学院，北京，100871）

【内容提要】 在已有的成熟发展学体系下，发展文化产业学伴随着时代要求显现出很强的必要性。发展学从早期的为弥合发达国家与发展中国家之间的发展差距，当下已经转化为对社会各层面可持续发展的要求。发展文化产业学构建以"整体""内生""综合"为框架的物质福利与非物质福利，代际公平，代内公平，维持多样性、谨慎性，以及维持文化系统六要素目标体系。在这个理论视域下，我国自2020年起提出的文化大数据体系中的云平台建设即试图通过集中整合现有的海量文化内容数据以达成文化繁荣的目标。但是，尽管在构想上这种云平台建设具有非常多的积极作用，但还是需要注意几个涉及政策伦理方面的问题，包括个人信息隐私权、文化数据准确性、知识产权归属及文化内容存取权。基于文化发展的目标要求，在整体的大数据共享化之外，还需要适当保留内生性成分，从而使我国文化产业达到最大化综合发展。

【关键词】 发展文化产业学，文化大数据体系，政策伦理，可持续发展

伴随着第三次科学技术革命的兴起，人们的生活方式和过去几千年相比已然实现跃进，发展学在这种大背景下应运而生。它与众多社会科学子门类结合在一起，诞生了不同的学术视域，在相似路径中以关注的不同侧重点追索人类社会的进步密码。

当今的文化产业在经历了阿多诺等对大工业时代的批判后逐渐成熟并渗透到每

---

① 郑雨琦，女，北京大学艺术学院艺术管理与文化产业方向博士研究生。主要研究方向为文化传播与交流。

一个个体生活的常态中。20世纪80年代，钱学森认为人类对于客观世界的认识和改造经历了科学革命、技术革命、社会革命和产业革命。这之后，人类社会迈入了一个全新的时代，即信息的社会化①。文化与新兴的科技、金融等领域产生深度交互，使得我们开始思考文化产业的未来发展路径。

一、从过去到未来：发展文化产业学的构建

（一）发展学学科体系综述

顾名思义，发展学围绕"发展"二字为核心展开，研究内容包括其在社会历史进程中的地位与作用、文化特征与时代特征、基本类型、环境条件、一般模式与过程、动力与障碍、战略与对策等②，涉及从性质定义到影响因素，从产生问题到解决问题等由内到外的多个层面，是一个宏大的综合性命题。

体系化的发展学一般被认为发端于对经济增长的研究，因此至今发展经济学仍保留了其核心学科地位。这一构想框架源于"第二次世界大战"后对取得政治独立的发展中国家和地区经济问题的研究，在20世纪40年代末期至60年代中后期形成高潮，多以结构主义思路为主；自60年代后期开始，新古典主义的思路开始成为主流；80年代以后转向重视制度、历史、法律等因素对经济发展的影响，形成以新古典政治经济学思路为指导的第三阶段③。由此可以看出，单一的"经济增长"不足以诠释"发展"二字的意涵，实践表明发展不能只着眼于数据变动，其对社会、人类等也提出了不同要求。

发展社会学是一个同样成熟的门类，旨在关注相对落后国家与发达国家之间的差距存在的原因、条件、影响与解决思路，尝试解读其现代化路径、科技发展下的工业化与城市化及良性的社会分化模式、新的价值观念与生活方式成形等。在20世纪五六十年代，占据主导的是现代化理论，帕森斯（Talcott Parsons，1902—1979）就曾提出人类社会变迁是一个进化的过程，从简单到复杂，从"传统形态"向"现代形态"演进。他把欧美资本主义社会视作整合度最高的一般社会，使"西化"成

---

① 钱学森.关于思维科学[M].上海：上海人民出版社，1986.
② 王续琨，冯欲杰，周心萍.社会科学交叉科学学科辞典[M].大连：大连海事大学出版社，1999：622-623.
③ 胡代光，高鸿业.西方经济学大辞典[M].北京：经济科学出版社，2000：387.

为现代化的代名词，并以功能分化和相对独立的程度①作为社会发展不同阶段的衡量标准。他还强调文化传播的作用，确立以欧美国家为典型的现代价值观标准，以为不发达国家最大的障碍在于价值取向的落后②。这是当时众多西方现代化理论家所共同持有的观点。

但是，宣扬"欧美中心主义"的提法也遭到来自亚非拉地区的一些学者的批评。他们旨在唤起发展中国家的主体意识，强调追求摸索自身特色，而不是纯粹模仿学习。美国社会学家赫尔曼·卡恩（Herman Kahn，1922—1983）指出，"现代化不再意味着美国化或西方化，虽然还可以从西方学到很多东西……每个国家将寻求自己的道路"③。传统的现代化理论至此陷入瓶颈，因为大家缺少对于现代化模式的认同标准。

在经济学、社会学的广泛研究基础上，一些新兴学科门类也在发展学领域进行了自己的架构建设。发展传播学的创始人之一勒纳（Daniel Lerner，1917—1980）提出社会发展的三个阶段理论：传统社会、转型社会和现代社会。他认为，不同时期的社会形态有不同的传播方式④。发展学视角下的传播被要求"运用现代的和传统的传播技术，以促进和加强社会经济、政治和文化变革的过程"。⑤此外，其他学科，如发展人类学、发展哲学等，也从各自的学科视域提出了积极向上的解放性诉求。

（二）可持续性：当代发展学的共同追求

综合已有的成熟发展学科体系来看，尽管由于发展学交叉领域的侧重点不同而显现出各自的特殊情况，但其延续的总体脉络却不难把握。

以纵向的历史支线看，发展学源于二战后恢复重建工作中的部分国家从早期的社会形态努力转型并融入国际社会一体化的进程中。其出发点大都是实用主义的，主要针对第三世界国家和发达国家之间的差距以解决其现有社会问题。"发展"概念的肇始正是源自这些所谓落后地区对"先进工业文明"的追赶与模仿。但在当时，这种对传统社会与现代社会的二元划分过于绝对和简化，没有考虑到现实情况的复

---

① 即 AGIL 模型，包括文化系统、行为有机系统、社会系统、人格系统。Parsons T. Social Systems [M]. Free Press，1951.
② ［美］帕森斯.社会行动的结构［M］.张明德，夏遇南，彭刚，译.南京：译林出版社，2012.
③ 陆象淦.发展［M］.重庆：重庆出版社，1988：71.
④ Daniel Lerner. The Passing of Traditional Society: Modernizing the Middle East [M]. Free Press，1958.
⑤ S.T. Kwame Boafo. Utilizing Development Communication Strategies in African Societies: A Critical Perspective (Development Communication in Africa)［J］. Gazette，1985：83.

杂多样。这不仅造成了政治话语上的霸权主义,且单一的模仿借鉴并不能有效解决发展中国家的民生问题。随着技术的不断成熟和转化、人口的高度集中、资源的单方面倾斜,国际间的差距被逐渐拉大,落后地区的人们难以真正享受到发展带来的利益。

基于此,以发展中国家学者为主的部分学者开始在学术领域进行声讨。他们批评对于发展中国家的特殊社会、政治、经济、历史特点的无视,以及发展中国家在国际经济体系中不平等的地位,认为以工业发达国家为背景的模式在发展中国家行不通,否则就是"依附性发展"[①]。他们认为发展中国家要坚持独立自主的原则,甚至决绝地主张与发达国家完全脱钩。

这种相对激进的批判学说很难成为一个长久维持、自成一派的体系。它更像是对早前发展学视域的自我否认,却并没有真正提出一个足具建构性的新模式。

在初始的经济学视域下,发展目标始终被限定在"增长"的范围内,由此衍生出一套明确的量化指标。但对其他许多学科来说,在过于抽象的概念中制定一套清晰直观的标准并不现实。此外,纯粹的经济增长已不足以成为人类社会的唯一目标:随着基本生活条件的提高,新诉求也在持续生成。阿玛蒂亚·森(Amartya Sen,1933—)指出尽管人均产出的增加可以提高这些能力,但对于发展的终极关注不应该是产出本身。[②]所以,即便是发展经济学,在相关的研究体系成熟以后,也尝试寻求突破指标框架,以从更多角度看待它。

1970年,在纪念联合国宪章生效25周年会议上,"联合国第二个发展十年(1970—1980)"国际发展战略指出"发展的最终目标必须是为了使个人的福利持续地得到改进,并使所有人都得到好处"[③],可见发展本身代表着一种基本的方向判断和更高的总体期望。对存在问题的否认和既有成果的延续,使得人类能够在一个有序的体系中超出个体生命的局限,并将文明长久传承下去。

现代的发展学致力于寻求一个平衡支点,既不站在欧美中心主义的立场上随意指点他国的运行模式,又非纯粹凭弱者的力量去加以对抗。在文化多元主义盛行的当下,这些发展成为超越地区和种族的全人类共通的命题,其特点如下表所示。

---

① Cardoso, F.H., Faletto, E. Dependency and Underdevelopment in Latin America [J]. New Life Review, 1972: 74.
② Amartya Sen. Development as Capability Expansion [A]. in Griffin, Keith and Knight, John (eds.), Human Development and the International Development Strategy for the 1990s [C]. London: Macmillan, 1990: 41-58.
③ 联合国新闻部.联合国手册(第9版)[M].北京:中国对外翻译出版公司,1981: 125.

发展学不同阶段总体演变特征及其特点归纳表[①]

发展学归纳	第一种范式	第二种范式	第三种范式
时间段	1950—1960	1960—1970	1970—1980及以后
发展理论	现代化理论	依附理论	多元理论
学科范畴	经济学	以经济学为核心，纳入非经济因素的影响，社会学加入	多学科交杂，涉及关乎人类社会发展的多个门类领域
发展目标	经济增长	再分配，基本需求和增长	可持续发展

在经历了早期的探索与转变后，发展学已进入到第三种新的范式。它基于多元理论且不带有显著的立场偏向，将目标从纯粹的追赶、超越转变到可持续发展的维度上。

自然科学视域下的"可持续性"或存在诸如增长极限、可承载力边界等相对明确的标准，但在人文科学领域它却成为一个值得深入辨析的问题——尤其是非物质形态的人文精神产物，在流传过程中的演变乃至消失都成为不可控因素。进入21世纪，新的社会环境和变革的建构者进一步影响着我们的认知，多元主义成为普适性的价值取向。

（三）发展文化产业学目标构想

基于以上的总结，本文提出了发展文化产业学的构想。其成形的原因有两个：一方面，发展文化产业学在体系化、成熟化的过程中，学科间的自发互融也在增多，并不约而同地对分支领域提出全新要求。例如，发展社会学中就包含了以价值观为核心的地区文化侵略性讨论，这也与文化学自身的研究与思索密切相关。建立在这些既有学科基础上，发展文化产业学的研究能针对当下的社会现实需要给出一个更深入的新范式，甚至直接越过先前学科的反复争论阶段而直接获取有效经验。另一方面，发展文化产业学虽然与其他学科存在相似之处，但其还是能独立于上述任何一个学科分支的。20世纪初，文化学的倡导者、德国化学家、诺贝尔奖得主奥斯特瓦德（Wilhelm Ostwold, 1853—1932）就力主在社会学之外建立文化学。[②] 文化学不仅和社会学科紧密相连，同时其内部又存在足以分化众多子题的讨论点。若说经济学、社会学等更多着眼于维持人类社会合理的分配或者社会公义，摒弃那些可能

[①] 借鉴参考韩鸿. 参与式传播：发展传播学的范式转换及其中国价值[J], 新闻与传播研究, 2010（1）.（表格及具体内容有改动）

[②] [德] 威廉·奥斯特瓦德. 文化学之能学的基础[M]. 马绍伯, 译. 重庆：三友书店, 1943年.

带来混乱、低效的消极状态，那么文化则志不在此。它不是对微观个体、组织的研究，而是把目光落实到整个民族、国家甚至世界范围内，相对更宏大、庞杂，且去功利化。

我们在人类的精神文明产物——几千年来传承的文化体系中生存，需格外重视保留文化的意义。文化经济学者戴维·思罗斯比（David Throsby，1939— ）强调了文化领域的"可持续性"概念，认为这种思想提供了一个能够兼顾由文化资本长期形成的经济价值和文化价值的框架，并指出"'可持续的'一词总是与'发展'一词联系在一起"①。他在此基础上提出了文化可持续发展的六个准则：物质福利与非物质福利、代际公平与动态效率、代内公平、维持多样性、谨慎性原则、维持文化系统与承认相互依赖性。

在这些基本准则里，物质福利与非物质福利是指文化对生活质量双重的实质性提高，代内公平是指文化分配过程中的内部协调，维持多样性是促使新的资本形成的前提，谨慎性原则强调在文化转换过程中减少破坏的可能，而维持文化系统与承认相互依赖性则是对文化相互依赖的承认。索斯比尤其突出强调了"代际公平与动态效率"，即一种跨期分配正义的实现。1987年，由布伦特兰夫人主持的世界环境与发展委员会对可持续发展给出了定义："可持续发展是指既满足当代人的需要，又不损害后代人满足需要的能力的发展。"②它成为国际社会普遍接受的一个准则，也是文化发展要求中关键的一环。

此外，中科院教授牛文元先生在联合国环境发展大会上归纳了可持续发展的三个组成部分，分别是"整体""内生"与"综合"。③其中"整体"是指在考虑人类生存发展所面临的种种外部因素之外，考虑其内在关系中必须承认的各个方面的不协调；"内生"是指一个国家或地区的内部动力、内部潜力和内部的创造力；"综合"则代表着发展的各要素，包含各种关系模式的相互作用与组合，即最终的总矢量特质。

牛文元教授的这一理念产生于当今世界对可持续发展的总体要求。尽管文化的特性有其独异和特点，但其在总体方向上是满足这三个要点的，笔者归纳整合了这

---

① ［澳］戴维·思罗斯比．经济学与文化［M］．王志标，张峥嵘，译．北京：中国人民大学出版社，2015：56-57．
② World Commission on Environment and Development. Our Common Future［M］. Oxford University Press. 1987：43.
③ 牛文元．可持续发展理论的内涵认知——纪念联合国里约环发大会20周年［J］．中国人口·资源与环境，2012，22（05）：9-14．

一发展文化产业目标的框架（见图1）。

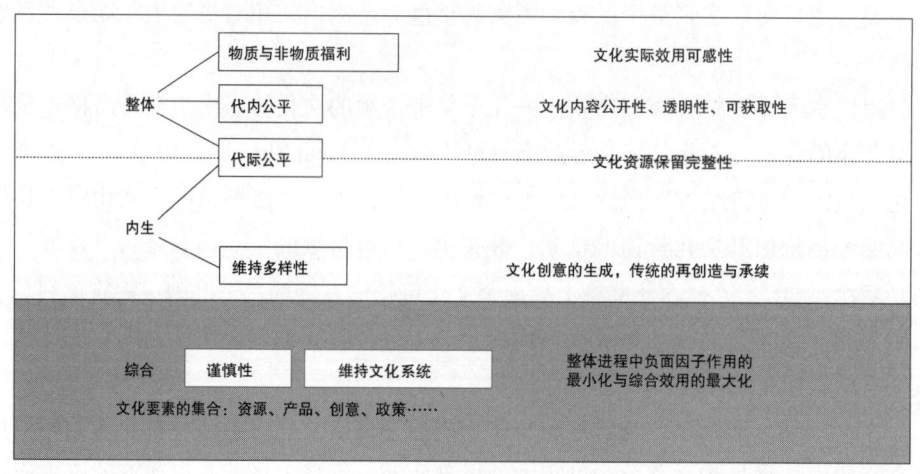

图1

在对地区内部的各关系要素整合协调的过程中，由文化所引起的直观精神或物质福利能够带动最广大群体对其内在价值的认知，使广大群体重视并参与到文化维持的环节中来。代内公平着眼于分配正义，即发展学要义中强调减少差异实现共同进步的可能。内生环节主要是对动力机制的强调，其中维持多样性的根源在于通过这种方式促进文化创意的生成，使既有传统得以延续与再造。代际公平兼顾群体内协调平等和对现有时间线上的文化保留足够创造潜力的要求。综合维度强调对于整体文化要素的统合，谨慎性和维持文化系统的原则要求在对文化进行相应操作的过程中形成一个系统化的综合视域，并尽可能减少非可逆性破坏。

二、文化大数据体系的建设与潜在的政策伦理问题

（一）发展文化产业学在中国

基于中国特色的社会状况，我们发展文化产业学构建被寄望以一个更为成熟完善的体系。首先，一方面，尽管如今我国在经济总量、体制建设及生活水平等多个层面上都有了质的飞跃，但仍将长期处于发展中状态，存在贫富不均、地区发展不平衡及发展质量不高等诸多问题。尤其在文化领域，相应的产品在数量、质量及国际影响力上都暂时远不能与我国充足丰厚的历史文化资源相匹配，尚存在巨大的文

化发掘潜力，这都符合发展学所针对的对象。另一方面，从政策逻辑的角度来看，近年来我国愈加重视文化建设。在十四五规划中，我国提出了在2035年建成社会主义文化强国的目标①，文化发展已经成为当前不可或缺的重要环节。

其次，时代变迁与消费转型也对我国文化产业的发展提出了更高的新要求。从国情来看，2019年我国人均GDP首次突破一万美元，这是消费升级的重要转折点。在经济模式转型的同时需要挖掘更多的国民消费潜能，而文化就是重要的内需助力——不仅包括传统的核心文化艺术消费，还包括娱乐和休闲经济的文化价值，故应充分发挥其社会效应。

与此同时，新科技对生活形态的完全改变使我们需要不断去调整适应，文化产业尤其需要迎合时代潮流而不能只停留在过去。自智能手机等常用电子产品普及以来，文化传播从传统的纸媒、广播电视等向新媒体转化，改变了人们的社会交际网络构建模式，在空间上形成了更近的距离，在效率上得到了更大的提高。虽然不乏批判者如尼古拉斯·卡尔（Nicholas Cart，1959— ）等认为，随着生活信息化、碎片化程度的提高，我们传统的社会生活被撕裂，每个人都沦为互联网的奴隶②，但文化与科技融合，数字化渗透到日常生活的每个角落已经成为不可逆的现实。我们需要做的就是把握好这一方向并采取正面的引用：数字化手段不仅适应年轻一代用户的需求，作为理想的存储和输送介质，更有助于文化内容的保存和传播，是推动文化产业发展至关重要的工具。

最后，后疫情时代的到来强化了我们建设更完善的文化体系的要求。2020年以来，突发的全球性公共卫生事件使我们在不断摸索全新生活模式之余，也清醒地认识到在未来疫情防控措施及健康安全保障的常态化下所有的可能。因应对传染性疾病的政策需要，隔离、监测、跟踪等防控手段及信息文化传播模式都发生了巨变，使得21世纪前20年中缓慢推进的虚拟化互联社会状态紧急加速。到目前为止，全球性的疫情尚未衰退，而后疫情时代的社会模式已经初露端倪，对于未来的人居环境、工作面貌都已经造成了不可逆的影响。因此，人们对学习、社交、生产和生活方式上发生的虚拟化、网络化等改变，都需要引起足够的重视。传统的文化研究尚不足以适应快速变革下社会的全部需要，而新时代已然到来，我们尤其要注重这种

---

① 新华社.中共中央关于制定国民经济和社会发展第十四个五年规划和二〇三五年远景目标的建议［EB/OL］.中国政府网，http： //www.gov.cn/zhengce/2020—11/03/content_5556991.htm.
② ［美］尼古拉斯·卡尔.浅薄：互联网如何毒化了我们的大脑［M］.刘纯毅，译.北京：中信出版社，2010.

变化带来的机遇和挑战。

（二）文化大数据体系及其云平台构想

面对以上现状，我们对于文化体系的建设有着极高的质性改革需求。2020年5月，中央文化体制改革和发展工作领导小组办公室下发《关于做好国家文化大数据体系建设工作的通知》文件，提出了"文化大数据体系"的建设要求。这是以政府为主导的，旨在提供分类与估值的去零散化标准，提供生产传播服务与消费的技术支持，为监管提供法规支持，以及在一个宏大标准体系下提高国际传播话语权的文化新基建。

文化大数据体系试图通过标注中华民族文化基因，把非物质文化遗产记录成果中蕴含的优秀文化的精神标识提炼出来，建设政企互通、事企互联、数据共享、安全可信的文化大数据服务及应用体系，面向全社会开放，将中华文化元素和标识融入内容创作生产创意设计，以及城乡规划建设、生态文明建设、制造强国、网络强国和数字中国建设，为在新技术条件下推动中华优秀传统文化创造性转化、创新性发展，继承革命文化，发展社会主义先进文化打好基础。

尽管政策提出了相关要求，但因其处于始发阶段，还未产生实践性的成果，所以国内对文化大数据的相关定义并不明晰，对相关政策的布局与落实也处于进行时阶段。高书生认为：文化大数据分为需求侧和供给侧两端，其中需求侧是由消费带动的海量数据，而供给侧的大数据则主要来自公共文化机构、高校科研机构和文化生产机构等。[①]不过这种划分稍显简单，虽便于理解却不够精确详细，一些细分领域的界定存在模糊之处。因此，郭全中批评这种评估只能算一个"小文化"而非"大文化"的视角，后者显然要站在更高的角度来看，即"指服务于文化相关决策，需要新型数据处理模式才能对其内容进行采集、存储、管理和分析的海量、高增长率和多样化的信息资产"[②]。

无论是哪种理解，文化大数据体系的建设涉及对既有的大规模文化内容与科学技术相结合的要求，旨在将我国文化资源和产品进行有效整合。在可预见的范围内，文化大数据体系将发挥极为重要的作用，帮助我们朝建设社会主义文化强国的方向迈进。尽管它的主要逻辑是以文化遗产等资源为核心进行汇总，但其并非简单的文化内容数字化：除了高精度的保护性储存外，还特别鼓励在此基础上进行再创造，

---

① 高书生. 体系再造：新时代文化建设的新命题［J］. 经济与管理，2020（1）.
② 郭全中. 我国文化大数据体系建设研究［J］. 中国编辑，2020（12）：54–57.

以及对其他类型文化大数据的采集。目前，在政策上着力推动的供给端落实工作相对容易开展，即公共文化资源机构按要求提供精准的初步数据共享。但是，我们的文化发展目标还涉及如何有效使用以突破其僵化状态的问题。相比之下，消费端的文化数据在获取与分享上存在更多可能的矛盾。作为文化大数据体系建设八项基础性工作之一的大数据云平台建设，就旨在以此为突破口。它指运用5G、区块链、大数据、云计算、物联网等新技术，按照物理分散、逻辑集中的原则，建设国家文化大数据体系的中枢系统和分平台，汇聚文化大数据信息，为文化生产和文化消费的终端用户提供云服务。① 这是整个体系中海量数据收集的关键一环，串联起了从文化资源的挖掘开放到落地应用一整个链条上的各个元素。平台建设的目的在于了解国民对文化的偏好需求，预测文化市场发展动态等。从纯粹学科性角度来看，也有利于充分掌握信息，提供迎合市场的服务，将文化真正活化而不是禁锢在"象牙塔"里。但是，它的建成与完善还有一些值得关注的议题。

（三）文化大数据体系下的政策伦理性问题

1986年，美国管理信息科学专家梅森（Richard O. Mason）提出信息时代的政策伦理性问题，即对于信息的隐私权（Privacy）、准确性（Accuracy）、产权（Property）和资源存取权（Accessibility）这四个维度的PAPA议题。②

在云平台建设要求下的文化内容数字化领域，这种政策伦理具有高度的相似性与参考价值，具体可以表现为以下四个层面。

第一，个人信息隐私权。在数字时代，信息的共享要求和隐私权保护形成了一种博弈。大数据体系下尽可能广泛的内容共享有助于对文化受众产生充分的了解，但也会导致个人信息安全受到冲击；同时，部分群体不愿以真实身份公开参与一些文化活动，也不愿将自己的特殊喜好暴露在大数据体系中，因而涉及公共文化之外的私赏欲。

第二，文化数据准确性。信息的准确要求所有内容都是最真实完整的意思表达。其中的挑战一方面在于在虚拟社区中个体倾向于隐藏自己的内在意愿，给技术操作带来干扰变量；另一方面在于数据持有者对相关内容的保留性倾向。抽样框的不完善、商业机密的维护等都可能会造成数据极大的偏差，且往往难以检验。

---

① 宋洋洋. 中央最新政策：国家文化大数据体系，文化产业新基建［N/OL］. 人民日报，第2827期文化产业评论，2022-05-31. https：//m.sohu.com/a/397892186_152615.
② Mason, Richard O. Four Ethical Issues of the Information Age［J］. MIS Quarterly, Vol. 10, No. 1, 1986：5–12.

第三，知识产权归属。在知识化时代，几乎所有信息都能产生相应的价值，而文化内容的归属范围广泛，不仅包括组织单位之间，还涉及国际层面。产权归属关乎侵权与维权等一系列后续问题，在共享平台建设上，这种归属权的去留乃至国家信息安全都受到了更大挑战。

第四，文化资源存取权。这主要涉及文化获取公平性的问题。虽然法律赋予所有人以平等的信息存储获取权，但并非所有人都拥有相对等的能力。信息渠道的不畅通、不完善始终是文化公平的重要困扰。

这些政策伦理问题是文化大数据化过程中值得注意的要点，也在实际的案例中得到显现。2021年2月2日，字节跳动公司旗下的抖音正式向北京知识产权法院提交针对腾讯垄断的诉讼，认为腾讯违反了《反垄断法》，在相关产品中对字节的产品进行严格限制，排斥其基于成熟社交圈体系的文化共享与交流，妨碍了技术进步和创新。腾讯对此解释为其秉持公开理念为第三方平台提供服务，但是抖音对用户的个人信息进行了恶意提取，侵害了平台生态环境及用户的权益。抖音则认为用户对自己的数据具有绝对的、可完全控制的权利，这应该远远高于平台的权利，其信息不应该成为腾讯公司的"私产"[①]。尽管到目前为止这一争端尚未有明确结果，但还是引起了广泛的社会讨论。

字节跳动与腾讯之间的纠纷从结构特点看，源自一种文化与社交、科技之间交融的矛盾。抖音从内容出发，从情感触发基础上尝试构建一个相对稳定的人际联结；腾讯以既有关系网络为起点，不断搭建并推广旗下的文化产品，形成一个并非绝对牢不可破的导引链，二者之间在文化模式上形成了鲜明张力。从商业角度来看，这种市场互斥是企业间的竞争，在文化领域则表现为对广大群众有限注意力资源的争夺。双方互相指责对方对用户信息等的非法占用，目的是为自己能独占该数据利益或分得一杯羹，并非真正为使用群体考虑，后者作为个体与企业组织间的矛盾更凸显在大众对于该事件的讨论立场上。

由此可见，当下大数据已经成为一个重要的创意基点，在短视频、动漫、游戏、影视等领域发挥着强大的作用，而其伴生的诸多涉及与个体、国家之间的信息隐私保护要求、权益归属等争议也日渐焦灼。这源于用户权益与企业利益、组织权益与社会公众利益之间种种难以协调的矛盾，也从背后折射出在整个文化大数据体系及

---

① 何兴. 抖音诉腾讯最新进展，互联网平台反垄断第一案正式立案[N/OL]. 都市热报，2021-02-07. https://www.cqcb.com/dyh/media/dyh5590/2021-02-07/3698202_pc.html.

其云平台建设的过程中可能存在的诸多需要被充分兼顾的政策伦理问题。

三、发展学视角下文化大数据共享的方向性思考

（一）政策伦理矛盾问题的思考

美国统计学家纳特·西尔弗（Nate Silver，1978— ）曾在《信号与噪声》一书中指出，在大数据时代，"人类一天创造的内容甚至超过人类有史以来的所有内容"[①]。我们无法用单一权威的话语甄别当下哪种文化有长久流传的人文价值，哪种是昙花一现的历史微光，因此最大限度地保留这些要素，将选择权与决定权交给人民与历史则更为合理。站在国家层面，这样一个大规模的体系通过统一管理运作的云平台，无疑有利于极大程度地利用好我国的既有文化资源，并使其在国际上传播和被认同。从激发活力的角度来看，尝试打通企事业单位等组织间的数据资源边界，充分掌握公众的文化需求变化，了解文化在不同情境下的传播与接受度规律，能够有效地活化传统并促使新创意生成。

事实上，经由特定社会语境创造的文化本质是共享与交流，除却国家层面可能的意识形态斗争外，不存在绝对意义上的文化垄断。在字节跳动与腾讯的争端案例中，它却时常作为技术垄断、资本垄断的结果表现出来。"文化到技术垄断里谋求自己的权威，到技术里去得到满足，并接受技术的指令。"[②]在发展文化产业学的要求下，文化逐渐与其他要素，如智能技术、资本产权、深度教育等形成密切交融，使其背后的问题也呈现出愈发复杂的面貌。因此，文化的海量搜集在发展中展露出的潜在问题，是在考虑单一的数据规模化、集合化以外更加值得注意的部分。

在我国文化大数据体系的云平台建设中，过简的要求会导致对各种潜在矛盾的忽视。文化垄断固然是对其发展的阻碍，若一味予以完全公开化，不仅难以确保大数据的准确性，更会因为缺少激励机制而在根源上降低文化创意进一步生发的可能性，长此以往，反而使整体的文化产业陷入消沉。

从出台的相关政策规定来看，文化大数据体系建设的一个浅显目标在于，"通过建立国家文化大数据标准体系，实现整合现有的技术和产业资源，统一规划文化大

---

① ［美］纳特·西尔弗.信号与噪声［M］.胡晓姣，张新，朱辰辰，译.北京：中信出版社，2013.
② ［美］尼尔·波斯曼.技术垄断——文化向技术投降［M］.何道宽，译.北京：北京大学出版社，2007：42.

数据标准的发展路线,发挥联盟内部各自企业的优势,协同构建文化大数据的标准体系框架,着眼于未来的标准应用和布局未来的文化大数据的标准,并充分发挥联盟的价值,高效开展文化大数据标准化工作"①。如图 2 右侧部分所示,其基础目标在于通过真实准确的信息数据公开,实现文化内容及数字产权从小范围的单一垄断朝透明化的方向发展,最终达到近乎全民性的文化存取自由。诚如 PAPA 伦理模型指出的那样,与这些要素相对应的是个人隐私与安全的保障,通过版权的私有化归属达到对企业组织保有自身商业机密的认可,以及充分发挥文化价值以达成等价的商业交换等。这些看似与大数据共享化背道而驰的要素,实则与发展文化产业学目标视域下的"内生"环节紧密相连。

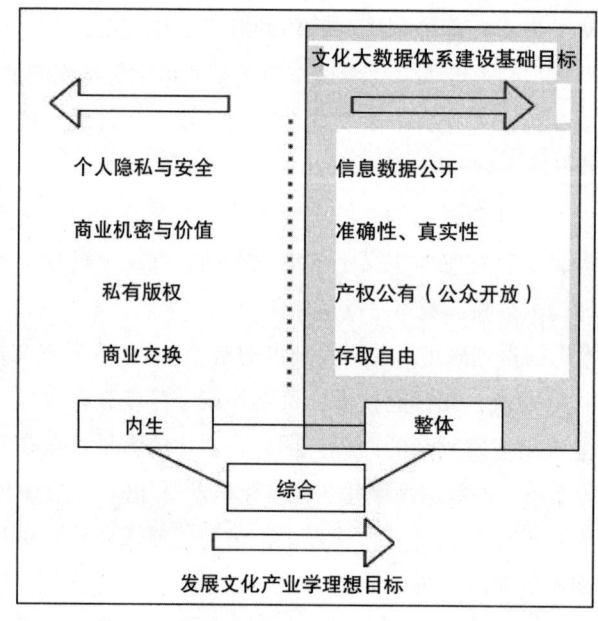

图 2

云平台的建设是大数据体系规划中的一个重要过程,其终极目标依然是"促进文化繁荣"②,与发展文化产业学的理想一致。文化确有其大众属性,但是当它与产业发生密切关联时,依然不能忽视其中产业的、激励的成分。因此,考虑整体矢量

---

① 亓峰. 国家文化大数据标准体系 [DB/OL]. 北京邮电大学,2021-01-25. https://new.qq.com/omn/20210125/ 20210125A0FVFF00.html.
② 同①.

结果的最大化，需要做到：一方面，要形成对于大部分公司的反垄断，鼓励其进入全民文化创意时代；另一方面，还要对它们形成有力的保护机制，在分配正义之余适当让步，保留能够在特定阶段中催化出最佳效用的成果归属。

（二）基于文化产业发展视角总体框架的政策要求

如果从纯粹信息科学的角度看，以上存在的种种矛盾是一个关乎平衡的博弈问题，需要决策者寻求最佳支点来协调各方的利益诉求。倘若纳入发展学的目标要求，则可以更好地在政策实施与指导中明确需要。从发展文化产业学的目标来看，云平台建设确证的原则应包括以下三部分。

首先，需要确保整体性。文化构建应有助于内部各元素之间的整合与协调。一方面，站在公共福利的角度，云平台的存在应让人们获得实际可感的物质与非物质福利增益，认识到该云平台的建设对于每一个个体来说都可以更好地享受我国丰富文化资源的保障，从而提高他们主动参与利用数据平台进行资源交互的积极性。另一方面，云平台建设需要更加重视代内公平。正如政策伦理中的"存取权"所要求的那样，除了保证在技术机制保障下的基本权益公平之外，还要满足一些克服客观条件限制的深度平等，包括硬件设施上的新基建，如 5G 基站、物联网、智能交通与能源基础设施等，尤其要关注农村与中西部相对落后地区等更具文化特色却存在进入困难的区域单元的共同参与；还包括在软性思想与认知上的提高，如在基础国民教育宣传端口上强化大众对参与公共文化交流的主观意愿，从而避免它被垄断在高知阶层或者小众亚文化圈的有限范围中，使它真正成为公享性产品。

其次，需要满足内生性。这主要涉及代际公平的部分及维持文化多样性的要求。一方面，代际公平不仅关乎内部协调的整体本身，更关乎时间线上的保留和传承。因此，它不是着眼于当下的全面覆盖和绝对平等，而是要确保我们的子孙后代能够在新自由主义精神理念下享有"免于匮乏"①的权利，让他们拥有在丰厚的文化宝库中挑选并利用精神需求对象的充足机会。对此，我们所要做的就是借助云平台等技术系统最大限度地保留这些古老成分，将整个文化传递链完满、长久地延续下去。另一方面，在维持多样性的要求下，通过广泛吸收当下散落在全国各个角落的、由一些小微个群在不经意间生成的智慧结晶，并给予积极的反馈与回报，进一步促成有益的创作，增加多元的内容储备，为未来的文化再生产提供新素材，创造更多属于当代的新文化结构体系，并在国际交流中始终保持我国文化的独立性与竞争力。

---

① Supiot, A. L'esprit de Philadephie. La Justice Social Face Aumarche Total [J]. Paris: Seuil, 2010.

最后，应当实现综合的最大价值。无论各要素以何种方式组合并相互作用，它都需要被放置在总体视域中反思。在谨慎性原则的指导下，我们应当避免一切对效益起到反向递减作用的负面操作。一般认为，文化遗产的损耗或陨灭往往是物理层面的现象，但其被破坏的可能往往表现在文物活化的失败，使之尽管实体被保留，却永远被封存在遗忘的角落。第三层更为隐秘而难以察觉的则是非物质的、解构性的偏误，具体表现为文化解读的不断歪曲化，使真正的内涵在流传过程中逐渐流失，甚至最终形成定式而彻底消解其本源意义。因此，在云平台的大数据集中化过程中，我们需要始终秉持对于原真性的尊重。维持文化系统即承认文化间的相互依赖性，在保持不排斥、不侵占的原则下，让各方面要素充分发生自由碰撞与相互作用，不刻意引导某一种文化范式的发生，采取相对宽容的态度，让大数据的云平台体系能够成为孕育文化创作的辽阔土壤。

（三）从云平台建设回到发展文化产业学：总结与展望

正如联合国开发计划署（UNDP）在1991年指出的那样，人类发展的目标为"增强人们按照自己期望的方式生活的能力"[①]。发展学是一个关涉"人"的学科，致力于从人文主义的角度思考如何使生活在这个大环境中的群众获得最高质量的生存状态，从而增强生命体验——无论在具体的操作上如何落实，这都是万变不离其宗的信条。从人文发展的要求来看，整体社会的发展即对每一个个体发展的确保。故而，政策伦理中不存在绝对的个体利益对集体利益的退让与服从，或是牺牲企事业单位的利益诉求，而盲目追求抽象的文化大同。在权益的博弈中，涉及具体政策的权衡，始终要以双向兼顾的逻辑推进。例如，从云平台建设中供给端文化遗产与资源数字化共享来看，首先应确保区分哪些文化数据需要被共享，哪些涉及内部的存取乃至国家信息安全问题，哪些则值得适当予以保留和效用激励，从而针对不同的划分采取相应的推动或保护工作；对消费端的文化信息收集而言，它也需要能在一个由政府部门可控与牵头的范围下达成与企业组织之间的有效合作与协议，既能确保利益分配的公平性，给予足具文化价值的内容，同时又能通过这种协约共享的模式创生出更大的、破除垄断的价值。

文化大数据体系云平台建设中所谓的"政策伦理"视角，即在制定过程中平衡不同群体之间的利益、构建方案并进行内容执行的过程。这一体系建设既然是国家主导推动的项目，就必然要求其在发展过程中充分听取不同的声音，平衡好各

---

① 联合国开发计划署.人类发展报告［M］.北京：中国财政经济出版社，1991.

方的利益。只有在这种总体方针的指导下，我国文化产业才能真正迈向理想的发展状态。

总之，"发展"没有终点，它本就是一个基于社会变化情况而不断前进的学科，使我们对于生存质量的要求无限细化与拔高。相比于漫长的人类文明发展史，当前的时代虽然因为智能信息技术时代的到来呈现出其特殊性，但也不过是一个极为短暂的片刻。所以，文化产业的推进过程是循序渐进的，因而我们在政策推进过程中不能急于求成，需要做好充分准备以应对在这个过程中可能出现的各种突发性问题。只要坚定方向，确保其最终都是为了一个共同的目标——更好地为文化可持续发展而努力，就能在实践过程中找到明确的指导原则，用发展文化产业学的长远眼光予以解决。

【参考文献】

［1］［澳］戴维·思罗斯比.经济学与文化［M］.王志标，张峥嵘，译.北京：中国人民大学出版社，2015.

［2］胡代光，高鸿业.西方经济学大辞典［M］.北京：经济科学出版社，2000.

［3］联合国开发计划署.人类发展报告［M］.北京：中国财政经济出版社，1991.

［4］联合国新闻部.联合国手册（第9版）［M］.北京：中国对外翻译出版公司，1981.

［5］陆象淦.发展［M］.重庆：重庆出版社，1988.

［6］［美］纳特·西尔弗.信号与噪声［M］.胡晓姣，张新，朱辰辰，译.北京：中信出版社，2013.

［7］［美］尼尔·波斯曼.技术垄断——文化向技术投降［M］.何道宽，译.北京：北京大学出版社，2007.

［8］［美］尼古拉斯·卡尔.浅薄：互联网如何毒化了我们的大脑［M］.刘纯毅，译.北京：中信出版社，2010.

［9］［美］帕森斯.社会行动的结构［M］.张明德，夏遇南，彭刚，译.南京：译林出版社，2012.

［10］钱学森.关于思维科学［M］.上海：上海人民出版社，1986.

［11］王续琨，冯欲杰，周心萍.社会科学交叉科学学科辞典［M］.大连：大连海事大学出版社.1999.

［12］［德］威廉·奥斯特瓦德.文化学之能学的基础［M］.马绍伯，译.重庆：三友书店，1943.

［13］高书生.体系再造：新时代文化建设的新命题［J］.经济与管理，2020（1）.

［14］郭全中.我国文化大数据体系建设研究［J］.中国编辑，2020（12）.

［15］韩鸿.参与式传播：发展传播学的范式转换及其中国价值［J］.新闻与传播研究，2010（1）.

[16] 牛文元. 可持续发展理论的内涵认知——纪念联合国里约环发大会20周年[J]. 中国人口·资源与环境, 2012, 22 (05).

[17] 何兴. 抖音诉腾讯最新进展, 互联网平台反垄断第一案正式立案[N/OL]. 都市热报, 2021-02-07. https://www.cqcb.com/dyh/media/dyh5590/2021-02-07/3698202_pc.html.

[18] 亓峰. 国家文化大数据标准体系[DB/OL]. 北京邮电大学, 2021-01-25. https://new.qq.com/omn/20210125/20210125A0FVFF00.html.

[19] 宋洋洋. 中央最新政策: 国家文化大数据体系, 文化产业新基建[J/OL]. 人民日报, 第2827期文化产业评论, 2020-05-31. https://m.sohu.com/a/397892186_152615.

[20] 新华社. 中共中央关于制定国民经济和社会发展第十四个五年规划和二〇三五年远景目标的建议[EB/OL]. (2020-11-03). 中国政府网, http://www.gov.cn/zhengce/2020-11/03/content_5556991.htm.

[21] Daniel Lerner. The Passing of Traditional Society: Modernizing the Middle East [M]. Free Press, 1958.

[22] Parsons T. Social Systems [M]. Free Press, 1951.

[23] World Commission on Environment and Development. Our common future [M]. Oxford University Press, 1987.

[24] Cardoso, F.H., Faletto, E. Dependency and Underdevelopment in Latin America [J]. New Life Review, 1972.

[25] Mason, Richard O. Four Ethical Issues of the Information Age. [J]. MIS Quarterly, vol. 10, no. 1, 1986.

[26] S.T. Kwame Boafo. Utilizing Development Communication Strategies in African Societies: A Critical Perspective (Development Communication in Africa) [J]. Gazette, 1985.

[27] Supiot, A. L'esprit de Philadephie. La Justice Social Face Aumarche Total [J]. Paris: Seuil, 2010.

[28] Amartya Sen. Development as Capability Expansion [A]. in Griffin, Keith and Knight, John (eds.), Human Development and the International Development Strategy for the 1990s [C]. London: Macmillan, 1990.

关系美学视角下的"艺术乡建"

李斯扬[①]

(北京大学艺术学院,北京 100871)

【内容提要】 当前,在国内学术界,"艺术介入""社会参与式艺术"等议题受到了越来越多的关注与讨论,这既反映了当代艺术理论发展的内在逻辑,也呼应了中国当下鲜活的政治、经济、社会与文化实践。尼古拉斯·伯瑞奥德以"形式""协商""共存"与"主体性"等关键概念建构的"关系美学"为分析中国的"艺术乡建"问题提供了一条有效的理论路径。西方现当代艺术史中的"艺术介入社会"传统倾向于"批判"的路径,而20世纪中叶以来,中国现当代艺术发展过程中的艺术介入实践更倾向于"建构"的路径,中国当代的"艺术乡建"正位于当代艺术、文化产业与乡村建设的结合之处。本文以"关系美学"的理论视角进入,基于四个具体案例,探讨了"艺术乡建"中"关系"的意涵、"关系"的发生场域和"关系"的实现路径问题。

【关键词】 关系美学,艺术乡建,艺术介入

一、"关系美学"的理论路径

当代法国艺术批评家及策展人尼古拉斯·伯瑞奥德(Nicolas Bourriaud,1965—)在1998年出版了法文版著作《关系美学》,其英文版于2002年出版,中文版于2013年出版,书中提出了"关系美学"的概念。"关系美学"一经提出便在西方艺术界引发关注,并产生了很大影响,而中文学界则在近年围绕该理论展开了一些富有启发性的讨论。为了更清晰地把握伯瑞奥德"关系美学"的要义,本文从它的提出背景、针对的问题和解决的方案几方面来展开分析。

---

① 李斯扬,女,北京大学艺术学院艺术理论专业2020级博士研究生。主要研究方向为美学、当代艺术史论。

伯瑞奥德"关系美学"的提出针对的是西方在20世纪90年代的当代艺术实践中所呈现出的新趋势和新特点，即"关系的艺术"。这种新的动向植根于社会历史情境的变化，伯瑞奥德认为，"当今的社会环境更加限制了人际关系的可能性……社会功能的普遍机械化逐渐缩小了关系空间"，许多曾经发生在人与人之间的交流、共享与争吵的机会，逐渐被诸如酒店里的自动电话叫醒这样的机器服务所取代。在这一背景下，人与人之间的关系"不再依赖于'直接经验'，而是在'景观'的再现中变得模糊不清"。伯瑞奥德对现实状况的不满继承了西方马克思主义技术批判的传统，从马克思的"异化"、卢卡奇的"物化"，到德波所批判的战后资本主义"景观社会"，伯瑞奥德所贬斥的人际关系的疏离与模糊，是商品对人之物化的一种症状。当代艺术正是在这种新情境下，进入人类的关系领域（relational realm）并将其转化为一个议题，这无疑是它所投身的一项政治事业。

那么，如何理解伯瑞奥德所推崇的"关系"的意涵呢？首先，需要明确的是，在"关系"的视角下，艺术的自律性再次成为关键问题。在《关系美学》中，伯瑞奥德通过批判美国艺术批评家戴夫·希基（Dave Hickey，1939— ）的观点，清晰地表达了自己反对艺术自律的立场。希基强调审美自律和"美的回归"，他在《神龙》（*The Invisible Dragon*）一书中奉行的基本观点是，艺术的效力建立在古典的视觉美的基础上。而伯瑞奥德在《关系美学》的开篇即提出，"艺术在各种程度上都是关系性的，是社会性（sociability）的一个要素与对话的基本原则"。在反对艺术自律的理论前提下，伯瑞奥德从马克思政治经济学中的"交换"（exchange）理论出发，将艺术作品视为一种社会中介（interstice）①。他提出，艺术作品由与社会交换相同的材料所构成，但它在人类的集体生产过程中占有特殊的位置，原因在于艺术作品所显示或暗示的，不仅仅是它的制造和生产过程、在一系列交换中的位置，以及它分配给观看者的位置或功能，还有艺术家的创造性行为（换句话说，每个作品都像样本或标记那样传递下去）。以人们观看艺术展览的行为为例，伯瑞奥德认为，即便是再乏善可陈的展览，都有可能在两种意义上建立起即时对话的可能性，即在一个特定时空里的观看、感知与评论。根据艺术家所要求的观众的参与程度、艺术作品的性质，以及它所建议和再现的社会性模型，一个展览将生成一个特殊的"交换舞台"（arena of exchange）。在这个意义上，"艺术是一种生产特殊社会性的场

---

① 此处"interstice"的翻译，本文参考了《关系美学》2013年出版的中译本的译法，根据语境和文意，本文认为该词在一些地方应译为"间隙"，见下文。[法] 尼古拉斯·伯瑞奥德.关系美学[M].黄建宏，译.北京：金城出版社，2013：6.

所","艺术作品在其商品性质与语义价值之外,还表征为一种社会中介"。

在此基础上,伯瑞奥德"关系美学"中的"关系"可以从三个角度来进一步理解。第一,在伯瑞奥德看来,这种"关系"首先指向人与人之间现实的物理关系。关系美学根植于前卫艺术理论的逻辑,强调作品的敞开性,这一敞开性的突破口直接来自观众的参与,于是观众不再是被动观看的他者,而是成为作品的创作主体。以菲利克斯·冈萨雷斯-托雷斯(Felix Gonzalez-Torres)的作品"糖果"为例:一堆五颜六色的糖果被艺术家堆放在展厅的墙角,糖果的总重量约等于艺术家去世的同性恋爱人罗斯的体重,观众可以随意地取走它们。这堆糖果的消失过程就像罗斯生命凋零的过程,观众在自己制造的"消失"行为中,参与了艺术家对于爱、死亡、同性恋等议题的思考与情感,这便是一种"交流"。伯瑞奥德认为,这件作品"所引起的已经不再是视觉感受:是观众的整个身体、历史和其行为,而不再是他们抽象的身体在场"。第二,他在《关系美学》中多次强调,艺术是一种"相遇状态"(a state of encounter),这是"关系"的另一层重要内涵。伯瑞奥德借用了阿尔都塞于1982年提出的"相遇的唯物主义"①理论,即艺术领域中也存在着"相遇"。他说,"一件作品可以像包含一定随机性的关系社会设备那样运转,或者是一台发起和管理个人与团体偶然相遇的机器"。这是艺术作品发挥效力的一种运行方式。第三,关系美学中的"关系"强调协商与共存。这基于两点判断,"一是社会现实是协商而非争论的结果,二是民主是形式的拼接"。伯瑞奥德笔下的"形式"并非指向艺术作品内部的形式问题,而是哲学意义上的抽象的、总体的形式,指涉的是阿尔都塞"偶然相遇"理论中的"呈现世界特质的结构"。关系美学中的艺术是世界总体存在形式的一部分,并且是一种"能够连接人与人之间关系的形式",形式不为艺术所独有,但艺术实践能够创造形式。在这个意义上,伯瑞奥德提出,"关系美学提出的不是一部暗示起源和归宿的艺术理论,而是一种形式理论",是一种"形式的政治"(a policy of forms)。联系他对协商和共存的论述,"形式的拼接"便可被解释为相异事件的共处,协商正是通过各种异质性形式(事件)共处的民主来完成的。

明确了伯瑞奥德"关系"的内涵之后,我们要面对的便是这种关系如何实现,或者说是如何生成的问题。从"关系"的发生场域来看,伯瑞奥德所界定的"关系"发生于"社会间隙"(social interstice)和微型乌托邦(micro-utopias)之中。一方

---

① 阿尔都塞在1982年的《相遇的唯物主义》中针对"相遇"提出了如下观点:1. 相遇是世界万物存在的根本原因;2. 相遇至少是两个存在系列的发生;3. 偶然性是相遇的本质。而"相遇"的唯物主义表现为"面对具体的事件本身,承认事件的客观性与独特性"。

面,作为一种新兴的场域,"间隙是人类关系中的一个空间,它或多或少地以和谐和开放的方式融入整个社会系统之中,但也暗示了,除了系统内有效的交易之外的其他交易的可能性(trading possibolities)"。学者王志亮指出,社会间隙指涉的是关系艺术与资本主义商品社会之间的补偿性关系。伯瑞奥德进一步提出,"今天显得有价值的艺术作品,就是那些作为间隙,而又处于管理大众和观众的规范之外的、由另类时空所主导的作品"。这里所说的"另类经济",是关系艺术中存在着一种类似以物易物式的"原始的分享状态",是人与人之间的交往与交流。20世纪90年代,伯瑞奥德用"微型乌托邦"将当代艺术实践与20世纪60年代前卫艺术实践进行了联系与区分。他说道:"如果这些艺术家(注:90年代从事关系艺术的艺术家)确实延伸了前卫的想法……他们也不再天真或诡辩地认为激进的、普世的乌托邦在今天依然能够实现。"90年代的关系艺术重拾了60年代艺术所关注的、建构一种共享(convivialité)关系的核心议题,但是社会乌托邦和革命的希望已经让位于日常生活的微型乌托邦和模仿策略。也就是说,关系美学认为艺术的边界在20世纪90年代已经不是问题,关系艺术也不再希冀让艺术在生活中实现,艺术在一个独立时空中生产出新的关系模式,远比试图在日常生活中实现艺术更能显示"景观"的破坏力。居伊·德波提出的以建构"情境"来替代"景观"的路径,在30年后被伯瑞奥德改写为创造新的人际关系的模式。20世纪90年代从事关系艺术的艺术家们,正是在间隙和微型乌托邦的"关系空间"中展开新型关系的创造实践,在此间,人际关系的操作得以具体化。

那么,在伯瑞奥德所提倡的社会间隙与微型乌托邦中,这种"关系"具体是以什么样的方式生成的呢?本文认为,"关系"的生成路径必须结合伯瑞奥德对"关系"之意涵与"关系"之目标的理解来看。"关系美学"的深层目标,其实是主体性的生产与建构,"关系"的生成便是主体间关系的重新发明。在《关系美学》中,伯瑞奥德主要援引了法国哲学家菲利克斯·加塔利(Félix Guattari,1930—1992)论主体性生产的思想来阐述这个问题,"作为生产者的主体性在加塔利的部署中扮演着支点的角色,各种认识模式与行动可以围绕它自由地结合",一件艺术作品的形式,是与受众的可理解性(the intelligible)协商之后的结果。这种可理解性是被赠予的。艺术家就是通过这种形式参与了对话。因此,艺术实践的本质坐落于主体间关系的发明上。"每一件特定的艺术作品都是对生活在一个共享世界中的倡议,每一位艺术家的作品都是与世界的一簇关系,并由此生发出其他的关系。"简言之,关系的建立以主体间性为基础,可以说,伯瑞奥德的关系美学有意识或无意识地在艺术领域实现了哈贝马斯建立交往合理性的方案。在"关系美学"之后，伯瑞奥德又以"另类现代"（altermodern）的概念进一步丰富了关于主体性建构的论述。至于具体的路径，在《关系美学》中，他以"相遇""对话""约会""邀请"等词语表述了这种主体间关系的生成方式，其核心便是上文述及的"相遇""协商""共存"。

由此，伯瑞奥德以"形式""协商""共存""主体性"串联起了"关系美学"与"关系艺术"的理论路径。"关系美学强调的互动不再是大而化之的社会煽动，而是在微观的氛围中，渗透某种艺术介入社会的理念。"不难发现，伯瑞奥德给出的解决方案是非对抗性、非激进的，他所号召的是通过创造一个个微观的、具体的、临时的时空，在其中生成互动的、交流的、协商的人际交往关系及人与世界的新关系，以此实现艺术对社会的介入功能。可以说，伯瑞奥德的关系美学旨在重新界定当代艺术中"艺术家""艺术作品"和"观者"的关系。它重新提示我们实现历史前卫的方法："强调合作生产，强调生产者与接受者的互动。"

二、"艺术介入"与"艺术乡建"在中国

（一）"艺术介入"在中国

西方当代艺术史与艺术理论中的"社会参与性艺术"由来已久。当代艺术的社会学转向使其自身的先锋性不再固着于艺术的语言形式，而更多将目光和想象力投射到对社会的关注，尤其是对社会权力关系的批评与建构上。

尤其是20世纪六七十年代以来，"社会雕塑"（social sculpture）、干预主义艺术（interventionist art）、社群艺术（community art）、社会介入式艺术（socially engaged art）、合作式艺术（collaborative art）等话语所覆盖的艺术实践，都强调了艺术介入社会的面向。

英国学者克莱尔·毕肖普（Claire Bishop，1971— ）认为，与20世纪三次重要的世界性社会运动相伴，西方当代艺术的社会转向（social turn）也经历了三个阶段：1917年的历史前卫，1968年的新前卫和1989年后的参与式艺术（participatory art）。20世纪初，以未来主义、构成主义、达达主义等为代表的欧洲的历史前卫艺术运动，在激荡的国际政治形势下，以诸如行为表演的方式开启了打破艺术作品与生活的边界，使艺术成为公共事件的先声。毕肖普认为，这些先锋运动的发起者试图在日常生活中制造"震惊"效果，以此策略性地激发人们对于现实世界的反思，通过总体性的社会批判构筑人们精神的乌托邦领地。到了20世纪60年代，在战后精

神危机及左翼思潮和社会运动风起云涌的刺激下，新前卫艺术家们转向了更加微观的日常生活批判。行为艺术、偶发艺术、身体艺术等潮流不仅拓宽了"艺术"的边界，也以更加个体化的形式践行着艺术的社会介入力量。20世纪90年代初期以来，艺术家在全球各地对参与和合作的兴趣愈加热烈，基于"后工作室创作"而延伸的领域在实践和理论方面得以不断拓展，许多相应的概念、批评话语、美学探讨也随之衍生。

广义的"社会参与性艺术"由来已久，中国的社会参与性艺术在20世纪也经历了发展的过程。中国的乡村在现代化进程中所经历的巨大变迁，尤其是城市化对乡村的影响，是艺术介入被反复探讨的问题。艺术对乡村的参与和实践有其十分独特的政治、经济与文化语境。20世纪二三十年代，以晏阳初、梁漱溟为代表的知识精英引领了一场轰轰烈烈的乡村建设运动；1939年，费孝通的《中国农民的生活》在英国出版（后在国内出版时更名为《江村经济》），其以太湖东南岸开弦弓村为案例，系统描述了中国农民的生产、消费、分配和交易体系，旨在说明这一经济体系与特定地理环境及整体社会结构的关系；20世纪30年代，大批艺术青年从上海、广东、湖北等地奔赴延安；20世纪80年代，乡土与伤痕艺术再次与艺术家的乡村生活经验紧密相连。学者周彦华认为，1942年延安文艺座谈会之后，中国的"艺术介入社会"实践与"群众路线"紧密结合，形成了架上绘画、剧场表演和社区文艺三种视觉模式，不同的模式都结合了"协商"与"参与"来实现艺术的"介入"。其中，社区文艺模式主要体现在农村俱乐部的工作内容中——这些作为乡村基层社区群众文娱生活组织机构的俱乐部，通过设置剧团、民校、识字班、壁报组、秧歌宣传队、读报组等，试图以文娱活动提高农民的文化水平，同时培育农民的民族意识和阶级意识。可以说，农村俱乐部是最早的群众艺术社区实践，在这种组织形式中，艺术通常以文娱的方式介入和再造农村居民的日常生活。

可以说，西方现当代艺术史中的"艺术介入社会"传统，更偏向于"批判"的路径，而20世纪中叶以来，中国现当代艺术发展过程中的艺术介入，更偏向于"建构"的路径。尤其是进入21世纪，"艺术乡建"以具有鲜明中国特色的姿态在国内掀起热潮。2017年，党的十九大报告提出实施乡村振兴战略，把乡村振兴战略作为新时代"三农"工作的总抓手，明确了"产业兴旺、生态宜居、乡风文明、治理有效、生活富裕"的总要求。"艺术点亮乡村""艺术反哺乡村"成为乡村振兴实践的一种新的模式探索，也为艺术界的实践开拓了新的天地，"艺术乡建"参与到中国乡村现代化转型的宏阔蓝图中。

在"艺术介入"的议题下，比"艺术乡建"更早在国内从理论与实践角度探索的是艺术对于城市和社区的介入，通常与对"公共艺术"的探讨紧密相连。当代艺术介入城镇和社区建设，涉及工业遗迹、古镇、老城区、城中村改造更新等多种空间形态，建设产业园、艺术区，设立持续性的艺术节和艺术展会（双年展、三年展）等已经形成了稳定的形式与机制。从更微观的角度看，近年还出现了城市艺术季、社区艺术节、"菜市场里的美术馆"①等较为新颖的介入模式。当当代艺术的"介入"从城市走向乡村时，就产生了新的机遇与问题。

（二）"艺术乡建"：艺术面向与社会面向

2020年2月，一场名为"乡野，未来"（Countryside，The Future）的展览（见图1）在纽约的古根海姆美术馆开幕。展览将"乡野"界定为"覆盖地球表面98%的、尚未被城市所占领"的广阔土地，它关注发生在"乡村、偏远与荒野之地的剧烈变化"，探讨现代的休闲（leisure）观念、政治驱动下的大规模人类规划工程、气候变化、移民、人类与非人类生态系统等正在改变全球景观的激进实验，并对当下全球环境、政治与社会经济视域中的紧急议题进行回应。②展览力图将我们关注的目光从城市中心引向广大的非城市地带，探求人类未来生活的别样可能。质询与反思现代化进程中我们对"城市—乡野""中心—边缘""人类—非人类"等二元对立结构的建构，也启发我们思考乡村实践中地方性与全球性的关系。

在策展人、荷兰著名建筑师雷姆·库哈斯（Rem Koolhaas）眼中，"乡村"是"被忽视之域"（ignored realm），也是一块"投射着一切行动、意识形态、政治团体和个体革命的意图的画布"。在美术馆四层展厅的"中国"板块中，呈现了包括"集体经济"（collective economy）、"文化旅游"（cultural tourism）、"农村电子商务"（rural e-commerce）和"高科技农业"（high-tech agriculture）四个子主题的内容。曾经在中国河南、贵州、江苏和山东的农村展开过调研的库哈斯表示，"中国是目前唯一一个坚持把乡村视为可行之所和创造新机会之地的国家"。③

---

① 华南理工大学建筑学院的教师、建筑师何志森从2017年开始，带着学生在广州扉美术馆所在的社区菜市场为摊贩们拍摄照片，并在菜市场里举办展览，逐渐发展出更多样的"街头美术馆"行动。
② 参见纽约古根海姆美术馆官网对本次展览的介绍："Countryside，The Future"，2020，https：//www.guggenheim.org/exhibition/countryside.
③ 这些调研是由库哈斯所领导的大都会建筑事务所（Office for Metropolitan Architecture，简称"OMA"）与中国的中央美术学院合作的联合项目，见 https：//www.beltandroad.news/2020/02/28/countryside-the-future-chinas-dramatic-rural-revitalization-exhibition-highlights/.

图1 "乡野,未来"(*Countryside, The Future*)展览现场
(图片来源:https://www.guggenheim.org/exhibition/countryside)

在中国当代艺术的叙事中，自 2017 年以来得到社会广泛关注的"艺术乡建"实践呈现出不同的模式与样态，引发了诸多争议，也抛出了不少无论从艺术角度还是社会角度都值得深思与探讨的议题。

2019 年，中国最早的一批艺术乡建项目迎来了十年的重要时间节点。这一年，有以下几个具有代表性的展览对此进行了回顾和梳理：3 月，在北京白盒子艺术馆开幕的"谁的梦——石节子十年文献展"，回溯了石节子美术馆从 2008 年至 2018 年的社会实践与艺术工作，通过十年来数百场活动的文献资料及大量图片呈现了该美术馆在中国当代艺术转型期的态度与立场；同月，于北京中华世纪坛开幕的"2019 中国艺术乡村建设论坛暨中国艺术乡村建设展"同样介绍了石节子的案例，以及渠岩执导的"从许村到青田"项目和左靖带领的"作为遗产的景迈山"项目；10 月，在深圳举办的"中国艺术乡村建设展·深圳"则在此基础上扩充了浙江泰顺徐岙底村、海南三亚中廖村、四川安仁南岸美村，以及浙江松阳陈家铺、斗米岙村、后畲村等乡村建设的成果。

从近十年的实践来看，从当代艺术、文化产业与乡村建设的结合点出发的艺术乡建，需要兼顾艺术与社会两个面向，既注重当代艺术内部的问题，"强调探索当代艺术生产和创造的诸多可能性，将乡村作为一个有机的、互动的发生现场"，发挥当代艺术的实验功能与实验价值，捍卫内向的"艺术性"；又需要兼顾经济、社会效益，强调公共性，发挥外向的"艺术性"。从主体上看，既有的这类艺术乡建实践主要分为由艺术家个人主导和由学者加艺术院校合作主导两类。其中比较具有代表性的包括艺术家渠岩发起的"许村计划"（2007 年，山西），艺术家靳勒发起的"石节子村艺术项目"（2008 年，甘肃），学者欧宁和左靖发起的"碧山计划"（2011 年，安徽），焦兴涛发起、四川美院支持的"羊磴艺术合作社"（2012 年，贵州）等。

概而言之，在多元主体探索的背景下，围绕"艺术介入"与"艺术乡建"大致形成了两方面的主要议题。一类是"艺术乡建"的定位问题——艺术何为？"艺术乡建"的落脚点在哪里？是艺术带动乡建，还是乡建推动艺术？更强调艺术还是更强调社会？艺术究竟应该被放在一个什么样的位置？艺术究竟能发挥多大的力量和作用？这个问题更多涉及"艺术乡建"的经济效益、持续性、评判方式、特殊与普遍的关系等问题。另一类是"艺术乡建"的方式问题——艺术应该如何介入乡村建设？其中涉及较多的是艺术乡建的"在地性""主体性""参与性"等问题。这两方面问题有叠合之处，相互牵涉，彼此缠绕。以"关系美学"的视角考察这些艺术乡建的实践，也或重构、或丰富、或扩充了我们对于当代艺术之"公共性""公共领域""公共精神"等关键问题的思考。

三、"关系美学"视角下的"艺术乡建"

（一）"介入"之维

在当前对于"艺术介入"问题的相关讨论中，"介入"一词首先受到了批判。因为有部分学者认为"介入"带有自上而下的色彩。艺术对于乡村"介入"的态度和视角，带有精英主义的傲慢；在艺术乡建中，"乡村很容易成为假想中远离都市的精神乌托邦，这种假想致使二者的地位产生了不对等"。在"羊磴艺术合作社"的创始人焦兴涛看来，自上而下的"介入"具有强制性，是一种"政治艺术及社会学式的手段和路径"。但亦有不少观点将"介入"认同为积极的行动。

面对来自不同立场的纷杂之声，让我们先回到"关系美学"的理论视域中来看"介入"。在伯瑞奥德的"关系美学"提出之后，美国学者格兰特·凯斯特（Grant Kester）在对社会介入式艺术的研究中，进一步提出了"对话式（dialogical）艺术"与"合作式（collaborative）艺术"。"对话"不是指存在于艺术家和观众，或观众和作品之间的交流，而是指艺术家创作这类作品的目的即是为了促进不同社群之间的对话。这类艺术作品首先能够超越画廊和美术馆体制的局限，也就是说，作品大多发生在传统的艺术展示空间之外。其次，尽管不同作品发起的对话涉及不同的内容和目的，但凯斯特认为它们都存在一个共同的特征，即"这些对话都旨在制造一个对话和交流的创造性空间"，对话是"作品本身的一部分，它被再框设为一个积极的、生发性的过程"。最后，在对话式艺术的视域下，艺术作品成为一种沟通交流的过程，一个呈现差异的意义、诠释和观点的场域。"合作式艺术"的范围则更加广泛，在凯斯特看来，"合作"未必要求"对话"；而一旦"对话"存在，就意味着已经产生了"合作"。凯斯特说道："我在此处重点研究那些在特定地点展开的合作式项目，它们展开广泛的互动和分工劳动，互动式的参与过程本身被看作这类创新实践的一种形式。在多数情况下，这些项目都发生在传统艺术展示场域之外，如双年展、画廊、美术馆，它们与当地社群、社区或政治对抗场所相伴而生。"凯斯特推崇那些在社会现实中产生实际效果，以及基于真实事件的社区艺术和激进主义艺术，可以说，凯斯特的观点继续推进了历史上前卫艺术的"生活化"策略。

可以明确的是，凯斯特在伯瑞奥德"关系艺术"的基础上阐述了社会参与式艺术中的互动方式，丰富和拓展了关系美学理论。凯斯特所提倡的"合作""对话"，与伯瑞奥德的"相遇""协商""共存",共同成为我们把握"艺术乡建"的理论资源。在这种视角下,艺术乡建应该由"介入"向"融入"转变,由自上而下式的改造模式向平等的、在地性的协作(协商+合作)模式转变。

(二)"艺术乡建"中的"关系"与"关系美学"

从关系美学的角度来看艺术乡建中的"关系",必然要面对至少三个关键问题:1.此关系是什么样的"关系"?2.为什么是这样的"关系"?3.这样的"关系"如何实现生成?下文将从四个具有代表性的艺术乡建案例出发,使用关系美学的理论来展开讨论。

第一个案例是位于山西太行山脚下的许村。2006年,艺术家渠岩为了拍摄作品集来到这里,有感于行走中国乡村过程中所见的"乡村主体性价值遭到破坏之后的精神与道德危机",他在2007年发起了"许村计划"。2008年,许村论坛举办,《许村宣言》发表。2011年,陆续启动了两年一届的许村国际艺术节(见图2)、许村国际艺术公社、老粮仓美术馆、乡村助学计划等项目。其中,艺术公社定期举行各种艺术创作活动,坚持落实国际艺术家驻村创作计划和青年艺术家扶植计划。

图2 "许村国际艺术节"现场(图片来源:www.artintern.net)

图 3 许村老建筑改造（图片来源：http://www.lifeweek.com.cn/2013/0710/41414.shtml）

第二个案例是欧宁与左靖发起的"碧山计划"。安徽黟县碧山村是一个环境清雅的徽州古村落。碧山计划表达了文人笔下的田园意趣与世外桃源的乌托邦气质。欧宁与左靖都不是当地人，他们在2007年初遇碧山，自此与它结缘。2011年6月，"碧山计划"在广州时代美术馆宣布正式启动，这一项目以"碧山共同体：如何建立自己的乌托邦"为理念，参与者包括艺术家、建筑师、作家、导演、设计师、乡建专家等，他们希望在中国当代艺术的系统中探索"碧山共同体"的可能性。同年8月，碧山举办了为期三日的"碧山丰年祭"。名为"黟县百工"的民间手艺展览，将养蚕、榨油、黟县小调、做火桶、打斗笠等34项黟县传统民间手工艺一一重现；著名诗评家徐敬亚，诗人梁小斌、陈东东、肖开愚、冰释之等在碧山祠堂内举办讲座，为远道而来的学生们讲解诗歌和文学。"丰年祭"寄寓了重建那些传统的却已失落的乡村公共生活与公共精神的愿景。盛会之外，碧山计划也希望以更加日常的方式让艺术留驻下来，例如：诗人郑小光和寒玉夫妇将旧有的碧山油厂改建为具有乡土气息的猪栏酒吧和客栈；日本"长效设计"之父长冈贤明在碧山供销社旧址创建了"D&DEPARTMENT"在中国的首家门店，店内售卖结合了当地传统手工艺与现代设计理念的工艺品、地方风味糕点；南京先锋书店在碧山开了第八分店——"碧山书局"（见图4）；90后本地掌柜自创了"碧山精酿"的狗窝酒吧等。左靖还编撰出版了10册《碧山》MOOK书（见图5），传播艺术乡建的"碧山理念"。不可否认，当地的旅游业、古建筑保护、非遗传承等在十年间均得到了一定程度的发展，"碧山"也在艺术界内外获得了很高的知名度，成为中国当代艺术乡建的典型样本之一。

图4　碧山书局与碧山供销社（图片来源：https://www.douban.com/note/722336349/）

图 5 "碧山"系列出版物
(图片来源：https://www.douban.com/note/722336349/)

第三个案例是石节子美术馆。位于甘肃的石节子是一个海拔 1000 多米的村庄，分布在五层花岗岩石阶上。靳勒是西北师范大学美术学院雕塑系的副教授，也是该村的村主任。石节子美术馆的故事始于 2007 年，那年靳勒参加了德国卡塞尔文献展，与他同行的村民之一靳女女在当地接受记者采访时说了一句令人印象深刻的话——"艺术重要，雨水更重要"，这一句话点出了"艺术乡建"中不同主体的诉求差异。次年，当选村主任的靳勒发动村民成立了石节子美术馆，鼓励大家在"此时此地"进行创作，力求把村子打造成一个乡村的公共艺术空间，并"以每家的户主命名，每家每户都是石节子美术馆的分馆"。后来，石节子逐渐吸引了一些非本地的艺术家前来，陆续开展了一系列艺术家与村民进行合作创作的艺术实验。例如，2015 年，艺术家厉槟源在村里的一块空地上，用脚印踩出了面积为其北京住所面积与村民韩调明家居住面积之和的 123 平方米，之后村民以红泥填埋脚印，该空地被命名为《广场》；2016 年，画家闫冰来到村里生活了一个月，他根据平日与村民靳同生聊天的内容画出了一批画，在田间举办了一个只有当地村民观看的画展；2017 年，琴嘎与村民李保元合作，就地取材为村子做了一条 30 米长的花岗岩铺就的"村民之路"……在创作之外，靳勒也希望通过美术馆引发的关注度为村里争取来停车场、公共食堂、公共墓地、艺术学校、工作室等"实实在在"的基础设施。后来，在一次关于"乡村公共艺术"的研讨上，面对"艺术能为乡村带来什么"之问，村民李保元回答道："艺术把村庄的吃水问题解决了，我们不用喝窖水了；我们喝上了没有污染的地下水；村子里每家每户都有了太阳能、风能路灯；晚上再也不用摸黑走道了；把村里的路给修了，下雨天不怕满脚泥了……"

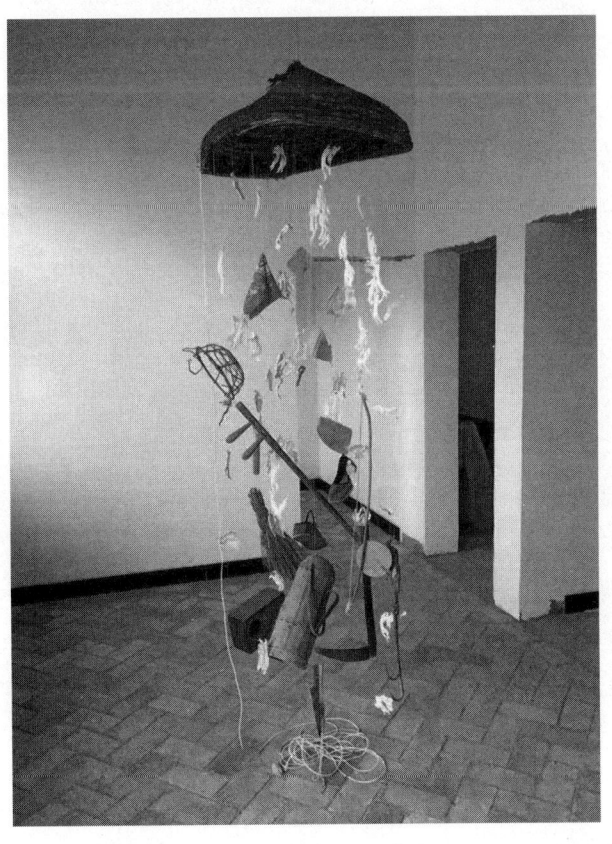

图 6　石节子村村民李保元新房中放置着艺术家邢开的装置作品《齐民》，由从村中每一户中收集的一件老物件制成（图片来源：《中国新闻周刊》）

最后一个案例是羊磴艺术合作社。由四川美术学院教授、雕塑家焦兴涛发起的"羊磴艺术合作社"项目自2012年在贵州省桐梓县羊磴镇展开。在五年时间里，这个由一群年轻艺术家和当地村民所构成的群体进行了一系列与乡村社会相结合的实践和实验，包括和当地木匠共同协作的"乡村木工计划"，购买当地农村房屋实施的"界树"项目，赶场时的艺术互动活动，与当地营业店铺共建"冯豆花美术馆""西饼屋美术馆"和"小春堂"文化馆，在镇上的学校、山岗、河流、桥上，以及镇上的广播站、废弃的办公室进行各种艺术活动，并且和当地居民一起制作"羊磴十二景"（见图8）展览等。在"冯豆花美术馆"项目里，艺术家改造了镇上豆花店里的四张桌子，在桌面上雕刻了乡村最常见的烟、味碟、筷子和钥匙，为豆花店改善了生意，老板和客人都很开心。只是半年后，因为没有好好打理和清洁，桌面上的雕刻基本都被铲掉了，只留下木板上的痕迹。正如焦兴涛所说，"我们一直认为艺术应该来自于生活，要表现生活，高于生活。其实，生活重新覆盖艺术，才是我们想要的形式"。

图7 "羊磴十二景"展览现场（图片来源：《美术观察》）

图 8　《一个人的全家福》（艺术家杨洪在春节前为镇上的独居老人拍摄）
（图片来源：《美术观察》）

以上四个案例，或许难以用"碧山模式""许村模式""石节子模式"这样简单化的表述来进行分类。关系美学所提供的"关系的意涵—关系的目标—关系的发生场域—关系的实现路径"的理论框架为我们分析"艺术乡建"中的"关系"问题提供了一种可行的路径。

就艺术乡建中"关系"的意涵与目标来说，最关键的是多样主体的问题。对"关系"的不同理解，会直接影响在"关系"的发生场域及其实现路径上的不同倾向和选择。

在伯瑞奥德关系美学的角度下，关系的生成场域是例如美术馆的展览这样的作为"社会间隙"和"微型乌托邦"的特定时空情境，凯斯特则将关系的发生场域拓展到传统的展场之外，走向了"无墙的美术馆"。可以说，后者是所有艺术乡建项目所共有的特点，上述的项目案例中则呈现了不同形态的微型关系空间和不同的关系组织形态。例如，石节子和许村的美术馆、许村和羊磴的艺术公社，同为"美术馆"和"公社"，实际上由于各自的自然与人文资源、发起人的观念等因素的差异而不尽相同。看似相同、实则不同的关系发生场，引导我们反过来思考其中不同的主体间关系。

在四个案例中，"关系"的主体都涉及以艺术家和学者为代表的知识精英、村民、地方政府等具体的行为主体，以及"艺术""乡村"这样的抽象主体。但不同的项目对于主体间关系的理解存在不同。

伯瑞奥德提出，艺术是一种"能够连接人与人之间关系的形式"，在艺术乡建的具体实践中基本已成共识。如在"许村计划"中，艺术乡建中的"关系"被明确地界定为人和人、人和物、人与神、人和自然、人和社会这几个方面。在渠岩眼中，艺术就是"一个温暖乡村的方式"，一个重建上述关系的形式，一个修复人与乡村之间情感联系的纽带。但是把"艺术"和"我"放在什么样的位置，或者说，谁才是"艺术乡建"的主体的问题上，则存在着张力。"许村计划"里，渠岩赋予了"艺术"既朴素又崇高的价值，他以"艺术修复"来归纳自己艺术乡建的理论与方法——"艺术修复"即"用艺术的方式，让生活回归到以人性体验为主体的本态，重新解读生活，建构文化，在文化层面形成自己的指向"，"艺术修复生活，生活也修复艺术，它要求艺术以综合化的形态重回生活之中。是在探索一种更深层次的艺术与生活的形态确立"。具体来说，在通过艺术乡建"召回乡村的活力、赋予乡村尊严、建立村民的自信"愿景下，"许村计划"希望用艺术节带来的资源，把老房子修成温馨的家，让许村人不用离开家就可以赚钱，慢慢地再把丢失的乡村传统和信仰价值找回来，也让现代公民意识在那里生根发芽。这也正是中国知识分子们喊了一百年的"乡建运动"所要做的。可以说，渠岩把"艺术"和"精神"放到了"艺术乡建"中一个很高的、充满神奇力量的位置上。而对于"我"与"艺术乡建"的关系，渠岩的定位是"知识分子回乡"和"精神返乡"。尽管渠岩也意识到"艺术乡建"中的多元主体性问题是"一个最难的、有时也是无解的问题"，并且他表示自己奉行的是"村民的主体性与外来知识分子精英的主体性，互为他者，相互尊重"和"知识分子、文化精英和艺术家不同主体既要能够调配恰当的主体性和价值，又要能真正沟通并建立一种正常的关系"，但他"知识分子回乡""精神返乡"的价值追求似乎已经暗示了一种并不平等的主体关系，隐含着一种知识分子担当启蒙者角色的逻辑与叙事。

相比之下，"羊磴艺术合作社"看起来有着和"许村计划"相近的追求，合作社尝试"将艺术还原为一种'形式化的生活'，并重新投放到具体的社会空间中，强调'艺术协商'之下的'各取所需'，意图在对日常经验进行的表达中'重建艺术和生活的连续性'"。在焦兴涛制定的"合作社"实践原则中，我们清晰地看到了其思想与伯瑞奥德"关系美学"中关键理念的共振。在"介入"的方式，即"关系"的生成路径上，二者也都强调对自上而下式介入的拒绝。焦兴涛眼中的羊磴项目"试图避开政治艺术及社会学式的手段和路径，避开自上而下'介入'的强制性，面对日常本身而不是既定的美学体系进行即时随机的应答，以'弱'的姿态与'微观'的视角去建立艺术介入社会经验的'例外',让艺术自由而不带预设地生长在羊磴"。渠岩对于"许村计划"选择的方式也是"融合"而非"计划""介入""实验"或"运动",强调人和人之间的关系"慢慢地相互融合、相互影响"。但在艺术的位置与作用上,焦兴涛与渠岩的看法十分不同。焦兴涛提出,合作社"不幻想艺术可以从根本上改变现实生活,也不拒绝一切可以对当地经济或者旅游带来新机会的可能。艺术并不能提供直接促进经济发展或者道德改善的有形产品,艺术无非是在这样一个现场,在合作社成员的艺术工作与羊磴的日常生活之间建构了一个共享的时间和空间"。在羊磴项目中,重要的是"带给大家一种共同参与协商的艺术和乐趣的方式",而更重要的是"不要寄过高的希望于艺术能够带来什么样的改变"。"冯豆花美术馆"便是一个很好的例子。

"碧山计划"和"许村计划"有着更多的相似性。在欧宁的表达中,碧山计划想做的事可以用三个关键词来概括:"乡村建设、文化生产和社会工程,第一是希望接续民国以来晏阳初和梁漱溟等人的乡村建设实践,第二是我们的能力范围内比较擅长的,第三是探讨艺术与社会互动的可能性。"在媒体与业界对碧山计划的评述话语中,"知识分子""乌托邦""乡野"是几个经常被并置使用的词语,这也在一定程度上透露出在现实语境中难以逃避的矛盾。2014年,围绕着"碧山计划"究竟是"谁的共同体"的问题,哈佛大学社会学在读博士周韵与欧宁展开了激烈的网络辩论[①]。周韵质疑"碧山共同体"不过是精英知识分子浪漫的一厢情愿,其与当地普通村民的实际状况与需求之间存在着巨大落差,"碧山计划"就是一个关于权力、社会结构、各种资本(文化资本、社会资本、经济资本)的故事,是一套精英阶层自我崇高化的话语,它无关"共同体",而关乎布尔迪厄笔下的"区隔"。欧宁则认为周韵戴着有色眼镜抓取一些表面现象,以严丝合缝地匹配其所接受的社会学理论,并且周韵的质疑背后其实是"知识分子"对乡村的另一种粗暴的原始化想象。

周韵与欧宁之争,再次将我们的目光引向了"谁才是'艺术乡建'的主体"这个主体间关系的问题。"是在麦田上进行创作的艺术家,是进行田野调查的学生,是给出方针与支持的地方政府,还是日常生活和劳作的当地农民?"知识分子和艺术家对乡村常常怀着理想主义的幻想,村民对乡村的困境和自身生活的改变则非常紧迫,艺术家考虑的是乡村的文化,甚至带有乌托邦色彩。质疑者认为艺术家如果不

---

① 辩论期间,周韵连发十余条微博质疑"碧山计划",并在网络上发表《谁的乡村,谁的共同体?——品味、区隔与碧山计划》一文。

考虑村民的诉求,"艺术乡建"如果把村民排除在外,那就不是真正符合乡村的发展,也不符合村民的期待和利益诉求。艺术家和文艺青年要看到自己心中的乡村浪漫而富有诗意,而村民亟须的是改变最基本的生活条件,也期待乡村能像城市一样:有繁华的街道和灯火阑珊的夜晚。在多元主体的诉求之中,特别容易滋生矛盾和冲突,如何去平衡错综复杂的关系;如何让其不再昙花一现,而是变成本地自发的长期艺术项目;在协调各个主体之间关系的基础上,如何使得乡村与艺术达到共生共存的和谐平衡状态,是参与"艺术乡建"的工作者都在试图回应的关键课题。

对于这个问题,2019年,"石节子项目"在十年回顾展上,用一段话给出了自己的立场。

> 我们代表谁?谁的主体?谁的乡村?我们坚信何种平等和正义?这是梦想的另一面,也是梦想与梦想的区别。石节子是一个主体,一个具体的、真实的自我改变和生长;它是全体村民的乡村,不是知识分子理想中的乡村,不是外来人的一厢情愿和纸上谈兵,更不是月朗星疏的旧式文人梦。它的核心是村民,它的梦想来自村民。石节子的主体也是十年间的几百场艺术活动,前后几千人的关于梦想的交流与协商。它们一起平等地、自发地构成了一个更宽广的社会视野和艺术雄心:试图从中国众多乡村忠实地守着土地去讨生活的传统出发,解决村民在现代化中的实际需求和梦想,并引向更广泛的、核心的、棘手的整体症候,如农村的边缘化和失语化,社会资源的不平衡,现实制度的缺失,在过去、如今、未来所遭遇的困境和矛盾。

中国当代"艺术乡建"的实践始终缠绕在"艺术"与"社会"两个基本面向与效度中,而关系美学既是"艺术的"美学,更是"社会的"和"政治的"美学。以关系美学来观照"艺术乡建"中的"关系"问题,是对这两个面向的回应,也是"艺术"与"社会"之间的互相回应。

【参考文献】

[1] [美]戴夫·希基.神龙:美学论文集[M].诸葛沂,译.南京:江苏凤凰美术出版社,2018.

[2] 王志亮.关系美学与前卫艺术谱系[J].中国国家美术,2014(1).

[3] 郭华.晚期阿尔都塞的"偶然相遇的唯物主义"[J].南京社会科学,2009(4).

［4］金影村.晚期参与性艺术的困境：关系美学与关系艺术的批判性解读［J］.艺术设计研究，2020（4）.

［5］周彦华.法兰克福批判美学与参与式艺术的批评话语［J］.艺术当代，2016（6）.

［6］朱青生.中国当代艺术年鉴（2017卷）［M］//王婧思.2017年艺术介入综述.桂林：广西师范大学出版社，待出版.

［7］周彦华."群众路线"作为艺术介入社会的中国经验［J］.贵州大学学报·艺术版，2019（4）.

［8］徐志伟.十七年时期的农村俱乐部与农村文艺活动的组织化［J］.文艺理论与批评，2018（5）.转引自周彦华."群众路线"作为艺术介入社会的中国经验［J］.贵州大学学报·艺术版，2019（4）.

［9］朱青生.中国当代艺术年鉴（2019卷）［M］//武如飞.2019年艺术乡建专题综述.桂林：广西师范大学出版社，待出版.

［10］焦兴涛.十七年时期的寻找"例外"——羊磴艺术合作社［J］.美术观察，2017（12）.

［11］钟刚.艺术介入是面向失败的积极行动［J］.美术观察，2017（12）.

［12］王志亮.对抗还是协商？——参与式艺术论证的两条审美路线［J］.美术观察，2017（1）.

［13］渠岩.艺术乡建　许村家园重塑记［J］.新美术，2014（11）.

［14］李行.石节子美术馆：艺术改造中国乡村的实验之路［J］.中国新闻周刊，2017（21）.

［15］肖婉琦.渠岩：重塑乡村，艺术反哺社会的路径与实践［EB/OL］.（2016-8-10）.https：//www.sohu.com/a/109953996_458191.

［16］张鑫编辑，雅昌艺术网."谁的梦"石节子十年文献展［EB/OL］.（网页日期不详）.https：//exhibit.artron.net/exhibition-63155.html.

［17］蓝赏."碧山计划"十年记［EB/OL］.（2019-6-13）.https：//www.douban.com/note/722336349/.

［18］艺术档案.白盒子艺术馆：石节子十年——中国艺术乡建最有效样本［EB/OL］.（2019-5-18）.http：//www.artda.cn/view.php?tid=11059&cid=30.

［19］一席，焦兴涛.艺术是和生活的贴身肉搏，是刺破现实的那根针［EB/OL］.（2017-5-16）.

［20］欧宁，观察者网.欧宁回应周韵对碧山计划的质疑，转引自《碧山计划引哈佛博士周韵与策展人欧宁笔战》［EB/OL］.（2014-7-6）.http：//www.guancha.cn/culture/2014_07_06_244166.shtml.

［21］周韵，观察者网.谁的乡村，谁的共同体？——品味、区隔与碧山计划［EB/OL］.（2014-7-6）.http：//www.guancha.cn/culture/2014_07_06_244166.shtml.

［22］王芊霓、黄羽婷，澎湃新闻.反思艺术乡建：乡村如何与当代艺术共生共存［EB/OL］.（2019-07-24）.https：//m.thepaper.cn/newsDetail_forward_3992424.

［23］Nicolas Bourriaud. Relational Aesthetics, trans., Simon Pleasance and Fronza Woods, Paris：Les Presses du Reel，2002：9;6;6;41;6;7;6-7;59;7;30;60;79;6-7;57;70;31;88;22.

[24] Claire Bishop. Artificial Hells: Participatory Art and the Politics of Spectatorship [J]. Landon and New York: Verso, 2012.

[25] Grant Kester. The One and the Many: Contemporary Collaborative Art in a Global Context [J]. Duke University Press, 2011.

[26] Nicolas Bourriaud. Altermodern [M]. Landon: Tate Publishing, 2009.

[27] Toni Ross. "Aesthetic Autonomy and Interdisciplinarity: A Response to Nicolas Bourriaud's 'Relational Theory'" [J]. Journal of Visual Art Practice, Volume 5, Number 3, 18 November 2006.

[28] Xinhua." Countryside, The Future" Exhibition Highlights China's Dramatic Rural Revitalization [EB/OL]. (2020-02-27). https://www.chinadaily.com.cn/a/202002/27/WS5e-572f51a31012821727abe9.html.

前沿观察

接受美学视域下的中国纪录片海外传播效果研究

——以美食纪录片《风味原产地》为例

朱 粲[①]

(北京大学艺术学院,北京 1000871)

【内容提要】 本文将视角聚焦在中国自制纪录片的海外传播效果,将《风味原产地》作为具体分析对象,用文本分析方法,探究被美国流媒体平台奈飞(Netflix)购买的中国自制纪录片具有的特点和海外传播效果。本文分析梳理了《风味原产地》在网络平台为主的海外文化环境中的传播情况,尝试将德国康士坦茨学派提出的接受美学理论中期待视野、审美距离和召唤结构的理论范式应用于《风味原产地》在他国播映后的他国读者(观众)的内容接受分析中,并通过结合大众营销传播理论,提出应重视内容与社群营销的海外传播策略系统性与可持续性,为纪录片参与下的我国海外文化传播提供参考。

【关键词】 审美距离,观众接受,海外营销

引 言

纪录片的英文"documentary(films)"本义为文档,作为影视文化产品的一种,纪录片本身的纪实性使其具有较强的知识普及价值和文化传播价值,是视觉化的文献档案,常常作为文化宣传的影像载体。近年来,我国涌现出多部诸如《舌尖上的中国》《风味人间》《早餐中国》等以美食文化为主题的质量较高的纪录片作品。

---

① 朱粲,女,北京大学艺术学院博士研究生。主要研究方向为文化产业、艺术管理、文化艺术国际传播。

从文化出海角度来说，许多纪录片作品在国内得到的口碑与赞誉并未使其拥有与美国、日本等文化输出强国相匹敌的较强跨文化传播能力。影视作品的实际传播效果可以从海外视频网站评论、媒体报道等看出端倪。目前，我国的纪录片出海即跨文化传播多数仍以政府文化外交为助力，海外版权购买方以文化环境、习俗更为接近的亚洲国家为主，即使在亚洲国家以外如欧美国家也有播放，但观众仍以华人或本身对汉文化感兴趣的小众人群为主[①]。从实际传播效果而言，这种方式并未真正"跨进"外国普通民众的心中，尤其是未真正激起本身对中国文化不感兴趣甚至带有深刻偏见的民众的接受、尊重与好感。

《风味原产地》是由执导、制作《舌尖上的中国》与《风味人间》的陈晓卿团队在 2017 年完成的纪录片系列，该系列聚焦于出产特色食物的"地方"，目前共推出《风味原产地·云南》（2019）、《风味原产地·潮汕》（2019）和《风味原产地·甘肃》（2020）三季，每一季有 10 至 20 集，每一集时长约为 12 分钟。与《舌尖上的中国》和《风味人间》较为宏大的叙事"野心"和更大比重的人文故事展现不同，《风味原产地》每集只聚焦于一种充满当地特色的食物，介绍食物的历史渊源和烹饪方法。以《风味原产地·甘肃》为例，第 1 集至第 10 集的标题依次为《羊肉》《百合》《羊杂》《胡麻》《呱呱》《牛肉面》《面筋》《浆水》《酿皮》《土豆》，这样平铺直叙、直截了当的表达方式在以往的文化类纪录片中并不多见。

据国内媒体报道，2017 年 10 月，《风味原产地》制作团队在戛纳秋季电视节进行全球预售，包含探索频道（Discovery），加拿大、北美地区的华人电视台、中国台湾地区的电视台及新媒体都对这个系列作品产生了浓厚的兴趣。[②] 随后，美国流媒体平台奈飞（Netflix）买断了《风味原产地》的海外版权。2019 年，这部系列纪录片在奈飞（Netflix）上线，做了英文版配音和 20 多种语言的字幕翻译，同步在全球 190 多个国家地区播出。《风味原产地》是唯一一部被奈飞（Netflix）购买的中国原创纪录片作品，不论是被全球第一大传媒公司也是最受欧美民众欢迎的流媒体平台之一奈飞（Netflix）购买版权本身，还是从播放后网络平台上的评论和反馈来看，这部纪录片都取得了较佳的海外传播效果。它的创作内容和叙事手法从观众接受的角度做到了较好的掌控和平衡，在这一维度上，德国著名的文学理论流派——"接受美学"提供了较为契合的分析视角。

---

① 李家君. 论中国观众对韩国电视剧接受与审美愉悦性［J］. 沈阳农业大学学报，2006（02）.
② 胡经之. 西方文艺理论名著教程［M］. 北京：北京大学出版社，2003：417.

在以往的海外文化传播、文化交流（intercultural communication）分析研究中，常运用美国文化人类学家爱德华·霍尔（Edward T.Hall）提出的高语境文化（high context culture）和低语境文化（low context culture）理论①解释以中国为代表的高语境国家和以美国为代表的低语境国家之间在表达习惯、接收语言信息方面的差异性；英国文化研究之父斯图亚特·霍尔（Stuart Hall）在《电视话语中的编码和解码》（Encoding and Decoding in the Television Discourse）②一文中提出的"编码、解码"理论也常被用于分析电视等大众媒体的传播话语构建和不同文化背景的受众解读。以德国学者汉斯·姚斯（Hans Robert Jauss）③和沃尔夫冈·伊瑟尔（Wolfgang Iser）④为代表的德国康士坦茨学派提出的接受美学（Reception Theory）讨论的是作者与读者之间的互动，将读者的接收效果作为文学创作的推动力和文本历史的组成部分，认为文学作品只有在和读者进行接受互动中才能体现价值，为文学理论研究提供了新的理论范式。在晚近的研究中，接受美学理论的应用已不囿于文学研究范畴，而扩展到了影视、广告、时尚等多类文化议题，同时也被运用于如文字翻译、文本海外传播的范畴。《风味原产地》作为唯一一部被奈飞采购且被原汁原味呈现，没有被大幅压缩删改的中国原创纪录片，具有较为鲜明的代表性和案例价值。本文以接受美学来分析它的特点及优势，并结合大众营销传播理论进行提升传播效果的策略思考。

一、接受美学观照下的《风味原产地》

20世纪60年代，西方文艺理论发展历程中出现了重要的转向，研究重心从作者转向了读者的接受意识。传统的文学史研究在汉斯·姚斯看来是不全面的，因为它们缺乏了文学活动的一个重要维度，那就是读者的接受维度。1967年，汉斯·姚斯的宣言性论文《文学史对文学理论的挑战》标志着接受理论的诞生。1968年，法国哲学家罗兰·巴特（Roland Barthes）出版了简短但闻名于世的著作《作者之死》

---

① 李晶.接受美学视角下的中国当代电影叙事新形态[J].江西社会科学，2018，3：240-246.
② 欧阳宏生.纪录片概论[M].成都：四川大学出版社，2004：162.
③ 陈新传，冷冶夫，陈璐.角色与认同：中国纪录片国际传播战略[M].北京：中国传媒大学出版社，2014：55-56.
④ 中国纪录片研究中心.从商业价值到文化价值《风味原产地》上线Netflix引发刷屏热潮[EB/OL].（2019-02-22）.https://www.sohu.com/a/296915442_688642.

(*Death of the Author*)①。巴特教育人们，读者在阅读中的角色是作者式的（writerly）、可写的（scriptable），而不是读者式的（readerly）、可读的（lisible）：读者必须和作者一起书写。写作应该从传统的主体—客体状态转向主体—主体状态，读者和作者都扮演着主体的角色，读者不再受制于所谓"伟大作者（Great Author）""作者是上帝（Author as God）"的创作思想统治②。在巴特眼中，作者和读者的地位同样重要，拒绝将作者凌驾于读者之上。姚斯和伊瑟尔持类似的观点，也主张将读者的接受放在首要位置。

接受美学探讨的是作家与读者之间的互动，跨文化传播探讨的则是文化如何在传播过程中影响被传播者，被不同文化背景的人群所接受，进而对传播方的文化形象起到积极的塑造、推广作用。在跨文化的传播中，海外受众的接受显然比在同一文化中的受众接受难度更大，背后逻辑也更加复杂。接受美学把文学的历史看作作家、作品和读者之间的关系史，并将读者的重要性置于优先地位，认为读者的接受与阅读构成了作品的价值与历史，作品在海外传播过程中如果未能得到海外受众的接受与解读，其文化价值则无法被体现，传播的意义与效果就会大打折扣。因此下文将从接受美学的逻辑出发，根据接受美学的三大核心理论——期待视野、审美距离和召唤结构来具体分析《风味原产地》的海外传播优势。

（一）期待视野

接受美学中的核心理论之一即"期待视野"（Horizons of Expectations）。汉斯·姚斯认为，文艺不是一种指向作为客体的物的世界的对象性活动，而是一种处理作为主体的人与人之间关系，沟通人与人之间思想感情和认识的一种"人际交流活动"③。任何一位读者在阅读具体的作品之前，都处于一种先在理解或先在知识的状态。文学作品的意义生成是接受者的先在视野与文本交互作用的过程，没有这种先在理解与先在知识，任何新东西都不可能为经验所接受。这种先在理解就是文学理论中的"期待视野"。简言之，期待视野即由接受主体或主体间的先在理解形成，指

---

① When They Deny Your Cultural Visibility but Eat Your Lo Mein，https：//hellogiggles.com/lifestyle/chinese-food-american-culture/.
② Nasrullah Mambrol.Reception Theory： A Brief Note［EB/OL］.（2016-11-02）.https：//literariness.org/2016/11/02/reception-theory-a-brief-note/.
③ Stream It or Skip It：'Flavorful Origins： Gansu Cuisine' on Netflix，A Third Season of Lovingly-Shot Dishes From Obscure Regions of China，https：//decider.com/2020/11/20/flavorful-origins-gansu-cuisine-netflix-review/.

向本文及本文创造的预期结构①。因此作品能否被受众认同和接受,关键在于它是否符合受众的这种期待视野。正如汉斯·姚斯所述:"在作者、作品、读者这个三角形中,读者(观众)不是被动的一端、一连串反应,他本身还是形成历史的一种力量。"即当作品与受众在一定时代背景、社会环境、文化积淀、生活经历、性格气质等因素共同制约下形成一种审美契合时,就能达到同质同构而被人们接受。

《风味原产地》在主题体裁和传播媒介两个维度,较出售给其他频道、平台的中国原创纪录片在符合海外观众的期待视野上具有优势。从主题体裁来看,在海外观众的先在理解与先在知识中,即使对中国文化没有深入了解的外国人也多数会在日常生活环境中接触到海外中餐馆与中式饮食,他们对于中餐并不陌生。此外,如《舌尖上的中国》、李子柒系列作品等与中国美食、生活主题相关的视频作品,都曾在海外平台上传播。李子柒作品中制作器物、食物的过程展现,充满烟火气与日常生活化的选题都曾吸引大量海外观众观看,而《风味原产地》对地方"风味"的艺术化呈现具有相类似的特点。对中国丰富的饮食习俗、文化的先在认知及对同类型节目的接触经验,使得《风味原产地》作为饮食节目的推出较符合海外受众的"期待视野",从一个基本认知维度保证了它的成功传播。

从传播媒介来看,海外观众观看纪录片等视频内容的媒介多为手机、电脑、电视上安装的流媒体平台,成为Youtube、Netflix、Hulu等流媒体平台的付费会员是海外观众普遍的娱乐消费习惯,Netflix广泛的覆盖面也是内容接触全球受众的有效后盾。在Netflix平台上的播放使得《风味原产地》的传播半径、受众群体极大扩大化,而观众基于对Netflix平台内容先在的观看经验和质量信任,也让《风味原产地》在习惯维度上具有了"期待视野"下的先天优势。

(二)审美距离

在"期待视野"的基础上,汉斯·姚斯进一步提出了"审美距离"(Aesthetic Distance)的概念。假如人们把先前的期待视野与作品出现之间的不一致性称为"审美距离",那么新作品的接受就可以通过对熟悉经验的否定或通过把新经验提高到意识层次,造成"视野的变化"。个体期待视野与具体阅读中存在的差异被称为"审美距离",这个距离在接受作品的过程中不断发生变化:当接受者与艺术作品中的角色距离为零时,接受者完全进入角色而感到索然无味,无法获得审美享受,但当这种

---

① Bieniek-Tobasco, A., McCormick, S., Rimal, R.N. et al. Communicating Climate Change Through Documentary Film: Imagery, Emotion, and Efficacy. Climatic Change 154 (2019-01-18).

距离增大到期待视野对于接受的指导作用为零时，接受者则难以理解和接受作品，对作品感到漠然。①

从内容策划来看，由于缺乏对文化输出国的深入了解，跨文化传播的受众和作品之间具有天然的宏观的审美距离，或称为文化距离和文化折扣。传播者的主要目的即如何让这种距离真正产生美。对中餐没有根本了解的海外民众基于海外中餐馆中西化了的菜肴的有限认知，常常认为中餐最著名的菜式为"Orange Chicken"（糖醋鸡）、"Kong Pao Chicken"（宫保鸡丁）、"Dumplings"（水饺）、"Spring Roll"（炸春卷）等。纪录片的呈现和教育让观众重新认识到原汁原味的中国美食文化，与他们日常接触到的初代移民本地化处理后的中餐，在认知上具有鲜明的对比冲击。

从微观来看，在《风味原产地》中，节目组选取的食物极其富有地方特色，多数是较不为人知的地方美食。即使是国人所熟悉的食物和菜肴，其在不同地域演变出的千变万化的烹饪方法也经常出人意料，让人惊叹，对于很多国人来说，这也是一个科普和了解的过程。在《潮汕》篇的《腐乳饼》中，与牛肉丸、牛肉火锅相比，腐乳对于绝大部分海外观众都是一次对于食材认知更加新鲜的接受体验，也因此更易产生审美距离，这一点在观众评论中也得到了印证——提到腐乳饼、腌蟹的观众明显多于提到牛肉、土豆等常见食材的观众。文化认知的颠覆与新鲜事物的学习，都在无形中增加了审美距离。

从叙事手法来看，不同于《舌尖上的中国》《风味人间》等展现大江南北家常菜肴的煎炒烹炸和人文故事，《风味原产地》多将镜头对准食材的变化过程及富有民族、地方特色的制作方法，这种化繁为简的方式减少了可能因文化、社会环境造成的理解困难，有效缩小、控制了它的审美距离。以《甘肃》篇中的第一集《羊肉》为例，在介绍了羊肉串、炒羊肉等以羊肉为食材原料的菜肴后，镜头转向甘南藏族聚居地的甘南州甘加草原，拍摄了牧民为克服高原地带水沸点过低，将炙烤过的鹅卵石放入羊肚中形成天然的蒸汽高压锅，将羊肉煮熟。观众的"期待"在食物烹饪的过程中不断变化，直到谜底揭晓；而对于食材烹饪变化过程的微距拍摄，则加强了视觉感受和审美愉悦感，对"过程"而非"成品"的记录给了观众充分的变化期待视野，也给了观众产生审美距离的机会与时间。当这个"过程"以极其细腻的放大状态对观者进行视觉冲击（如被捶打后肉的筋膜纹理、百合受热之后纤维的形态变化、腐乳直立菌丝的生长过程），求知心理、猎奇心理与视觉享受的满足使作品对于外国人而言有了更强的吸引力。

---

① Caty Borum Chattoo.Documentary and Communication[M].Oxford University Press：Oxford，2018.

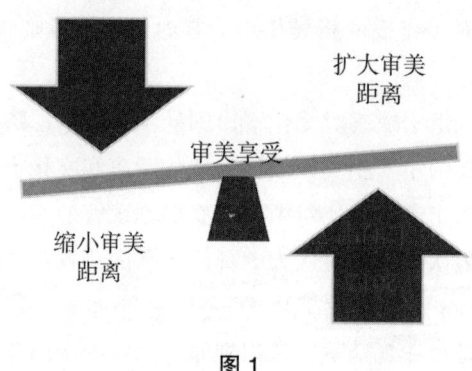

图 1

观众因为国别、文化的距离与"期待视野"之间始终保持着一段距离，但又因为内容的共通性和易理解性，距离不至于增大到令人难以理解和接受的程度。在这个不断平衡的过程中，观众获得了适当的"审美距离"与审美享受。

（三）召唤结构

在汉斯·姚斯的理论基础上，接受美学的另一位奠基人伊瑟尔将"召唤结构"（Response-Inviting Structure）作为其"文本理论"（Theory of Text）的核心。"召唤结构"的关键在于不确定性和否定，或者说通过制造悬念和出其不意来人为地制造审美距离。在文艺作品中，某一条线索突然中断、叙事视角和故事逻辑的突然切换和脱节或者情节顺序的颠倒等意料之外、耐人寻味的开放性设计，都如同隐藏在文本各个片段中的"空白"，这些空白的衔接组成了开放式的结构，召唤着读者对作者的意图进行思考，和作者进行交流。这种"召唤结构"的关键在于"空白""空缺"和"否定"，通过动态地否定观众的期待视野，吸引观众能动地参与进作品，通过自身联想、想象和再创造的方式体验作品的美学价值。

《风味原产地》的平均时长只有 12 分钟，制片方并未采用多次反转的叙事风格，因此，片中的"召唤结构"多由悬念和线索的突然中断来完成。在每一集中，食材都是以未烹饪的原始状态出现，片中以大量的微距镜头记录食材与烹饪原料之间发生化学反应的细腻过程，每一次食材最终的呈现状态都成为观众期待的悬念，在猜测中不断否定着观众的期待视野。有时片中的解说文本会故意制造这样的悬念，如前文提到的羊肚改造高压锅，解说提到"将羊肚洗净，一会儿会派上大用场"，以激发观众的好奇心与不断猜测。在叙事线索方面，《风味原产地》采用了和《风味人间》类似的逻辑，即以一种食材为线索串起多个人物和小故事，在一集中不断转换，只不过在《风味原产地》中，人物和小故事受到了地理位置的限制。在《潮汕》篇中的《腌蟹》一集里，前半段拍摄了李家夜宵排档的腌蟹制作过程，并跟踪记录摆摊期间赶来排档品尝腌蟹的顾客，此条线索在此时戛然而止，故事转向"七十公里外，夜宵刚刚开始的汕头"。压缩在极短时间内的悬念和线索间的"空白"，有效打破了观众的期待视野，使其有意犹未尽的感觉。

二、《风味原产地》海外传播效果分析

（一）海外传播效果概况

为讨论《风味原产地》在海外的实际传播效果，下表将海外平台上三部中国原创美食纪录片（《风味原产地》《舌尖上的中国》《寻味顺德》）的评论等反馈数据进行了统计和横向比较，并对中文和外文评论进行了区别，将评论的数量作为视频热度、讨论度的初步参考标准，以此观察几部作品在外国观众中传播效果的差异。为了更符合海外传播的条件和效度，统计时仅计算三部作品英文译名（Flavorful Origins，A Bite of China，A Bite of Shunde）的检索结果。

表1　《风味原产地》《舌尖上的中国》《寻味顺德》在海外平台上的评论统计

反馈数据 纪录片	视频播放平台中文评论（条）	视频播放平台外文评论（条）	IMDB评分网站	Twitter中文评论（条）	Twitter外文评论（条）	其他海外平台及媒体评论
风味原产地 Flavorful Origins （预告）	0（Netflix无评论功能、Youtube受版权保护无法观看）	24（Netflix无评论功能、Youtube受版权保护无法观看）	383（三季总分7.7分）	0	53	10+
舌尖上的中国 A Bite of China （正片）	54（Youtube）	86（Youtube）	436（第一季8.7分）	14	105	10+
寻味顺德 A Bite of Shunde（正片）	97（Youtube）	2（Youtube）	0	10	8	1~10

从统计结果可以看出，2012年播出的《舌尖上的中国》英文字幕版在Youtube上可免费观看，在Youtube上的中文和外文评论数量差距不大；同样作为成功出海榜样的《寻味顺德》则明显未得到多少关注，仅仅吸引了部分华人观众；2019年上线

的《风味原产地》由于 Netflix 购买的版权限制，无法在其他平台观看，而 Netflix 本身在 2018 年取消了观众评分、评论功能，因此在 Youtube 等免费平台上只能看到针对预告片的 24 条评论消息。

在社交平台 Twitter 显示的检索结果中，《舌尖上的中国》累计有 105 条外文评论，其中近三分之一来自日本网友，《风味原产地》的 53 条评论则全部为英文评论，而仅有 8 位网友谈及了《寻味顺德》；同样的形势也表现在其他海外平台与媒体评论中，刚刚上线的《风味原产地》得到了较大的关注度，《时代周刊》也对导演和编剧陈晓卿进行了专访。

在权威互联网电影数据库和评价网站（IMDB）上，《风味原产地》自 2019 年上线后三季的总评分为 7.7 分，累计评论数量为 383 条；《舌尖上的中国》第一季（2012）评分为 8.7 分，第二季为 8.1 分，第三季则没有评分，其中第一季累计评论数量最高为 438 条；《寻味顺德》由于没有被录入而未能得到数据。

（二）评论内容文本分析

在对《风味原产地》的网友评论文本分析后发现，海外观众对于《风味原产地》最多的评价是"amazing cinematography"（令人赞叹的影像拍摄技法），其他词出现频率最高的则是"纯粹的""有趣的"和"具有知识性的"。

一位职业是教师的网友评论道："如此精彩：全片以非常优美的方式呈现，这是一场赏心悦目的盛宴！作为一名老师，我会向我的学生推荐这部纪录片。它是一种文化瑰宝。"

有外国网友将《风味原产地》与其他作品进行对比："如果你爱看《舌尖上的中国》，那么你也会喜欢这部片子。这部超棒的纪录片只关注食物而不是人，我喜欢这种纯粹，胜过 Netflix 其他依赖于明星表演的饮食类节目。过于关注人，也是我认为《舌尖上的中国》在过去的两季做的失败之处。"

有的网友则表示了一种文化的共情和联结，比如"这个节目不仅在视觉上令人惊艳，而且通过烹饪教育，你将获得对烹饪的深刻理解。我发现，我也会用到很多里面的食材来做饭，以更深入的方式了解它们真的很有趣。我喜欢在睡前看这部纪录片，因为看这部片子真的很舒服很放松"。有一位西班牙网友提到，"在《甘肃》篇里我看到了和我家乡相类似的烧制羊肉、牛肉的方法，这让我想起我的童年，世界真的很神奇"。

另外，有不少网友希望能够有更多衍生收获，表示希望节目组能够上线纪录片中出现的食物的制作食谱；另外一些网友则表达了想前往中国旅游，去片中的风味原产地品尝菜肴的愿望。

在媒体的评价中，以美国最具影响力的美食门户网站 Eater 为例，编辑谈道："每个看《风味原产地·潮汕》的人都会有自己的喜好，我最喜欢的是腐乳饼、粿条和卤水，因为这三种食物是我认为最让人垂涎的。除此以外，我发现自己也对腌蟹、橄榄和鱼露这三种食物的制作流程产生了极大的好奇心。"

影视剧评网站 Decider 的编辑点评《潮汕》篇："一个美食节目其实需要花费很多的时间和精力用影像表达食物的诱人，因为无论解说词多么华丽，观众尝不到食物，所以让菜肴具有吸引力的最佳方法就是让它看起来尽可能诱人。《风味原产地·潮汕》基本解决了诱人这个难题，通过慢镜头、特写镜头和长镜头来展现食物的纹理，以及让人垂涎的美味制作过程镜头。"[①]《甘肃》篇上线之后，Decider 同样给出了观看推荐："我们非常享受《风味原产地》的前两季，因为它开门见山，没有废话；它只向我们展示某个地区的特定菜肴和其中一种特定的配料。不多不少，刚刚好。当然，它也展示了风土人情，拍摄了人，但只是因为人碰巧在烹饪或者品尝这些食物，没有关于他们的个人性格等其他方面的信息。所有一切都只是关于食物的。我们非常享受制作或烹调食物的特写镜头，如同食物纪录片中最高级别的色情片，如果我们周围有一个地方能提供片中的甘肃菜，我们会在写完这篇评论后马上下订单。"

在赞美之外，给分低于 5 分的差评集中在对"English Translation"（英文翻译）、"Dubbing"（画外音配音）译制水平的不满上，网友们认为英文译制后的画外音非常破坏气氛和美感，希望 Netflix 能给予更多关注。

从评论文本来看，《风味原产地》作为一件商品被进行文化贸易交易之后，虽然在播放平台得到了较好的反馈，打入受众巨大的 Netflix 平台也让其拥有了成为爆款的潜力与优势，却并没有在出海后的宣发、售后，在海外受众反馈即客户关系维护上，独立地或与买方合作继续发挥优势，做出行动。大量网友留言希望《风味原产地》能上线其制作菜谱，介绍原料名称，或提供旅游线路的内容，这些可以成为纪录片进一步营销宣传的良好锚点，也是中国文化、旅游打入海外市场的良好契机。然而由于我们对后续受众反馈跟进的忽视和大量类似的文化传播不可持续性行为，造成优秀作品传播潜力的浪费、传播效果的不可持续与事倍功半。从长远来看，这还会造成民间海外交流的碎片化，不利于整体中国文化的海外传播。

---

① https://decider.com/2020/11/20/flavorful-origins-gansu-cuisine-netflix-review/.

(三) STEPPS——提升海外传播效果可持续性

从《风味原产地》及同类型的其他中国原创纪录片在海外的传播效果数据来看，这些作品在海外的曝光与观众评论以官方播放平台或专业评分网站为主，而其在以Twitter为代表的海外主要社交媒体（Twitter、Facebook、Instagram等）上的传播与推广几乎处于空白。

以《风味原产地》为例，即使其成功出海被Netflix购买，但在Twitter上和Facebook上相关推文仅为数十条，且在几个平台上均未制造话题标签或与Netflix合作进行内容营销。而诸如 *Ugly Delicious* 等海外美食纪录片则较注重社交媒体中的大众传播与推广，在各个平台均创建了推广账号，在Instagram上以 #ugly delicious 为标签的照片图文内容达到124000条，更加注重社群营销的话题度与观众关注。社交媒体作为接触海外观众的重要传播阵地，在提高海外传播的整体效果上至关重要。

美国大众营销传播学者乔纳·伯杰（Jonah Berger）在其著作《疯传》（*Contagious*）中提出了内容"疯狂传播"的STEPPS守则，即社交货币（social currency）、诱因（triggers）、情绪（emotions）、公共性（publicity）、实用价值（practical value）和故事（stories）。①

图2

1. S——社交货币：指可以引起对方兴趣，成为社交谈资的事物。Berger认为，人们都希望自己在社交中能提供新奇有趣的谈资，而被他人喜欢和认可。为满足人们

---

① Carol Mavor.The Writerly Artist: Beautiful, Boring and Blue [C]: Blackwell Publishing, 2006, 271-295.

的社交需求，传播者需注意提供可引起大众谈论的话题和素材。

2. T—诱因：指故意制造让他人看到一件事物就条件反射性联想到自身的关联，如看到黄色的 m 字母自动联想到麦当劳等深入人心的大众印象。

3. E—情绪：根据 Berger 在书中所做的研究，高唤醒类情绪对于事物传播效果具有非常重要的作用，而高唤起性情绪在书中指惊奇、喜悦、愤怒等情绪。

4. P—公共性：提升事物的传播效果的基本条件是提升它的公开性，以及观众愿意公开展示的意愿强烈程度。

5. P—实用价值：当一件事物、一种思想、一种行为对于被传播者具有可用的实用价值时，将会大幅提升它的吸引力。

6. S—故事：指用说"故事"的方式讲述枯燥的内容，能较有效地提高观众的关注度和接受能力。

从 STEPPS 模型的维度来看，《风味原产地》在 E—情绪、P—公共性、P—实用价值、S—故事四点上，由于内容质量的进步达到了较高的水平。该作品以讲故事的方式表达，制造了接受美学视域下的"期待视野"与"审美距离"。同时，较佳的审美体验也调动了人们惊奇、喜悦的高唤醒情绪。其中蕴含的知识性、食物制作方法等具有实用价值。然而，在社群运营上的弱势或不重视，也使得这类出海文化作品的综合实力受到较大影响，在社交属性更相关的 S—社交货币、T—诱因两大维度上亟待加强。

《风味原产地》海外传播要素

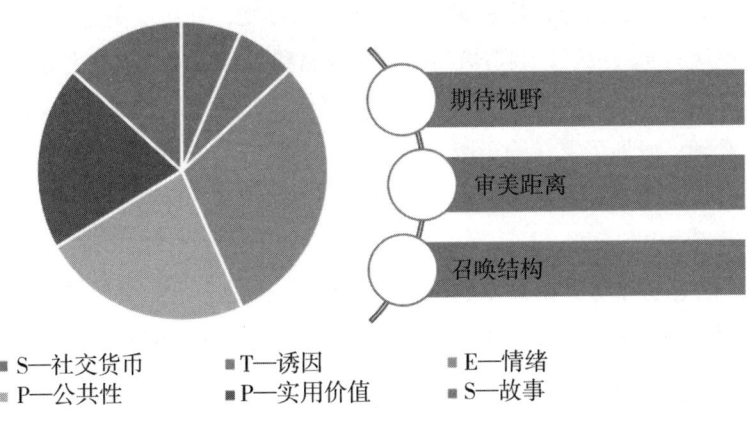

图 3

出海纪录片或泛文化产品应在提高内容质量的同时打开进入海外普通民众生活的互动与宣传通路,尝试在海外传播中打造具有可持续性的"爆款"。

三、文化产品海外传播的启示

(一)接受美学减少"文化贴现"的传播思路

纪录片作为一种纪实的影像艺术形式,被认为经历了三个阶段的审美矛盾关系嬗变:第一个阶段是格里尔逊模式——功利性主导下的纪录片审美;第二个阶段是直接电影——客观纪实性主导下的纪录片审美;第三个阶段是新纪录电影时期——大众接受主导模式下的纪录片审美。[①]

产业经济学家考林·霍斯金斯(Colin Hoskins)和拉尔夫·米卢斯(Rolf Mirus)在影视节目贸易的研究中提出了"文化贴现"的概念:"扎根于一种文化的特定的电视节目、电影或录像,在国内市场很具吸引力,因为国内市场的观众拥有相同的常识和生活方式,但在其他地方吸引力就会减退,因为那儿的观众很难认同这种风格、价值观、信仰、历史、神话、社会制度、自然环境和行为模式。"外国电视节目或电影在价值上减少的百分比叫作"文化贴现",一个进口电视节目或电影的"文化贴现"公式计算如下:国内相应产品的价值 – 进口价值/国内相应产品的价值。[②]

《风味原产地》作为大众接受主导模式下的纪录片代表,它精良的拍摄制作、适应信息碎片化时代文化消费的短时长、只关注于纯粹食物的叙事策略等艺术性和非功利性特征,使其在海外传播过程中更易被观众接受;在接受美学理论视域下,它打破海外观众的期待视野,制造恰当的审美距离和召唤结构,提供更好的审美体验,也使得自身的文化贴现大大减少。它的成功经验值得借鉴。同时,从观众的接受反馈中可以看到,海外买家在购买版权后的译制、配音水准也会在很大程度上影响观众对原作的接受和观感,从而影响文化传播效果,此类问题需要在今后文化产品的海外传播过程中引起重视。

(二)内容制作与营销并举的传播策略

我国原创纪录片在作品的内容制作上已有长足进步,但在宣传曝光及后续内

[①] Hall, E. The Silent Language. 1959 New York: Doubleday.
[②] Jauss, Hans R. Toward an Aesthetic of Reception. vol. 2, University of Minnesota Press, Minneapolis, 1982.

容营销、观众关系维护上仍然有不足。饮食、自然类纪录片由于其中缺少明星人物效应，其宣传手段更加有限，也更加值得思考。内容制作与营销宣传并举的传播策略，不仅应在国内纪录片市场受到重视，在出海之后更是提高海外传播效果的重要方式。

符合接受美学逻辑的作品在给海外观众带来更佳接受体验的同时，也需补齐短板，与传播营销理论相结合，在内容出海之后重视本土运营维护，在内容营销具体方法与民众社交习惯上进行探索，这样既能持续作品的关注度与知名度，也能为我国未来其他原创作品的出海建立先见经验的"期待视野"。

（三）文化形象同质化的传播慎思

纪录片在海外文化传播的过程即以影像媒介的纪实方式，在多视野的文化价值坐标中寻求立足点的过程[①]。从宣教作品到文化产品，纪录片承载的社会和文化使命也在不断变化。总体来看，我国原创纪录片在国际平台中的话语权有所提高，文化传播的渗透力和接受度有了很大进步，但在题材上，美食类纪录片的出圈能力仍然最强，不免带来同质化的潜在问题。这里的同质化不仅仅是纪录片本身创作主题的同质化，更是纪录片所传达的中国文化形象的同质和单一。

在美国博客网站 Hello Giggles 上一篇题为《当他们显而易见地否认你的文化却吃着你的拉面（When They Deny Your Cultural Visibility but Eat Your Lo Mein）》的文章中，作者以 Netflix 的《美食不美》系列纪录片中聚焦的文化冲突和社会问题为例，指出了美国社会中对亚洲食物，尤其是代表中国文化的中餐馆的种族歧视。虽然以美国为代表的西方国家熟知中国饮食，但很多人并未以此为桥梁，尊重、肯定中国文化或主动进行深层次的了解。部分民众和媒体甚至将对中国人讲究饮食的印象转变为更多的负面理解和歧视，如认为中国人吃所有动物。外国媒体所理解的中国对某些食物功效保有的"传统信仰"（崇尚"以形补形"，冬季进补某些特殊野生动物和稀有植物，以增进身体的特殊功能）也招致了 2020 年在新冠疫情初始时期对中国人吃野生动物导致疫情的猜测和污蔑。在不少海外民众的"期待视野"里，中国文化常常被简单粗暴地总结为食物、熊猫、功夫等模糊符号，饮食纪录片的海外传播在这个方面可以为中国饮食文化正名。但接受并不是对已有"期待视野"的一味迎合，我国原创纪录片也亟须在他者接受的维度中，在多样化的题材、文化元素的高质量呈现上有所突破，警惕同质化的文化作品对于种族形象固化的影响。

---

① Jonah Berger. Contagious：Why Things Catch On［M］.Simon & Schuster：New York，2013.

【参考文献】

[1] 李家君. 论中国观众对韩国电视剧接受与审美愉悦性 [J]. 沈阳农业大学学报，2006 (02).

[2] 胡经之. 西方文艺理论名著教程 [M]. 北京：北京大学出版社，2003.

[3] 李晶. 接受美学视角下的中国当代电影叙事新形态 [J]. 江西社会科学，2018.

[4] 欧阳宏生. 纪录片概论 [M]. 成都：四川大学出版社，2004.

[5] 陈新传，冷冶夫，陈璐. 角色与认同：中国纪录片国际传播战略 [M]. 北京：中国传媒大学出版社，2014.

[6] 中国纪录片研究中心. 从商业价值到文化价值《风味原产地》上线 Netflix 引发刷屏热潮 [EB/OL]. (2019-02-22). https://www.sohu.com/a/296915442_688642.

[7] Nasrullah Mambrol.Reception Theory：A Brief Note [EB/OL]. 2016-11-02. https://literariness.org/2016/11/02/reception-theory-a-brief-note/.

[8] When They Deny Your Cultural Visibility but Eat Your Lo Mein, https://hellogiggles.com/lifestyle/chinese-food-american-culture/.

[9] Stream It Or Skip It：'Flavorful Origins：Gansu Cuisine' On Netflix, A Third Season of Lovingly-Shot Dishes From Obscure Regions of China, https://decider.com/2020/11/20/flavorful-origins-gansu-cuisine-netflix-review/.

[10] Bieniek-Tobasco, A., McCormick, S., Rimal, R.N. et al. Communicating Climate Change Through Documentary Film：Imagery, Emotion, and Efficacy. Climatic Change 154 (2019-01-18).

[11] Caty Borum Chattoo.Documentary and Communication [M].Oxford University Press：Oxford, 2018.

[12] Carol Mavor.The Writerly Artist：Beautiful, Boring and Blue [C]：Blackwell Publishing, 2006.

[13] Hall, E.. The Silent Language. 1959 New York：Doubleday.

[14] Jauss, Hans R. Toward an Aesthetic of Reception. vol. 2, University of Minnesota Press, Minneapolis, 1982.

[15] Jonah Berger. Contagious：Why Things Catch On [M].Simon & Schuster：New York, 2013.

跨文化传播视域下,中华传统文化的形象建构与符号表达研究
——以 YouTube 中国视频博主为例

秦 璨 谢慧铃[①]

(澳门城市大学人文社会科学学院,澳门特别行政区 999078)

【内容提要】 "媒介化"无疑已经成为跨文化传播的当代特征。短视频和社交媒体具有以个体为主体的跨文化内在传播力,并通过共享平台突破了文化边界,消融了文化隔阂,搭建了分享管道。在全球一体化的趋势下,以 YouTube 为代表的社交媒体重塑了中华传统文化跨文化传播的格局、思路和实践方式。以李子柒、滇西小哥、阿木爷爷等为代表的视频博主脱离了"民族—国家"的国际传播叙事主体后,经历了从普通自媒体创作者到中华传统文化代表的符号化转变,其符号表达中意指的对象也被国外社交媒体用户所发掘、讨论和分享。据此,本文以文本分析和内容分析为研究方法,发现在跨语境、跨地域、跨文化的传播空间中,YouTube 中国视频博主以物质符号、行为符号和艺术符号为表现和传播载体,建构了以"自然""和合""意境"为主要表征的中华传统文化形象。

【关键词】 跨文化传播,中华传统文化,形象建构,符号表达,YouTube

引 言

文化是民族的血脉和身份标识,是国家的精神支点和国民的精神家园。自 19 世纪中叶以来,西学东渐,西方思想文化观念强势入侵,进而形成了文化霸权和话语

[①] 秦璨,男,澳门城市大学人文社会科学学院在读博士,主要研究方向为文化产业研究;谢慧铃,女,博士,澳门城市大学人文社会科学学院副教授、博士生导师。

霸权，中华传统文化的内在精神与意蕴在中西文化的碰撞和交融中逐渐散失了自己应有的品格，西方对于中华传统文化形象的认知依然存在着"落后""封建""保守"等刻板印象。随着当今世界大发展、大变革、大调整时期的到来，世界多极化、经济全球化、社会信息化得以深入发展，各种思想与文化交流、交融、交锋更加频繁。文化在综合国力竞争中的地位和作用日益凸显，如何重塑传统文化形象，提升中华传统文化的影响力，让中华传统文化走出国门，走向世界，重回文化中心地位，成为重要的研究命题。

中华优秀传统文化是中华民族的精神命脉，也是中华民族特有的精神标识。自党的十八大以来，围绕传承和弘扬中华优秀传统文化，习近平总书记做了一系列重要论述，指出中华优秀传统文化是中华民族的突出优势，是我们最深厚的文化软实力，并明确了要不断提升中华文化影响力的要求。我国要想在世界文化激荡中站稳脚跟，就离不开中华优秀传统文化这一坚实根基。① 据此，中国文化形象塑造的核心与本质就是中华传统文化的发掘、提炼、建构与传播。离开传统文化这条命脉与根基，把国家文化形象塑造仅仅理解为一种设计、传播，便会如同在花瓶中插进无根的花枝。②

在传统文化形象建构中，从认知主体角度而言，两类受众应该受到我们的关注，一是"他者"，二是"自我"。一种文化在"他者"心中的形象，关系到这种文化的影响力、吸引力和美誉度。探讨中华传统文化的传播，我们不能仅仅着眼于"自我"层面上的文化自信与文化自觉，更要从"他者"的视角探讨文化形象的塑造与符号的表达。

首先，就中华传统文化的形象建构来看，自 21 世纪以来，我国已经做了大量传统文化对外传播的尝试。从世界各地设立孔子学院、纽约广场播放中国国家形象宣传片、外交部举办各省旅游推介会等硬性的文化形象输出，到《功夫》《哪吒》《甄嬛传》等软性影视文化视觉符号植入；从单一的传统文化形象渐渐拓展为更立体、全面、综合的传统文化话题集群。但值得注意的是，中华传统文化在对外传播过程中仍存在易被"物化""标签化""片面化"与"区隔化"的问题。国际社会所感知到的中华传统文化思想与内涵和其本质精神差距甚远，这也就阻碍了海外受众真正理解中华传统文化。

---

① 沈壮海.中国文化形象的五个维度［N］.人民日报，2016-02-25（024）.
② 当代中国与世界研究院，凯度集团.中国国家形象全球调查报告2019［R］.北京：中国外文局，2019：09.

其次，就中华传统文化的符号表达来看，中华传统文化的符号表征丰富，除语言符号外，还有众多非语言符号。符号的多样性体现了中华传统文化资源的深厚，其中一些经典性、代表性和象征性的文化符号作为文化形象的主要表征高频率地出现，因而在国际社会具有较高的认知度和辨识度。据《外国人对中国文化认知调查报告（2015）》显示，国外受众认为最能代表中国的符号是长城，其次是中国烹调、阴阳图、汉语、龙、大熊猫、北京故宫、茶、丝绸等。而据《中国国家形象全球调查报告2019》显示，外国民众认为最能代表中国文化的依次是武术、饮食和中医。①由此可见，这些符号体现了历时传播过程中信息叠加产生的累积效应，它们的高频率出现激发了外国受众对中华传统文化的兴趣和认知需求。②这些标志性文化符号的强传播在强化"他者"的印象时也遮蔽了另外一些文化符号，从而影响了他们对中国传统文化丰富性的认知。长此以往，不但难以拓展外国民众的传统文化视野，使国外受众难以真正理解中华传统文化的源远流长与博大精深，甚至可能会收窄他们的认知幅度，造成其对中华传统文化的理解偏差与文化误读，形成狭隘的认知框架。在中华传统文化与多元文化碰撞日趋激烈的当下，互联网与新媒体的普及改变了世界的文化传播格局。如何借力自媒体做好跨文化传播中的"讲好中国故事，传递中国声音"的时代命题，是当下亟须思考的问题。

一、跨文化传播主体的嬗变：个人视频博主成为新兴主体

从中华传统文化的传播主体来看，作为国际传播最初实践者与行动主体的应当是国家。在工业化与全球化浪潮下，跨国企业与各类国际组织异军突起，在进行资本掠夺与抢占的同时，也进行着文化与价值观的输出。在技术传播的助推下，当前正在发生的具体而细微的国际传播"第三波嬗变"，正在走向更为微观的对象——作为社会人的普通个体。同时，与垂直型传播平台相适配，在传播内容上，更加碎片化、个性化、人格化。③

如今，伴随着社交媒体传播的日益广泛与迅速，普通的中国民众也成为了中国

---

① 宋玉书，刘学军.中国文化形象传播：如何建构21世纪的中国文化形象[J].中国地质大学学报（社会科学版），2016，16（04）：85-91.
② 张毓强，庞敏.生活日常的全球化与国际传播产业化路径的探索——关于李子柒现象的讨论[J].对外传播，2020（01）：62-65.
③ 姬德强.李子柒的回声室？社交媒体时代跨文化传播的破界与勘界[J].新闻与写作，2020（03）：10-16.

文化形象的重要展示主体。越来越多的外国网友通过各类社交平台博主认识中华传统文化，感知中华传统文化，进而喜爱中华传统文化。根据海外视频网站YouTube数据显示（见表1），中国博主的个人视频账号的影响力与传播力已远超中国权威与主流的新闻媒体账号。

表1 YouTube视频平台中国主流媒体与个人媒体账号传播力数据
（数据截止至2020.11.18）

	账号名称	粉丝数	总播放量（计数单位）	平均播放量（Top10）	入驻时间
主流媒体账号	CCTV 中国中央电视台	101万	529,474,290	698.1万	2014.1.3
	CCTV 中文国际	55.7万	208,84,530	136.6万	2014.1.24
	China Daily	3.37万	11,357,343	68.4万	2016.12.7
个人媒体账号	李子柒	1310万	1,943,530,613	4251.8万	2017.8.22
	滇西小哥	642万	1,602,169,171	2497万	2018.7.25
	阿木爷爷	130万	235,312,815	1140.5万	2018.1.18

由表1可见，三个主流媒体——CCTV中国中央电视台、CCTV中文国际、China Daily在YouTube上开通账户时间均远早于三个视频博主号。但在粉丝增速、视频播放量、点赞量等传播效果的具体指标上，二者存在着较大差距。举例来说，视频博主"滇西小哥"入驻平台时间最短，仅有两年多的时间，却在短时间内展现出令人惊叹的传播效果。通过对比，传统的主流媒体在进行海外视频传播时，表现出"水土不服"的状况。由于语言、地域、文化的差异，其传播内容更多表现为对外宣传，本土的新闻视频或文化讯息经过二次解码后（如翻译），容易遭受外国观众的误读甚至排斥。但李子柒、滇西小哥、阿木爷爷等制作的视频更符合平台"短、频、快"的传播特征，其传播内容以物质、行为、艺术等共通的非语言符号表达为主，而较少涉及对话、字幕等语言符号。在他们的视频中，美食、技艺、农耕、手工等传统文化成为了通俗的符号表达，扩展了与国外受众"共通的意义"空间。同时，其通过多维的时空互动与意义交换，展现出跨文化传播在各文化体系交互间降低文化冲突，建构分享管道的重要作用。

据此，社交媒体平台的快速发展使得自媒体成为了大众传播的中坚力量。当下，传统文化的对外传播主体也扩展到了"个人"上,且展现出了跨文化传播的诸多特征。个人视频博主在通过海外社交平台进行文化传播的时候,不再具有强烈的政治色彩和目的性,而是凸显了文化交流与共享的特质,展现了跨文化传播平等与交融的特征,促使海外受众乐于接受与吸收。跨文化传播主体的嬗变体现出交融性与平等性在文化交流中的重要作用,充满民族中心主义(ethnocentrism)色彩的文化赋予了中国文化更加鲜活的新生代载体,也在全球范围内承载了以东方主义和异域主义为内核的中国故事。①

二、以"自然"为表征的文化形象建构与物质符号表达

中华传统文化有着持续而强烈的生态关怀精神,造就了人与大地、人与自然、人与生态和谐相处,感性与理性融合的整体思维、审美心理。中华传统文化强调"顺天应人",强调人与自然的"天人合一"。中华传统文化的根源是农耕文明,崇尚尊重自然、顺应自然的美学理念;构建人与自然和谐相处、相与依存的自然友好型生态关系。人与自然、人与天地万物的和谐共生,正是中华传统文化形象以"自然"为表征的重要体现,这一形象与西方的"征服自然""改造自然"截然不同。李子柒、滇西小哥、阿木爷爷等中国视频博主将中国人感恩"自然的馈赠"这一朴素价值观传递了出来,建构了以"自然"为核心叙事与审美偏好的文化形象。从符号表达来看,落日、云彩、黄土、梯田、乡间小道、田间地头、瓜果蔬菜、炊烟袅袅等无不成为中国视频博主们热衷表现的物质符号,传达出人与自然的和谐之美。

在中国视频博主镜头中呈现的"自然"形象都是纯美的自然,无须过多的字幕翻译,通过镜头就能展现出其最真实的模样。透过滇西小哥的视频,你可以感受四时三餐,窥探乡野浪漫;观赏李子柒的视频,你可以体味"晨兴理荒秽,带月荷锄归"的慢生活乐趣。他们与自然的关系、环境不同于以往大众传播所营造的拟态环境,其剔除了不真实感与不信任感,在潜移默化中感染着国外受众。如来自美国、德国、西班牙、希腊、伊拉克等国家的网友纷纷在李子柒视频主页留言,热门评论超过四万条,评论的关键词有"talent、village、China、nature"等。

具体来看,在李子柒、阿木爷爷、滇西小哥等中国博主对"自然"的文化形象

---

① 仲呈祥,金雅.中华美学精神:理论与实践[N].中国艺术报,2015-09-09(03).

构建中，使用最多的物质符号是美食。在李子柒的短视频中，美食作为一种文化载体，从梅花酥、桂花酿酒、手工阿胶、腊味合蒸，到与故宫合作推出的宫廷苏造酱，都能使人感受到人与自然的共生共处；滇西小哥立足于云南的传统与民族文化，酸角糕、云腿酥、竹筒饭、蘸水辣等众多美食悉数登场，同样吸引了众多海外网友的兴趣。值得注意的是，视频中这些美食的制作过程所用原材料无不取材于大自然，让国外观众在惊叹中国农耕物产之丰富的同时，还被中国传统"采菊东篱下""带月荷锄归"的田园美好生活所深深吸引。

此外，以"自然"为形象的物质符号表达还表现在视频中多次出现的中国特有的传统物件、摆设与工艺品上。从胭脂水粉、小院秋千、文房四宝等传统文化物件，到拱桥、将军案、中国馆、鲁班凳等精致的木制手工艺品。这些中国特有的文化符号外形出众、构思精巧，让国外受众产生一种心向往之的憧憬与赞许。无论是美食、摆件还是各式工艺品，此类符号在突破了能指后所强调的人与自然"和美"共生的朴素所指。李子柒等人的视频内容虽没有开创新的内容，却使人回归自然自身。这种"自然"形象的叙事常对应于传统文化与价值。在全球化的秩序里，这种"自然"形象的构建虽然是区别于现代生活的乌托邦，但中华文化田园牧歌的宝贵价值与审美趣味却在这种自然叙事中展现出后现代的文化主义旨趣。

综上，道家作为中华传统思想与文化的重要脉络之一，在数千年前就强调"道法自然"，主张不以人主动参与的方式实现人与自然的和谐。这一思想延续至今，使得中华传统文化中饱含了持续而强烈的生态关怀精神。究其根本，中国传统文化的根源在于农耕、农事、农业，以农为生，兴农则活，走向的是一种尊重自然、顺应自然，与自然和谐相处、相与依存的自然友好型生态社会关系。"自然"这一传统文化形象更能让外国观众感受到与己不同的价值观念，产生思想交锋与文化碰撞。将"自然"作为传统文化形象建构的表征之一，也更为准确地传递了中华传统文化的核心价值观与美学精神要义。

三、以"和合"为表征的文化形象建构与行为符号表达

"和合"是中华优秀传统文化的原生基因和中华美学的基本精神。[①] 仲呈祥先生曾指出："天人合一是中华文化的基本尺度。可以说，讲仁爱，重民本，崇正义，主

---

① 习近平.之江新语[M].杭州：浙江人民出版社，2007：178.

诚信，尚和合，求大同，归结到一点，美是和谐。"据此，"和合"也应该成为中华传统文化构建的重要形象表征。和衷共济、一团和气、和睦相处于中国人来说是十分重要的家庭关系，这种观念从古延续至今。这种朴素的思想又影响到中华民族伦理中的仁爱、崇善、和美的社会观和国家观。仁者爱人，不仅是对家人的和谐友爱，更上升到对每一个陌生人甚至是宇宙生命万物的关爱。

首先，"和合"的传统文化形象表现为代际之"和"。在李子柒的视频中，除了她之外，另一个核心人物就是她的奶奶。视频中的李子柒与奶奶相对而坐，悠然自得地吃着刚做好的饭菜，天伦之和展现淋漓。从夹菜到穿衣，从剥蒜到洗碗，从相依相偎到嘘寒问暖，这些行为符号无不传递出和谐的人伦关系与和美的日常生活氛围。李子柒事无巨细地照顾奶奶，更是将朴素的"孝"文化传递了出来。代际之"和"也同样展现在阿木爷爷视频的符号表达中。阿木爷爷作为一个传统的木匠，最初仅仅是为孙子做各式各样的手工玩具，从木雕小汽车到小猪佩奇，从手摇风扇泡泡机到学步车，阿木爷爷赋予这些玩具以生命与情感。视频中，阿木爷爷在昏暗的灯光下，一双布满老茧的手却在认真耐心地打磨着一件件器物，每一个细微的动作、每一个低头的凝视、每一次看着孙子的微笑……这些行为符号同样传达着对后辈的关爱，用自己最擅长的方式教会孙辈什么是中华传统代际之间的和与爱。

其次，家庭和睦、睦邻友好也是"和合"形象的另一重要表现。在滇西小哥的视频中，通过各类行为符号构建出家人之间的"和美"景观。初春，与家人上山摘野果、拾野菜；端午，与家人采粽叶、包粽子；盛夏，与家人去田里挖莲藕、做藕粉……网友们不仅惊叹于一双巧手将山村生活拾掇得如诗如画，更感动于一大家子细水长流的相依相伴、和美幸福。视频中，滇西小哥全家人围坐在一起，促膝而食，热腾腾的蒸汽映着阿公阿婆的笑脸。这些行为符号透过其所指展现出中国人浓浓的家庭情怀与"和顺合美"的传统理念。除了家人，周边的邻居、近旁的大婶叔伯等都不时出现在李子柒与滇西小哥的视频画面中，睦邻友好的中国传统文化习俗成为了"和合"形象的又一重要部分。

最后，在广袤的世间，和美的理念不仅仅在家庭成员之间，更在人与动物、人与自然、人与宇宙中得到了至美体现。在李子柒等博主的视频中，不时地还会出现小狗、小猫、小羊等动物在院中安详踱步，视频中抚摸、奔跑、嬉戏、喂食等行为符号，呈现出人与动物融洽相处、岁月静好的美好图景。"地利人和"于中国人来说是代代相传的价值观念。无论是创作者的刻意营造还是无心插柳，这种文化输出完全有别于西方的主客二分、崇尚个人主义等观念，如今通过 YouTube 让更多的外国网友感受到了中国社会的"和合"之美。

综上，古往今来，"人和"理念一直都为有识之士奉为圭臬。……"愿同尧舜意，所乐在人和"等诗词、俗语，都充分体现了"人和"之德、"人和"之贵、"人和"之乐。"和合"不单是与周围人的和善友爱，更上升到对每一个陌生人甚至宇宙生命万物的关爱。①中国传统文化历来重视人与人之间的关系，法自然，讲仁爱，重诚信，尚和合，求大同，形成了"和谐全美"的哲学观念、包容意识，这也正是中华传统文化"和合"形象建构的根基。值得庆幸的是，以李子柒、滇西小哥、阿木爷爷为代表的视频博主们通过视频中的行为符号，也将"和合"这一中华传统文化的重要形象表征在全世界进行了推广与传播。

四、以"意境"为表征的文化形象建构与艺术符号表达

在中华传统的古典美学、文艺理论中，"意境论"具有十分重要的位置。它既抒发、表现和寄托了审美主体的思想情感、心理感受，也集中反映和再现了审美客体的美学特性、内在品格。意境的生发，是审美主客体交融统一的产物，情景相融后的形象、氛围，将欣赏者引入充满想象的艺术空间、审美化境。相比而言，西方人更重视"再现"，而中国传统文化与审美则更偏爱"写意"。

李子柒、滇西小哥、阿木爷爷等视频博主在创作中都延续了中华文化中重表现、尚抒情、主写意的美学传统。"意境"的文化形象在影像呈现中更多表现为艺术符号的表达。具体来看，主要集中在三个方面：视觉、听觉和节奏。在李子柒等博主的视频创作中，无论是画面还是声音，都构成了中华文化特有的美学意境，具有强烈的个体识别特征与文化符号标识。这种符合中华传统美学风格、具有意境与韵味的视觉和听觉符号在跨文化传播的语境当中展现了更强的影响力与吸引力。

首先，就视觉符号的意境营造来看，在场景选择上，中国视频博主更偏爱以山野乡村、田间溪畔为主。天气的变化、季节的更替、镜头中劳作的人们穿行其间，仿佛是穿行在诗意满满的风情画卷中，有着野趣，有着禅味，亲切的民间气息扑面而来。一方面，在色彩的选用与铺陈上，影像风格也尽量贴近自然，不着浓墨重彩，不进行过度的渲染，力求本真。景别构图更是具有强烈的中国山水写意色彩，视频

---

① 刘永昶.关于时空、韵律与意境——从李子柒看短视频的影像美学［J］.传媒观察，2020（02）.

中主要以符合中国传统审美特征的对称性构图、景深构图为主。画面中，山与水、天与地、人与物所占比例恰如其分，且有"留白"空间，留给观者想象空间。另一方面，丰富多变的自然环境留给了镜头拍摄腾挪移转的空间，通常是远景镜头与中近景运动镜头的剪切组合，辅之以延时摄影的过渡，让大自然的本真影像尽然呈现。这些画面语言与中华传统文化所追求的"诗画合一""虚实相生""气韵生动"的意境美不谋而合。

其次，就听觉符号来看，李子柒、滇西小哥等中国视频博主均采用两种声音表现，一是同期声，二是背景音乐。在中国传统的音乐审美中，推崇的是形而上的"虚"，即老子所谓的"大音"抑或是庄子所说的"天籁"之音。山谷的回响、风吹动树林的簌簌之声、溪水的淙淙之声、山间的鸟叫声等自然至美的声音，都成为他们视频中主要的同期声展现。没有过多的有声语言，这就是中华传统文化所推崇的声音的"质朴"。在背景音乐的使用方面，中国视频博主的配乐以无人声的纯音乐为主，音乐中选用了大量的中国传统音乐符号，表现了中国古典音乐的灵动、随性之美。无论是同期声还是音乐，在这些博主的听觉符号表达中，都表现了中华传统文化中音乐审美的"大音希声""空灵之乐"的美学意境。

最后，就视频节奏的符号表现来看，李子柒等中国视频博主的短视频呈现出一种"快中有慢"的美学意境。"快"的是对于时空的重新剪裁取舍，通过镜头的快转将原本需要长时间的美食、手工艺等制作过程进行加速。受众为什么依然会产生"慢"的感受呢？原因在于，他们在影像中表现出的人格特质和美学风格是沉静悠然的，现代生活的快节奏在其世界中被按下了暂停键，人们在观赏视频时，似乎也驻足于这种悠然自得、慢条斯理的世界里，感受到精神世界难得的放松与惬意。

正如朱立元先生所言："意境就是人在审美活动中，用心灵去观照外界的对象，在自己的思想意识领域里创造出新的意韵和境界。"[①] 中国视频博主的影像美学风格与艺术符号表达具有典型的中国传统的"神采为上""诗性写意"的美学特征。所谓的"神"即视频所创造的意境与美感。事实上，这些视频中的意境生成来自短视频生产者与接受者的"心有灵犀"，或者说来自接受美学所称的"读者再创造"。在笔者看来，通过视频艺术符号所营造出的独特的中国审美意蕴与带给受众的遐想空间或许比视频本身的内容更加重要。

---

① 朱立元.美学（第三版）[M].北京：高等教育出版社，2016：119.

结　语

　　中华优秀传统文化是中华民族的精神命脉，在新时代、新格局下，我们理应对本民族优秀传统文化的传承与发扬进行反思。中华传统文化是人类最古老、最优秀的文化之一，其在全球化的语境与趋势下，理当继续为人类文明做出特殊的贡献，理当有独特的文化认同、传播与融合。在当下"媒介化"的跨文化传播语境中，个人视频博主现已成为中华传统文化向外传播的新兴主体。李子柒、阿木爷爷、滇西小哥等YouTube博主通过影像符号化的表达，建构与重塑了以"自然""和合""意境"为表征的传统文化形象。他们的视频在理念上阐发了中华美学精神内涵，在风格上继承了中华美学审美特征，在内容上始终以中华传统文化为来源和根基，在传递古老又厚重的传统文化与民族技艺的同时也取得了良好的传播效果。本研究也拓展了全球化语境下中华传统文化的跨国界、跨语言、跨时空的研究范畴，为我国加强和改进国际社交媒体平台上的中华传统文化的跨文化传播带来新的启示和思考。

【参考文献】

[1] 沈壮海.中国文化形象的五个维度[N].人民日报，2016-02-25(024).

[2] 当代中国与世界研究院、凯度集团.中国国家形象全球调查报告2019[R].北京：中国外文局，2019(09).

[3] 宋玉书，刘学军.中国文化形象传播：如何建构21世纪的中国文化形象[J].中国地质大学学报（社会科学版），2016，16(04).

[4] 张毓强，庞敏.生活日常的全球化与国际传播产业化路径的探索——关于李子柒现象的讨论[J].对外传播，2020(01).

[5] 姬德强.李子柒的回声室？社交媒体时代跨文化传播的破界与勘界[J].新闻与写作，2020(03)：10-16.

[6] 仲呈祥，金雅.中华美学精神：理论与实践[N].中国艺术报，2015-09-09(03).

[7] 习近平.之江新语[M].杭州：浙江人民出版社，2007.

[8] 刘永昶.关于时空、韵律与意境——从李子柒看短视频的影像美学[J].传媒观察，2020(02).

[9] 朱立元.美学（第三版）[M].北京：高等教育出版社，2016.

略述以文旅产业促乡村振兴的价值链
——兼析周窝音乐小镇之"表里"

沈望舒[①]

(北京市社会科学院,北京,100101)

【内容提要】 扶贫攻坚与乡村振兴,是相互衔接、完整统一的国家战略。该战略重视产业支撑,主推文旅兴农,明示解决"三农问题"的中国路径:文旅赋值赋能使多地重获新生,再现"希望的田野"。河北周窝村也因此有良好的发展开端——小镇形态焕然,音乐文化洋溢。乡村文旅若谋长久强势,当夯实文化内容的"里子",着力特色文化的资源化建设;须因地制宜开展顶层设计、统筹、统管,不懈推动产品与服务的供给侧业态进步。要按照价值链规律,遵循需求导向、问题导向、绩效导向的原则,扭住"三要素",落实"六要务",通过杰出人物和活力团队,更多塑造具有文化经济魅力的产品、服务、项目、场景、品牌,凭借域内外责任、利益、命运共同体的全面奋斗,不断增优势,补短板,促振兴。

【关键词】 乡村振兴,文旅产业,周窝音乐小镇,价值链要务

一、乡村振兴,需有政策支持支撑

聚焦农村、农业、农民,集中体现了中国共产党以人民为中心的执政理念,高度反映了马克思主义中国化的实践成果。"乡村振兴"为近四年"一号文件"的时代新主题,其发展包括旅游在内的特色产业,贯穿扶贫攻坚与乡村振兴战略,擘画新时期、新阶段、新格局下农村建设的新国策。

▲2018年1月2日"一号文件"《中共中央 国务院关于实施乡村振兴战略的

---

① 沈望舒,男,北京市社会科学院首都文化发展研究中心副主任、研究员,北京大学文化产业研究院研究员。主要研究方向为公共文化服务、文化创意产业、首都文化学。

意见》，开宗明义：实施乡村振兴战略，是党的十九大作出的重大决策部署，是决胜全面建成小康社会、全面建设社会主义现代化国家的重大历史任务，是新时代"三农"工作的总抓手。明示宏志：要通过这一战略"让农业成为有奔头的产业，让农民成为有吸引力的职业，让农村成为安居乐业的美丽家园"。战略任务：到 2020 年，乡村振兴取得重要进展，制度框架和政策体系基本形成；到 2035 年，乡村振兴取得决定性进展，农业农村现代化基本实现；到 2050 年，乡村全面振兴，农业强、农村美、农民富全面实现。关于产业，文件有"大力发展文化、科技、旅游、生态等乡村特色产业"的内容。

▲2019 年 1 月 3 日"一号文件"《中共中央 国务院关于坚持农业农村优先发展做好"三农"工作的若干意见》指出：以实施乡村振兴战略为总抓手……全面推进乡村振兴。关于产业，文件专门讲"发展壮大乡村产业，拓宽农民增收渠道"；在发展乡村新型服务业部分细列"充分发挥乡村资源、生态和文化优势，发展适应城乡居民需要的休闲旅游、餐饮民宿、文化体验、健康养生、养老服务等产业"，强调"加强乡村旅游基础设施建设，改善卫生、交通、信息、邮政等公共服务设施"等保障条件。

▲2020 年 1 月 2 日"一号文件"《中共中央 国务院关于抓好"三农"领域重点工作确保如期实现全面小康的意见》，开篇总括"党的十九大以来，党中央围绕打赢脱贫攻坚战、实施乡村振兴战略作出一系列重大部署，出台一系列政策举措"等工作，又在第一部分"坚决打赢脱贫攻坚战"的结尾，要求"加强解决相对贫困问题顶层设计，纳入实施乡村振兴战略统筹安排，抓紧研究制定脱贫攻坚与实施乡村振兴战略有机衔接的意见"——反映出对乡村振兴战略的认识升级。文件用"改善乡村公共文化服务"和"发展富民乡村产业"两部分，部署农村加强文明素质和文化资源建设工作，突出建立健全各具特色的农业全产业链，用有竞争力的产业集群，推动一、二、三产业融合发展等深化供给侧改革的意志。

▲2021 年 1 月 2 日"一号文件"《中共中央 国务院关于全面推进乡村振兴加快农业农村现代化的意见》，站在"新时代脱贫攻坚目标任务如期完成"、国家踏上新征程的立场，高举"民族要复兴，乡村必振兴"和"走中国特色社会主义乡村振兴道路"大旗，要求"把全面推进乡村振兴作为实现中华民族伟大复兴的一项重大任务"，明确"实现巩固拓展脱贫攻坚成果同乡村振兴有效衔接"的思想，强调在全社会营造共同推进乡村振兴的浓厚氛围，开拓进取，真抓实干，全面推进乡村振兴……文件设"构建现代乡村产业体系"一节，铺陈依托乡村特色优势资源建设农

业"全产业链"的内容，从"建设现代农业产业园、农业产业强镇、优势特色产业集群"，到"开发休闲农业和乡村旅游精品线路，完善配套设施"，都要做到细致、周到、具体。

连续的"一号文件"，浓墨重彩地勾勒出化解中国"三农"问题的基本思路：在党的全面领导和全体人民的努力下，依靠精神积极、主体奋斗、制度优势、政策科学、产业支撑、社会保障，由消除贫困接续乡村振兴的光明大道。

二、农民脱贫致富，文旅担纲者众

乡村振兴作为庞大的系统工程，涉及内生动力、外部环境、主体能量及产业链完善等，这说明在中国解决"三农问题"是一个复杂的过程：我国幅员辽阔、气象万千，不能"一刀切"，也不可能有放之四海皆准的模板。

用文化为传统产业赋值增能，让农耕历史与中华文明"上新""出圈"，在维系农业、工业收入的同时，利用文创和旅游等辐射枢纽功能，赢得服务业新收入，是国内外具有最大公约数的选择，这是理性。近年来，在扶贫攻坚决战、乡村振兴冲锋中，很多地方实现了文旅型特色产业的崛起，这是实践。作为幸福产业和生活水平提高标志的文旅，出现在"2020年度中国全面小康乡村振兴十大示范村镇"中。2018年统计数据显示：2017年底，全国休闲农业和乡村旅游各类经营主体33万家，比2016年增加3万多家，营业收入近5500亿元。文旅兴农风起云涌，被业界描述为"井喷式"增长，更有案例演化为地方骄傲——它们的区别仅仅在于文旅产业于当地经济居主还是为辅。

案例1　宁夏贺兰山东麓以特色脱贫，靠产业+文创而振兴

20世纪末，宁夏贺兰山东麓因长期为砂石料产地而沟壑纵横，而且环境恶劣，"种玉米漏水漏沙，种小麦无法收割，栽树几天就会被吹干"。

21世纪初，"葡萄酒文化"逐渐改善了当地的严酷环境与苍凉。以新视角望去，这里身处世界公认的酿酒葡萄种植"黄金地带"——全球北纬38度线分布着众多知名葡萄酒产区；这里有着被专家推崇的地势均衡的"黄金海拔"，有着黄河水哺育、贺兰山呵护、光热风塑造等得天独厚的环境，存在着足以产出高品质葡萄酒的自然优势。

奋斗者使之番然改观："浅沟种植"的酿酒葡萄园成为宁夏贺兰山东麓最大的水土拦蓄工程，35万亩荒地从此变为美丽绿洲。这里的博物馆，不仅展示了20世纪

60年代因出土7000至8000年前的人工栽培葡萄籽而被认可为葡萄酒起源的格鲁吉亚传统酿造工艺，而且还向世人介绍了21世纪初河南贾湖新石器遗址中中美专家联合发现的，有7500至9000年历史的酒石酸沉淀物和野生葡萄籽粒。这一发现将世界葡萄酒的起源往前推千年。该域产业战略引进23个国家的酿酒师以提升管理和工艺水平，于银川市闽宁镇搭建培养人才平台——中法葡萄酒教育学院。该学院两年时间共培养出600多名优秀学生；带动农民致富——葡萄酒产业年提供就业岗位12万个，其员工工资性收入约9亿元；200多家酒庄年综合收入达261亿元，衍生出吸引60万人次游客的体验式旅游新业态……贺兰山东麓被牛津大学编入《世界葡萄酒地图》；宁夏因"可以酿造出中国最好的葡萄酒"，被美国《纽约时报》列入全球必去的46个最佳旅游目的地。

案例2　四川省五渡镇铜河村，凭生态文明与旅游共舞而小康

2015年，四川省五渡镇铜河村还是落后贫穷的同义语："入眼尽是破旧的木板房、荒芜的田地和随处可见的垃圾堆"，难避风雨的屋子里，床上散落着一些衣物，缸里盛着浑浊的水，一捆木柴是屋内唯一的"摆件"……作为铜街子水电站的库区移民村，虽然依山傍水、风景秀丽，却因思想、技术、交通、资金等方面的难题，基础设施薄弱，主导产业缺失，群众生活水平低下。2014年，建档立卡贫困户共54户139人，人均年收入不足2000元，全村贫困率为15.57%。

现在的五渡镇铜河村早已不见破败脏乱，取而代之的是水墨画般的佳境：桃花观赏带贯穿于绿树浓荫中，白墙青瓦的新居连绵，宽阔平坦的硬化路连接各家各户……与脱贫攻坚战同步的新村、产业、文化等建设工程，使村内水、电、路、网络全覆盖，有215户806人住进了有独立厨房和卫生间的新房。更重要的是，随着基础设施的不断改善，村内有了可持续发展的产业：依托库区沿岸风光及茶马古道、溶洞、"天坑"等优势资源，形成了"产业+文旅"的特色"移民古道新村"品牌。生态游、乡村游、观光游、休闲游、农业体验游诸多业态使泸沟河漂流等项目入驻，特色民宿成片，构成了集田园采摘、休闲娱乐、食宿服务、农副产品购买及加工销售于一体的现代产业链。

"有山有水，有玩有食，享慢生活"的文旅体系，使铜河村于2018年10月退出贫困村序列；2019年，铜河村的贫困户全部脱贫，全村人均可支配收入15580元，比2014年增长了5倍多。

案例3　湖南省汝城县沙洲村，借"红色"资源促文旅发力

沙洲村位于郴州汝城县文明瑶族乡东部，长期位于"老少边穷"序列，是罗霄山集中连片贫困地区成员。破旧泥泞、杂乱无章是其标签，因年轻人"出走"而导致的发展主体缺位是其窘况。

沙洲村是红军长征路上的一个村庄，是2016年10月习近平总书记在纪念红军长征胜利80周年大会上所讲"半条被子"故事的发生地。当年，有3名女红军借宿于此，她们见到沙洲村徐解秀家境贫寒，床上连御寒的被子都没有，便在临走时用剪刀把她们仅有的一床被子剪开，留下了半条。徐解秀老人说："什么是共产党？共产党就是自己有一条被子，也要剪下半条给老百姓的党。"自此，这个感人的故事传遍全国，大众逐渐知道了这个小村庄。通过政府、企业、村民共力建设"美丽乡村"的积极行动，沙洲村的面貌焕然一新：道路变得宽敞平整，房屋鳞次栉比，路边与房前有各种绿化植物。沙洲文化馆前立着"半条被子　感动中国"的大字，慕名体验红色文化者越来越多。很多外出打工的沙洲人回村创业，使更多沙洲人摆脱了贫困。通过逐步发展起来的乡村土菜馆、民宿旅店、旅游产品，350多名村民居家吃上了"旅游饭"。2017年11月中国（湖南）红色文化旅游节就是在这里举办的。

陆续建成与建设的"半条被子的温暖"专题陈列馆、民俗文化广场、红军广场、磐石公园、朱氏宗祠、红军卫生部旧址、沙洲田园综合体等文旅景点设施，为小村增辉；大力推出的"重走长征路"、特殊党课、拓展训练等团队服务项目，为特色添彩……

2018年，沙洲村实现整村脱贫出列；2019年，全村接待游客122万人次，村民人均可支配收入达到13840元。

案例4　赫图阿拉村赋民俗文化以精彩，创立中国乡村旅游模范村

辽宁省抚顺市永陵镇赫图阿拉村地处抚顺东部山区，是长白山余脉的古村落，全域面积24平方公里。村民过去长期依靠传统种植维持生计，日子过得紧紧巴巴。在全村628户村民中，有64户是建档立卡贫困户。近年来，赫图阿拉村秉承绿色发展理念，挖掘厚重的历史文化和满族民俗文化，依托世界物质文化遗产清永陵和国家4A级旅游景区赫图阿拉城在村内的资源优势，发展满族特色文旅产业，绘出了"农业强、农村美、农民富"的新形象。

村子因地制宜改革创新，以"龙头企业＋农户联动"的机制模式，注资设立民俗旅游产业发展有限公司，建起以中华满族民俗风情园、满族历史博物馆、旗袍博物馆、人参博物馆、清历史博物馆和满族民俗博物馆等为主体的厚重文化建筑群；辅以"满族秧歌""满族剪纸""满绣""八碟八碗"等非物质文化遗产和文化衍生品，并加入辽宁省冬季旅游品牌的"满族农庄过大年"等活动。游客通过观看文献、史料、实物所承载的民俗文化的介绍，体验、欣赏活态民俗，全方位感受满族人民生活的沿革、变迁、发展，体味满族风土人情文化的快乐。

2019年，村里接待游客110万人，旅游及相关产业收入过千万元。仅"满族农庄过大年"这一活动就吸引各地游客超过35万人次，生生造出一个北方冬季旅游的新热点。当年，全村人均年收入升至3.22万元。建档立卡的177个贫困户，人均收入8689元，并于2020年全部脱贫。外出打工多年的人纷纷返乡，即使不算经营农家乐的家庭，全村也有30%以上的村民在吃"旅游饭"。

……

事实证明：产业兴旺是乡村振兴的必然，文旅发展是农民致富的财路。只要通过真诚、奋斗、努力，不靠输血靠造血，因地制宜以特色优秀文化武装村落，就可以创造出绿水青山变金山银山、穷窝土窝变金窝银窝的幸福奇迹。

三、音乐小镇起兴，工业赴文旅继

奇迹也出现于河北省衡水市武强县的一块贫瘠土地上。多年来，周窝村都是国家级贫困县中的一员。周窝村位于华北平原，有256户村民，总计959人。该村的贫穷落后，在21世纪初时仍由表及里，表现在方方面面。"表"，即满目的环境脏乱——村子道路坑洼、污水横流；"里"，即明摆的无奈弱势——每两天仅一个小时有自来水，集体实力和村民收入低下。外来者说，来到周窝村，"如坠入原始生活"。

奋斗让"穷窝窝"化作"金窝窝"。2020年10月，周窝村已呈现另一番"表里"。随镇政府工作人员漫步横竖干道之永兴街、平安路，辐射四方的传统平房及院子整洁美观，错落有致；音乐主题的装饰散发出文化风貌的谐趣创意。核心街口镶有"中国周窝·音乐小镇"铜地牌；萨克斯公社、原创音乐公社、手工吉他工作室、麦穗咖啡屋（内设小镇音乐人演出）、提琴体验馆、音博瑞乐器、音乐会馆等字号，与赋格书院、年画坊等文化凝聚地"摩肩接踵"；大小设台广场用图片栏、构筑物、横标与小品等倾诉过往。路铺街店墙壁以卡通形象、中外金句、定向广告等彰显风格，人行便道以生动铜雕、拟态植塑、乐器状灯杆等渲染气氛……高于时尚"颜值"的，是现代生活品质走入村民家庭的脚步：2019年，小镇吸引游客超百万人次，实现旅游收入过亿元，村民人均年收入突破1.9万元；几条小巷正在挖沟施工——村民冬季将享受"集中供暖入户"……

周窝村有了良好开端，小镇俨然"有模有样"，我们应关注今日成就的过程。

两段发展史汇成一条价值链，不同产业共谱振兴。21世纪的头个十年，由通达乐器厂到金音乐器集团，实业崛起，主题诞生；小镇管乐器产量居全国第一、世界第二，反映出规模化产业营收，交易集散地结交四海的业缘。第二个十年，因声名鹊起、业界实力、上下游热络，加上多方有共同愿景，小镇引入北京璐德文化公司，推行"政府主导＋市场运作"模式，实施建设音乐小镇、促使教育与乐器生产融合，联手国家级音乐组织举办活动等举措，开辟以文旅产业创新面貌的新阶段。特色价值壮名气，升人气，带动小镇斗转星移。

乐器生产制作是经济支柱，是关联小镇起兴的底气、主力与基础：询政府公务员，访萨克斯公社、手工吉他、年画坊从业者。

"金音"是情系过往的高频词，侧重于历史。村民多与之有不解之缘，表现为喜怒哀乐的回忆诉说，穿插着刻骨铭心的共时生涯。金音硬实力在西部外围的大面积多块状厂区都有印证。雄踞小镇西北角的以开盖三角钢琴为奇特造型的世界乐器博物馆是更有力的证明。世界乐器博物馆拥有6000多平方米展陈，并凭借集团创始人捐赠物的珍贵与阵容而傲视国内：最早的西洋管弦乐器有数百年历史，总量煌煌数千件。馆内有金碧辉煌的欧式音乐殿堂背景，有名人名器的历史详述，有集乐器展示、测试、体验、培训、演出于一身的服务。小镇博物馆的建设不输世界大都市博物馆，其音乐主题的物质文明系统化、专业化，足令徜徉者叹为观止。

"璐德"是围绕变局的高频词，侧重小镇新态。村民曾经从事第一产业，干过第二产业，现在正沐浴着具有文化传播性质的第三产业的洗礼；他们正经历着以价值符号为旗、集体人格为范、生活方式为基的新一轮文化再造。璐德，主导了旧貌换新颜，保留民宅结构，"附着"音乐文化主题，让街道、院落、郊野等凸显音乐元素。璐德，根据"一门一景、一户一品、体现灵性、各具特色"的原则，生成音乐业态民居院落近百套，依规划吸引各类资金认领改造小院80余套。璐德，彰显艺术教育主业，艺术学校分级于周窝、武强、衡水，拥有3名乌克兰外教在内的近百名教师，培育了怀揣音乐梦的数百名乡土少年。其中，有4位佼佼者因作曲、器乐成绩优秀，近几年进入维也纳音乐学院深造。周窝艺校高中部的建筑有"立德、树人、博学"的宏远，还有"从这里——步入人生音乐艺术的殿堂"之具象。璐德，2013年始办培训班,传授百余名村民演奏西洋乐器,择优签约于主题店铺。璐德,联手"北大青鸟"运营"音乐体验中心",如阶梯式400余席音乐厅、Find智能钢琴体验教室、儿童爵士鼓教室、幼儿打击乐体验教室、音乐生活馆等。游人穿行其中都惊羡不已,因为即便一线城市,恐也难有如此精良的硬件设施。璐德,借助小镇与各级音乐组织合作承办的音乐节,大大提升了周窝村音乐主题方面的社会美誉度。

各级政府的关注、支持,"金音"产业的底蕴、实力,"璐德"文化的谋划、服务,共促周窝"音乐小镇"崛起。络绎不绝的人群,佐证了文旅促进乡村振兴的绩效,为物质与精神同步的特色新农村建设积累了经验。

四、文旅持续强势,须完善价值链

破题可喜,开端可贺。不过,"行百里者半九十",谓真正成功之不易。强势且持久吃好文旅产业饭,尚亟须系统考量。其中,包括冷静分析、问题导向,实事求是、绩效导向,科学施策、目标导向。

细思农村之种种风貌游、乡情游、民俗游,对照"旅游是对内容意义的文化消费"境界,可知不少乡村旅游尚滞在初级阶段。人们常遇冠以概念的跟风、浅薄无趣的安排、简陋粗粝的场景、难言愉悦的体验,即便资金、科技砸出"光鲜",包出"氛围",仍泛着挥之不去的隐忧。我们肯定周窝崛起,但也毋庸讳言其"表强里弱"的事实,比如领域性缺失、补短板、解难题等。

谈"吃",若非填饱肚子,而只是享受口娱之乐,基本无望——街上餐馆少,开门营业的更少,能算风味儿的未见。据说,某活动期间曾招商办过"美食街",败而无后。说"住",所推的"民宿"无"民",无房东缺邻居的孤闭、无历史无故事的室内装饰、低标准旅店式冷冰冰的设施,仅剩室外的刻意。论"游",因为"有心人"的规划设计建设,初到者可观处不少,村容村貌亮点频频。不过一圈下来,你会觉得除去"看",可参与、互动、娱情、沉浸的体验不多,萨克斯公社大嫂的一曲吹奏算是"孤品"。夜幕降临,更剩一派清冷……分享文化、扩大消费尚"待字闺中"。从资源到项目,从产品到产业,仍面临成长成熟的漫漫长路:价值链的不完整不完善、营收窗口的少且不靓,为阻碍乡村文旅之歌唱响的大坎。

美国哈佛大学商学院的教授迈克尔·波特于1985年提出价值链概念。他将互不相同但又相互关联的生产经营活动所构成的创造价值动态过程,称为价值链。操盘主体通过系列化的两类活动创造价值,一类指产供销体系的基本活动,一类指研发、设施及人财物体系的辅助活动。价值链分上下游：上游（制作等）的中心是产品，下游（营销等）的中心是顾客。价值链各环节并非都直接生成价值，人们视直接价值为"关键"环节，借它们可掌控整个价值链。价值链渗透经济活动全程，"竞争"归根结底是价值链竞争，这与当下强调"系统"异曲同工。价值链的综合竞争力，标识一地、一企、一项目的竞争力须要解决。周窝，无论是产品的门类、质量，还是对顾客的满足、服务，都有价值链课题须解。

文旅产业高度依赖价值链，其神韵尽在价值链。第一，要重视"文化+"与"+文化"的以文化人、化物、化事的资源化建设，从而为传统产业、固有景观、地域生活增值赋能，让项目因为有"故事"而具独特价值、靓丽颜值、经典峰值，即国家《十四五规划和2035年远景目标纲要》所要求的"以文塑旅"。第二，要深悟"旅游+"与"+旅游"的枢纽机制，将经过资源建设而优化的人文、自然等内容群落，转化为需要的社会和经济效益，即"以旅彰文"。第三，要具备以"共同体+"与"+共同体"的顶层设计思维、顶层统筹行动，变点线状碎片化小文旅、少产品低服务的弱文旅，为全域共生共力、多层级、沉浸型的强文旅；凭借不断开枝散叶、良性延伸的价值链，以取得就业、增收、幸福的共同富裕成果。这就是文旅业价值链的"跨界"性，国际著名"1∶4"带动力之三要素。

2021年，习近平总书记在广西考察时，强调"全面推进乡村振兴，要立足特色资源，坚持科技兴农，因地制宜发展乡村旅游、休闲农业等新产业新业态，贯通产加销，融合农文旅，推动乡村产业发展壮大，让农民更多分享产业增值收益"。我们从中可以发现发展文旅与乡村振兴及特色资源，与产业兴农及农民增收等方面的诸多长短价值链。发展文旅产业价值链，既要抓三要素等"关键环节"，还要重视需求侧和供给侧之"六物"。

（一）瞄准"需求侧"，建设文化消费者之心仪"三物"

1. 有富于思想凝聚力的吸引物。文化的核心在于文明先进性、吸引力所具有的社会感召动员能量。创新、高位、真理、时尚诸性皆备者，会产生远大于物质利诱的磁石效应。吸引物是第一资源，代表高度和实力，是人们最终选择"这个、这里"而非其他的理由。周窝应在初有氛围、表面"形似"的基础上，塑造具有国内国际影响力的"音乐人温馨家园"，以吸引主题学习者、谋生者、从业者云集，凝聚音乐文化机构、峰会、活动荟萃等。

2. 有具备文化软实力的提供物。文化经济效益的夯实，在于当人们因吸引物乘兴而至后，确保能与所需之物相逢。供应代表应创新理念、成功实践，使经验有利于文明互鉴和科学操作,令来访者携心仪物满意而归,是责任也是考验。提供物决定核心业务的可持续性,代表文化引领的底蕴内力。周窝需借金音"乐业"、璐德"教业"、村民"事业"等魅力,采取短视频、"剧本杀"等形式进行传播,在村内匹配有故事和圆梦型的沉浸式体验场景、项目群等。

3.展示有价值的获得物。文化品质的高低取决于消费者因吸引物而来、携提供物而去后,心中沉淀的美誉度、幸福感。通过有高度有温度的文化产品和服务体验,有感动有收获的主题消费经历,消费者既获超值享受,又绘社会观感。获得物决定一地文旅业的功能品牌,关系影响力辐射半径。周窝应鼓励村内各类文化生产力主体超越雇佣者或从众者的被动,用讲述、乐声、表演等传播生产者的快乐,让"小镇是个好地方"的口碑远扬。

(二)着力"供给侧",建设文化产业之核心功能"三物"

1.杰出的领军人物,指基于人才,高于人才,使领域、产品、服务、项目成功领衔于时代的能量领袖,学业、事业、产业会因其而熠熠生辉。人物为群落的主心骨、火炬手、凝聚剂,当价值链各要素环节、各重要岗位,多有作为生产力主体的优秀代表,多有想干事、能成事的核心人物时,优育团队才能见效,品牌性文化供给才能生机勃勃。周窝有周国芳、陈学孔奠基金音制造,有董玉戈女士催生音乐小镇……在以"高质量发展为主题""供给侧改革为主线"的新时期,主题文化资源化建设,特色旅游枢纽功能强化,利益命运共同体机制的健全,项目的魅力化、科技化、集成化——从神魂道价值载荷到器术法的价值含量,都在呼唤有更多"人物"、专业团队、诚意主体的涌现与担纲……

2.美好特质风物,常喻具有一定特点特色的场域性文化气候,关联场景理论。其由团队形象、业态环境、模式机制、历史印迹等构成。好的文创产业风物是视觉、听觉、触觉皆可感,使"自己人"痴情、外来者钟情的复合景观,是让民众深感幸福的人文风貌。场景蕴含的价值观与生活方式,有吸引创意阶层、聚集文化资本的能量,能作为外化符号塑建个体行为,激励产业活力。周窝当借前期的上升阶梯,继续塑造由浅入深的文化内容,让村民、员工和店铺、民居等,拥有记忆,承载历史,代表情趣,展现美好;使制度、活动、场所、情景、事件等,散发出令人们愿意来看看的亲切,并诱导人们产生到此生活、就业乃至投资的愿景,催生出使"吸引物"中理想与虚拟迅速物化之可喜情态……

3.精彩标志事物。多指有魅力的品牌对象,大者如理论、制度、道路,中者如标志性、经典化的事件或企业,它们反映"神魂道"的价值,体现"器术法"的妙境；小者如创意创新创造的结晶——产品、服务、项目。文旅产业说到底凭借价值成果于市场行走，依靠规模化目标消费群的认知、认同、认购称雄天下。至于周窝，其所有市场主体，必须始终秉持靠项目卓越而安身立命的意识。不妨做强小镇数字化建设：毕竟想清楚才能说清楚，说清楚才能干清楚，尝试用不断完善的虚拟充当实干与传播的推演者；着力做强制造"观光"、教育"体验"、文化"服务"等项目的价值链，例如推出 7 至 15 天的沉浸式研修消费菜单与入村体验预定机制；持续认真打出主题文化会展与经典活动的品牌增值组合拳。

总之，乡村振兴的国略和文旅产业的国策，经过脱贫攻坚阶段的实践，有大量成功案例证明其正确性、普适性与能量。新时期乡村文旅的健康发展，要扭住完善"价值链建设"的牛鼻子，以资源化、枢纽化、共同体三要素的建设统大局，以消费侧和供给侧的六要务科学运作为抓手，从而全面提速国家"以文塑旅、以旅彰文，打造独具魅力的中华文化旅游体验"目标的实现进程。

《归园田居》与乡村美学设想
——从文化产业角度阐释陶渊明诗

肖 鹰[①]

(清华大学人文学院,北京 100084)

【内容提要】 在"乡村振兴"的大背景下,着眼于文化产业开发的"乡村打造"运动对乡村美学建构提出了迫切要求。无疑,在中国诗歌传统中,陶渊明开创的田园诗创作为乡村美学建构提供了意蕴丰厚的文化资源。本文从陶渊明的《归园田居》的美学阐释着手,尝试探讨乡村美学建构的大纲。本文认为:其一,乡土美学的核心主题是从当下向历史、从都市向乡村的双重回归;其二,乡土美学以村落为主体意象;其三,乡村美学以眷恋乡土为情感底蕴;其四,乡村美学以道家自然哲学为精神内核。

【关键词】 乡村美学,陶渊明,乡村振兴,文化产业

进入 21 世纪,伴随着中国社会现代化和全球化的深化发展,"乡村振兴"日益成为一个迫切而持续的中国社会发展的基本性战略课题。无疑,"乡村振兴"是一个综合性的系统工程。在着眼于文化产业开发的"打造乡村"已然成风的局面下,从美学层面探讨"乡村振兴"的文化重建思路,是乡村振兴战略构建不可或缺的关键环节。这个环节,我们可以概括为"乡村美学建构"。

从整体上讲,"乡村美学建构"应当在传统与现代、本土与国际这两个纵横交织的坐标系上确立基本视野。更准确地讲,乡村美学的定位,应当以着眼于现代和国际,立足于本土和传统为基本思路。这是因为,正是现代化和国际化的发展,对乡土生活和乡村文化提出了严峻挑战,乡村振兴才成为国家层面的基本社会课题。这

---

① 肖鹰,男,清华大学人文学院哲学系教授。主要研究方向为美学、文化批评。

也是乡村美学建构的前提和基本语境,并确定乡村美学的核心主题是双重回归:从当下向历史的回归,从国际化都市向乡土家园的回归。

中国古代社会的文化遗产,为乡村美学建构提供了丰富的文化资源。陶渊明开创的田园诗歌传统,为乡村美学建构提供了具有美学纲领意义的诗歌意象。作为在东晋末年弃官归田的隐逸诗人,陶渊明以其诗歌和辞文对乡村美学的思想主题和美学意象进行了奠基性营造。《归园田居》(五首)是其约124首传世诗篇中,乡土主题诗的纲领性诗篇。这五首诗虽然不是陶渊明有意谋略,但细致赏析,它们确实呈现了完整的乡村美学构架。因此,解析《归园田居》的美学义理,对于乡村美学建构具有蓝图规划意义。

一、乡土与诗意:《归园田居》解析

费孝通在《乡土中国》一书中指出,乡村生活铸就了"乡土本色",即在相对封闭的活动空间中,在人员缺乏流动的熟人社会中,人们靠土地谋生因而眷恋土地。费孝通说:"农业和游牧业或工业不同,它是直接取资于土地的。游牧的人可以逐水草而居,飘忽不定;做工业的人可以择地而居,迁移无碍;种地的人却搬不动地,长在土里的庄稼行动不得,侍候庄稼的老农也因之像是半身插入了土里,土气是因为不流动而发生的。"①

所谓"土气",是指城里人对乡下人的传统看法。它所表示的正是农民对土地的基本依靠关系和深厚的情感特色。乡村生活既依赖于环境,更依赖于农人特有的生活情怀,这才有独特的乡土诗歌境界。在中国诗歌史上,陶渊明的诗歌创作不仅开了"田园诗"的先河,而且他以敏锐的视角和透彻的感悟向后世展示了一幅新鲜活泼、亲切自然的乡土诗歌画卷。我们将陶渊明的田园诗和费孝通所论的"乡土本色"相互印证,可以说是神理凑泊,诗文相彰。据已知文献,陶渊明传世的诗篇仅120余首,其中以吟诵田园生活的居多,《归园田居》可作为其田园诗境的代表性诗篇。

《归园田居》为陶渊明辞彭泽令之后的第二年,即公元406年所作。园田居是陶渊明童年的故居,在庐山(南山)脚下。陶渊明时年38岁,他彻底告别了十余年间仕隐轮替的生活,从此归隐故里,直至20余年后离世。②《归园田居》包含五首诗,可分为三组,即《归园田居·其一》为第一组,《归园田居·其二》《归园田居·其

---

① 费孝通.乡土中国[M].上海:上海人民出版社,2007:7.
② [晋]陶渊明.陶渊明集校笺[M].龚斌校笺.上海:上海古籍出版社,2019:93.

三》为第二组,《归园田居·其四》《归园田居·其五》为第三组。第一组,表达了诗人回归田园的愿望,同时描绘了田园生活的景象。第二组,写田园生活的隐逸情趣和农作心绪。第三组,写诗人从感怀历史而回归当下田园生活。

    归园田居·其一
   少无适俗韵,性本爱丘山。
   误落尘网中,一去三十年。
   羁鸟恋旧林,池鱼思故渊。
   开荒南野际,守拙归园田。
   方宅十余亩,草屋八九间。
   榆柳荫后檐,桃李罗堂前。
   暧暧远人村,依依墟里烟。
   狗吠深巷中,鸡鸣桑树颠。
   户庭无尘杂,虚室有余闲。
   久在樊笼里,复得返自然。[①]

  《归园田居·其一》这首诗,可以看作陶渊明辞官归隐的导言式的诗篇。开篇六句"少无适俗韵,性本爱丘山。误落尘网中,一去三十年。羁鸟恋旧林,池鱼思故渊",首先声明自己天性爱好自然山水,不能适应对世俗功名的追求,继而以离乡任吏为"误入尘网",表达自己辞官归田之心,如笼中鸟、池中鱼对林野和江湖的企盼。从第七句到第十六句,以白描的手法,具体抒写归隐后的田园生活。"开荒南野际,守拙归园田。"这是写其归隐的境况,显示了家境的贫寒和甘于俭朴的心意。"榆柳荫后檐,桃李罗堂前。暧暧远人村,依依墟里烟。狗吠深巷中,鸡鸣桑树颠。"这六句诗描绘出一幅鲜活、恬适的田园乡居画面。自然的繁茂、村落的疏离和家禽的活跃,孤寂中见生气,恍惚处示真意。它不仅生意盎然而令人欣喜,而且亲切悠闲而给人以自在逍遥。"户庭无尘杂,虚室有余闲。久在樊笼里,复得返自然。"结尾这四句将归隐田园的生活集中于清净自在、悠闲从容的境界中,这境界是人生的彻底解放,是本真的大归属——从樊笼中解放出来,回归人生本原的自然。

[①] 本文引用《归园田居》五首,原文来自龚斌校笺的《陶渊明集校笺》(上册)[M].上海:上海古籍出版社,2019:91-102.不一一注释。

结尾与开篇相呼应,鲜明地表达了诗人以脱离官场、回归田园故土为自我人生返璞归真、身心释放之道的心志。

  归园田居·其二
  野外罕人事,穷巷寡轮鞅。
  白日掩荆扉,虚室绝尘想。
  时复墟曲中,披草共来往。
  相见无杂言,但道桑麻长。
  桑麻日已长,我土日已广。
  常恐霜霰至,零落同草莽。

  归园田居·其三
  种豆南山下,草盛豆苗稀。
  晨兴理荒秽,带月荷锄归。
  道狭草木长,夕露沾我衣。
  衣沾不足惜,但使愿无违。

  《归园田居·其二》写归隐生活的隐居境况。"野外罕人事,穷巷寡轮鞅。白日掩荆扉,虚室绝尘想。"这四句诗写山村生活的简单、纯朴,与外界人事无涉(罕人事),与官贾不相交往(寡轮鞅),因而得到清静自在的居处(白日掩荆扉),空灵纯粹而不作世俗之想(虚室绝尘想)。《归园田居·其一》写"户庭无尘杂,虚室有余闲",《归园田居·其二》再写"白日掩荆扉,虚室绝尘想"。两首两用"虚室"二字,一因"虚室"而"有余闲",一因"虚室"而"绝尘想"。这是强化表现归隐生活的本质在于消除尘俗之累而复归空灵自在之境(虚室)。空灵自在,即"有余闲"和"绝尘想"。"时复墟曲中,披草共来往。相见无杂言,但道桑麻长。"乡野生活的交往,只是涉足于村落(墟曲)之间的盘桓,因为疏于行走,道路上野草丛生,相互往来要拨草(披草)开路。村人相谈,皆是农家生活之事("无杂言"),尤其关切的是庄稼的长势("桑麻长")。"桑麻日已长,我土日已广。常恐霜霰至,零落同草莽。"日月推移,桑麻渐渐长高了,在南边开垦的土地也扩大了。在这样的境况下,别无忧虑,只是担忧冰雹降临,将桑麻摧折,若此,这一季的辛劳就被糟蹋了。

  《归园田居·其三》写隐居生活的劳作。开篇两句:"种豆南山下",单写种豆,可见耕种的品类不多;"草盛豆苗稀",则预示了收成不好。"晨兴理荒秽,带月荷锄归。"这十个字,写尽一日劳作辛苦。"晨兴理荒秽"上接"草盛豆苗稀",为了一点企望中的可怜的收成,天一亮就出门去劳作了;"带月荷锄归"写劳作一天,月亮升起来,才扛着锄头归家。然而,"带月荷锄归"又简约而清晰地描绘出农人辛劳一天之后的悠闲和自足。在归途中,《归园田居·其一》中的"暧暧远人村,依依墟里烟。狗吠深巷中,鸡鸣桑树颠"的景象,无论他是否亲见,一定活跃在他的心中。因此,这个"带月荷锄归"的意象所表现的归家的希冀和欣悦,是成语"披星戴月"所不具有的。"道狭草木长,夕露沾我衣。"这是静寂的田野,悠长的回归,归家者以敏锐的触觉,感受着道间草木的茂盛气息——他身上劳作的汗迹尚未脱干,又感受到了草尖夜露沾衣。"衣沾不足惜,但使愿无违。"农人是"插足于土地"的。他没有条件,也不会对泥土、雨水侵染手足、衣裤有所惜惧。农人在土地上"侍候庄稼",他的愿望就是春播、夏作、秋收和冬藏,一年有好收成。"但使愿无违",这最素朴的愿望,是农人的本分,因为守这本分,农人生长于斯,耕作于斯,也归返于斯。

　　归园田居·其四
久去山泽游,浪莽林野娱。
试携子侄辈,披榛步荒墟。
徘徊丘垄间,依依昔人居。
井灶有遗处,桑竹残杇株。
借问采薪者,此人皆焉如?
薪者向我言,死没无复余。
一世异朝市,此语真不虚。
人生似幻化,终当归空无。

　　归园田居·其五
怅恨独策还,崎岖历榛曲。
山涧清且浅,可以濯吾足。
漉我新熟酒,只鸡招近局。
日入室中暗,荆薪代明烛。
欢来苦夕短,已复至天旭。

《归园田居·其四》写一次"山泽游"。"久去山泽游，浪莽林野娱。"陶渊明是喜好"山泽游"的，久违之后再游，林野的广袤就给他心旷神怡的欢娱。"试携子侄辈，披榛步荒墟。"穿越丛林，由林野而至荒墟，这也许是不期然而至，但更可能是"山泽游"包含的预定项目。"徘徊丘垄间，依依昔人居。井灶有遗处，桑竹残朽株。""丘垄"，即坟墓。在坟墓间徘徊，还可依稀见到昔人居所的遗迹，桑竹枯朽，井灶残破。"借问采薪者，此人皆焉如？薪者向我言，死没无复余。"诗人询问："那些曾在这里居住的人，如今在哪里呢？"砍柴的人告知："这些人全部死去了。"然而，诗人并没有追问这些人是因何而死去的。"昔人居"沦陷为"丘垄间"，既可以是天灾，也可以是人祸。但陶渊明既不询问，也不推测。他认定并接受人的生死之命。"一世异朝市，此语真不虚。"30年为"一世"。30年间，朝廷与街市都将变换。"人生似幻化，终当归空无。"对于陶渊明，"人居"变"丘垄"，正如朝市之变，是自然运化的必然结果。人生在世，不过一次山泽之游，始于人居，归于坟墓。这是一场幻化，本质是空无。

《归园田居·其五》写山泽游归来。"怅恨独策还，崎岖历榛曲。""人居"化成"丘垄"的感怀，依然惆怅于心。独自拄着拐杖走向归途，在崎岖的荒径上穿越曲折的丛林，更添一层人生艰辛的感慨。终极讲，人生幻化而空无。但既生于世，现实的真切正以其艰辛逼近自我。"山涧清且浅，可以濯吾足。"穿越丛林，一条山溪却以它清浅的倩影给予疲劳、惆怅的陶渊明意外的慰藉和净化。"可以濯吾足"，又岂止于足？在清流濯足之后，尘虑尽消，忧心澄明。"漉我新熟酒，只鸡招近局。"归家之后，邀请邻居宴聚。新酿的酒还没有过滤，用仅有的一只鸡款待客人。这是一次窘困的宴请。但是，主人并不尴尬，客人也不以为怠慢。"日入室中暗，荆薪代明烛。"日落后的房舍阴暗了，没有钱买蜡烛的主人点燃柴棍照明。可以想见，在主人简陋的房舍中，相聚的乡亲是多么亲切、恬淡，絮絮叨叨的酒话，消磨着四野沉寂的乡村夜晚的时光。"欢来苦夕短，已复至天旭。"在酒意豪迈的阔谈中，遗忘时光的乡亲迎接又一天旭日的出现，即将开始又一天的劳作。日出而作，日入而息。这辛苦与自在交织的农人生活，就是陶渊明颠沛于世之后失而复得的自然。

二、乡村美学建构大纲：《归园田居》的启示

陶渊明的《归园田居》蕴含着乡村美学的主旨纲领，可以初步概括如下。

其一，乡村美学是一个回归的主题。这个回归具有双重意义。一是物质意义上

的回归，游子回归故土；二是从追逐功利的入世生活回归纯朴自在的心灵生活。

《归园田居》将归隐故乡定义为从功利社会的"尘网"中获得解放，是羁鸟归旧林，池鱼返故渊。乡土生活是在单纯的血缘和固定的地缘上进行的，人员相对固定。这样的生活环境不仅为居住者提供了熟悉、稳定的社会关系，而且在血缘和地缘两个层面都强化了居住者的认同感和归属感。回归乡土，不仅减除了外界复杂的社会关系（尘网），而且将个体生活重新植入血亲和乡土的本原性统一中，使个体身心均在这种统一中重新获得本原性的保护。在乡土中获得身体的安全和心灵的自由，这就是陶渊明所说的"复得返自然"。

其二，乡村美学是以村落为主体场景的。村落是乡土生活中的基本民居环境，村落场景为乡村美学奠定了主体意象。这个村落意象，是范围局限而情义充盈的境界。

依据不同的自然环境和历史沿革，村落的构成大小悬殊，从三家村到千户大村不等。但是，因为农业耕作的特点，村落的规模普遍偏小。村落作为乡土生活时代的基本社区，不仅以血缘为纽带，而且以地域为限制，构成了社群关系和地源关系上的相对疏离和隔膜。费孝通将乡村之间的"隔膜"定义为一种乡土文化的基本境况。他说："乡土社会的生活是富于地方性的。地方性是指他们活动范围在地域上的限制，在区域间接触少，生活隔离，各自保持着孤立的社会圈子。"[①]

在《归园田居》中，陶渊明概略而真切地描绘了村落的狭小和疏离。"方宅十余亩，草屋八九间。榆柳荫后檐，桃李罗堂前。"这是他所栖居的园田居村落的规模和格局。"暧暧远人村，依依墟里烟。""野外罕人事，穷巷寡轮鞅。"这里描绘了园田居与其他村落之间相互疏隔的境况。这样的境况，令人想到春秋时代老子所描绘的"鸡犬相闻，老死不相往来"的"寡国小民"状态。疏离与隔膜，构成了空间和心理的双重屏障，它们赋予村民在相互认同和信任的环境中眷恋乡土、重情守义、纯朴而现实的生活。"时复墟曲中，披草共来往。相见无杂言，但道桑麻长。"在村落中或村落间的交往，是熟悉者之间的自然往来。"披草共来往"，自然的繁茂与乡亲间的殷勤是相互映衬的；"但道桑麻长"，乡亲间的交往是非功利、无目的的，是乡亲情义需要的自然交往。费孝通说乡村情感是一种"有机的团结"，相对于城市或工业化社会的"机械的团结"。"机械的团结"，是以功利为目的的、社会契约或法制化的组织。乡村的有机团结，既是素朴单纯的，也是亲切自然的。"日入室中暗，荆薪代明烛。欢来苦夕短，已复至天旭。"这样的会饮欢悦简朴之至，然而，正是在

[①] 费孝通.乡土中国[M].上海：上海人民出版社，2007：9.

这极致的简朴中，人之为人的生之情愫得到了滋养和张扬。

其三，乡村美学以深刻的土地意识为基础，发扬眷恋土地、殷勤耕作，与山泽草木、禽鸟相依共生的情怀。这是一片鲜活灵动的天地。

《归田园居》（五首），共计六十句，全诗未涉及高山大川和旷野苍穹。"久去山泽游，浪莽林野娱。"这是一次离村出游，但不是一次远游。"怅恨独策还，崎岖历榛曲。"这是一日往返的山泽游。"时复墟曲中，披草共来往。""道狭草木长，夕露沾我衣。"时常行走在村落与土地之间，行走的目的不是游览而是乡亲之间往来和耕作出入。"披草共来往""道狭草木长"都不是观光，而是农家生活中切实的体验，这当中有汗水、伤痛、焦虑。但是，这又是农家人成年累月坚持休养生息的信念和希冀所在——因此，他们的生活是坚实的。"常恐霜霰至，零落同草莽""衣沾不足惜，但使愿无违。""常恐"与"但愿"之事，即在这有限的土地上，以殷勤耕作使一家人得以生息繁衍。费孝通说，"在乡土社会中，个人的欲望常是合于人类生存条件的"。①农家人的欲望是由他们生息所居的土地所培育的，这构成了属于他们的文化。"暧暧远人村，依依墟里烟。狗吠深巷中，鸡鸣桑树颠。"这样的乡村生活画面是旁观者所不能描绘的，因为它并不是一片供外来者驻足观赏的景观。它是真实的农家生活，是由身在其中，而且具有一颗素朴自然的生活心灵所提炼结晶的。②

其四，乡村美学具有以道家自然哲学为内核的深厚的人文底蕴，它不仅将土地、居所、山泽、草木、禽鸟和人融合一体，而且赋予这个整体有机的生命关联和自然循环的无限绵延。因此，乡村美学不仅是关于田园风光的审美意识，而且是基于"自然"生命观的生命美学。

《归园田居》（五首），两用"虚室"一词。"户庭无尘杂，虚室有余闲。""白日掩荆扉，虚室绝尘想。"道家为申达"自然"之里，讲"无"，讲"虚"。老子讲"道冲，而用之久不盈。""当其无，有器之用。"③庄子讲："气也者，虚无而待物者也。唯道集虚。虚者，心斋也"。（《庄子·人间世》）"虚室"一语即出于《庄子》。"瞻彼阕者，虚室生白。"（《庄子·人间世》）在《归园田居》中，"虚室"当兼

---

① 费孝通.乡土中国[M].上海：上海人民出版社，2007：78.
② "狗吠深巷中，鸡鸣桑树颠"，出自古乐府诗《鸡鸣行》"鸡鸣桑树颠，狗吠深宫中"。陶渊明颠倒两句顺序，且改"深宫"为"深巷"，改"高树"为"桑树"。陶诗显然更具天然生动之色。陶渊明.陶澍集注，龚斌点校.《陶渊明全集》，上海：上海古籍出版社，2015：27.
③ 朱谦之.老子校释[M].北京：中华书局，1984：44.

有乡居的清净和内心空灵双重意义,所以称"有余闲""绝尘想"。但是,"有余闲"和"绝尘想"不是虚空寂寞、阴沉消极。"虚室生白","白"是归于大道之"无",是"万物之化",即"天地与我并生,万物与我为一"的无限境界。① 所以,乡居的"余闲"和"绝尘想"不是生命的消极困守,而是"课虚无以责有"②,是生命的解放和无限开拓——"久在樊笼里,复得返自然"。

以道家哲学开拓的乡村美学,是"虚室生白",换言之,是"从无到有",即摆脱功利世俗网络之后的"复返自然"。这就需要解决一个问题,即乡土生活的终极价值是什么,人生归属何在。《归园田居·其四》这首诗,是以凭吊沦为坟场的乡村直面人生的终极问题。久违的山泽游,仅一句"浪莽林野娱",即转入对荒墟的凭吊。"借问采薪者,此人皆焉如?薪者向我言,死没无复余。"对此地居民去向的追问,是一种朴实的生命关怀。当得到回答是此地居民全已死亡之后,他并没有进一步追究他们死亡的原因。"一世异朝市,此语真不虚。"这是承认人世倏忽变幻的历史进程。"人生似幻化,终当归空无。"这是更进一步认同人生在根本意义上的无常变幻,并且终归于无的道理。陶渊明完全继承了庄子的生命观。"死生,命也,其有夜旦之常,天也。"(《庄子·大宗师》)在这样的命运观下,生死不仅是自然之常态,而且根本的"幻化"和终归于"空无"并不是自我存在的悲剧,相反,自我在自然造化运行中获得了无限的意义。"今一以天地为大炉,以造化为大冶,恶乎往而不可哉?"(《庄子·大宗师》)

因此,乡村美学既不向外企及一个广大的世界,也不向未来寻求一个终极的归宿,而是安时处顺,生息于乡土的自然自在。"开荒南野际,守拙归园田。"这可谓庄子之所谓"藏天下于天下"的生命意识。(《庄子·大宗师》)"日入室中暗,荆薪代明烛。欢来苦夕短,已复至天旭。"昼夜晨昏的更替,劳作与栖息的轮换,自然与自我之间在时间的绵延之中实现统一,但也在时间的绵延之中完成了我对时间的克服和超越。这是因为"我属于时间,我顺应时间",所以我在时间的每一个属于我的当下成为自然之"无"——绝对而且无限。因此,乡村美学是当下性的,是在此时的此地。

在道家自然哲学的时空、生死意识的灌注下,乡村美学在有限的乡土空间中绵延时间,又在无始无终("方生方死,方死方生"——《庄子·齐物论》)的时间

---

① [清]郭庆藩撰,王孝鱼点校:《庄子集释》(第三版)上册[M]. "人间世"和"齐物论"两篇,北京:中华书局,2012. 后引庄子语录,仅文中夹注《庄子·X篇》
② [晋]陆机. 文赋集释[M]. 张少康集释. 北京:人民文学出版社,2002:89.

中激活空间,将乡居生活展现为一片在时间中超时间,在空间中超空间的大化天地。庄子说:"死生存亡,穷达贫富,贤与不肖毁誉,饥渴寒暑,是事之变,命之行也;日夜相代乎前,而不知能规乎其始者也。故不足以滑和,不可入于灵府。使之和豫,通而不失于兑;使日夜无郤而与物为春,是接而生时于心者。是之谓才全。"(《庄子·德充符》)

王羲之的《兰亭诗》写道:"至矣造化功,万殊莫不均。群籁虽参差,适我无非新。"① 王羲之的诗意正是庄子此段借"仲尼曰"所阐述的生死观、时空观的张扬。"适我无非新",正是"与物为春"之境界。陶渊明的《归园田居》正是庄子生命意识和王羲之诗歌境界实现于乡土人生的诗学结晶。这是一个始于"少无适俗韵,性本爱丘山",而归于"欢来苦夕短,已复至天旭"的乡土生命境界。它是无始无终的,既生气活跃、亲切自然,又逸然超越、幽妙无限。

三、自然的,更乡土的:从乡村美学审视当下"打造乡村"

在确认以陶渊明的《归园田居》提供的四个要义为乡村美学建构的纲领,并且从中提炼出乡村美学的"双重回归主题"的前提下,我们以乡村美学审视当下已蔚然成风的"打造乡村"运动,可以有如下初步反思。

首先,以乡村美学的回归主题为导向,"打造乡村"的规划、设计,要有一种逆时间的思维。所谓"逆时间",是针对当代生活的高速发展的时间维度的。在古村舍复建中的"修旧如旧"反映了这种时间意识导向。但是,对"逆时间"思维,不能机械地使用,不应局限于单体村舍的复建和修缮,而应立意于将乡村重建为区别于都市居所的"归依家园"。

其次,以乡村美学的村落主体意象为建设蓝图。宋代画家郭熙讲绘画的立意有四义,即可行、可望、可游、可居,并指出"可行可望不如可游可居之为得"。② "行"和"望"是旁观的,外在的;"游"和"居"是介入的,内在的。"打造乡村"应该着眼于"可游"和"可居"的乡村整体建设,而不是附庸游客观赏心态,只在"可行""可望"上下功夫。只有把乡村整体建设成"可游"和"可居"的场地,才能实现乡村美学的回归主题。

---

① [唐]张彦远.法书要录(第二册)[M].北京:中国书店,2014:300.在不同版本中,"新"字又为"亲"字。
② [宋]郭思.林泉高致集·山川训[M].明刻百川学海本,爱如生中国基本古籍数据库.

再次，以乡村美学的乡土情怀为底蕴。国际化城市是非地域性的，是对土地的强制性侵入和霸凌。"打造乡村"以纯朴、深厚的乡土情怀为表现和诉求对象，不仅应着眼于营造细腻、幽微的景致，而且要着力于营造与土地亲密、素朴自然而亲切自在的景致。在"打造乡村"中，与都市设施攀比，搞好大喜功的项目（游乐设施）不仅违背乡村美学的主旨，而且势必形成对乡村景观不可逆转的破坏——这样的案例在当下"打造乡村"运动中比比皆是。

最后，源自中国道家哲学传统的乡村美学，有着根本性的自然生命意识，这使它与源于西方神话—宗教的大地美学相区别。"大地美学"是我对海德格尔在20世纪中叶以阐发德国诗人荷尔德林的诗篇而开启的"人诗意地栖居"的美学的概括表述。海德格尔认为，"诗意"是由人、大地和在两者之上的天空与神祇共同建构的——"诗意地栖居"是这四个维度统一的存在之境。他说，未知的神祇作为未知者借天空的显示而显示，而栖居于大地之人则以该维度来衡量自身。但是，海德格尔强调"诗"的大地属性。他说："诗不飞翔和超越大地，从而逃离和盘旋于大地之上。诗是首先将人安置在大地之上，使他属于大地，并且因此将他带入栖居。"[①] 乡村美学没有这个神性的维度。居民将天空和大地都视为自然之物，不需要被诗安置并带入大地的过程。居民在自然中，并且自然地生活着。这是无维度，或者人与自然浑然一体的境界，是生活本身。因此，怎样营造"属于自然"的生活本身，是"打造乡村"要探讨并实现的深层建设——归根到底，是关于乡村居住者本身的建设。

【参考文献】

[1] 费孝通.乡土中国[M].上海：上海人民出版社，2007.

[2] [清]郭庆藩撰，王孝鱼点校.庄子集释 上[M].北京：中华书局，2012.

[3] [晋]陆机，张少康集释.文赋集释[M].北京：人民文学出版社，2002.

[4] [晋]陶渊明，龚斌校笺.陶渊明集校笺[M].上海：上海古籍出版社，2019.

[5] [晋]陶渊明，[清]陶澍集注，龚斌点校.陶渊明全集[M].上海：上海古籍出版社，2015.

[6] [唐]张彦远.法书要录 2[M].北京：中国书店，2014.

[7] 朱谦之.老子校释[M].北京：中华书局，1984.

[8] [宋]郭思编.林泉高致集[M].明刻百川学海本.爱如生中国基本古籍数据库.

[9] Heidegger M. Poetry, Language, Thought[M].Trans.by Albert Hofstadter.New York: Harper & Row Publishers, 1975.

---

① M.Heidegger, Poetry, Language, Thought, tr. A. Hofstadter, Harper & Row Publishers, 1975, 218.

新文创城市：数字传播时代的城市更新主张及其实践

李 淼[①]

(1. 咸阳师范学院 文化与旅游管理系，咸阳，712000；
2. 复旦大学 新闻学院，上海，200433)

【内容提要】 随着数字媒介技术的革新，传统基于发展文创产业的城市更新策略亟须被数字文化驱动的"新文创"思路取代。以新文创构想思考城市更新，即是以数字文化 IP 为核心融合城市场景，塑造充满地域想象的文创生活新空间。本文在创意城市主张基础上，从"新文创"概念出发思考创意城市在数字文创环境中的实现路径，从地方文化的创意再造、数字技术的创意应用、城市空间的创意再生对"新文创城市"理念进行阐释。

【关键词】 创意城市，新文创，媒介实践，城市更新

自 20 世纪 80 年代起，率先进入后工业时代的西方国家开始探索基于知识、信息及文化的城市转型路径，随后"创意城市"理念更突出文化创意对城市更新的重要性。在当下数字文化、新媒介技术深刻变革的城市场景下，如何依托科技赋能实现城市文化生产与传播方式突破变得尤为迫切。本文在创意城市主张基础上，从"新文创"概念出发重新思考创意城市在数字文创环境中的实现路径，从地方文化的创意再造、数字技术的创意应用、城市空间的创意再生三个维度对"新文创城市"理念进行阐释，以期为新文创背景下的城市更新实践提供启示。

---

① 李淼，女，咸阳师范学院经济与管理学院讲师、复旦大学新闻学院传播学博士。主要研究方向为城市传播、新媒体营销、文化创意产业。

一、从创意到新文创：城市更新主张的继承与转变

随着知识经济全球化及数字化浪潮对人类社会影响的深入，诸多国家与地区都在积极寻求知识、信息技术驱动下的产业转型。文化创意产业作为集技术、智力及文化属性为一体的新产业形态，具有低能耗、高产出及较强的社会带动效应。支持文化创意产业发展被多国作为扭转传统产业衰落、实现社会转型的战略选择。早在1998年，英国就出台了《英国创意产业路径文件》，明确提出发展"源于个人创意、技巧及才能，通过知识产权的生成和利用，具有创造财富并增加就业潜力"的创意产业。① 紧随其后，在新世纪之交，东亚的日本、韩国等国也在政府"文化兴国"战略主导下推动影视、动漫、游戏等文化创意产业，实现国家在经济复兴、社会繁荣及文化输出等多方面的全面振兴。② 与上述国家相较，我国文化创意产业发展虽起步较晚，却随近十年互联网技术的革新而激流勇进。目前，信息科技产业已成为我国的文化经济支柱，发展"数字文化创意产业"已被相关部门纳入国家文化战略加以引导，以此为契机实现产业、社会与文化的繁荣复兴。

文化创意产业的积极社会效应体现在城市更新中。不同于传统工业重资产、高能耗的特征，文化创意产业以生产文化技术型产品为目标，以知识型劳动者为主要从业者，能够改善城市环境，孕育充满活力的创意氛围，在物质空间、精神内涵及社会交往等多层面上革新城市样貌。21世纪初，英国学者查尔斯·兰德利提出"创意城市"，强调在城市发展中深植创意文化的重要性。他认为与城市基础架构等硬件建设相比，在城市中营造创意氛围（creative milieu）才是城市发展的通货。③ 也就是说，具有创意的城市不仅意味着创意经济（诸如包括版权、专利、商标、设计在内的创意行业）的繁荣，还意味着城市整体心理基础建设的进步，需要将富有创意、创新、想象力及才能等的无形资产应用到塑造城市的诸方面。④ 实现创意城市的愿景，就是将创意性思维、创意型产业及创意阶层融入城市，形成鼓励人们参与、沟通并分享的城市氛围。

创意城市的主张在文化创意与城市发展之间搭建桥梁，指出了在后工业社会实

---

① 杨剑飞. 世界文化创意产业案例 [M]. 北京：中国国际广播出版社，2000：20.
② 陈桂玲，牛继舜，白静. 日韩文化创意产业国际化发展经验 [M]. 北京：经济日报出版社，2018：45.
③ [英] 查尔斯·兰德利. 创意城市：如何打造都市创意生活圈 [M]. 杨幼兰，译. 北京：清华大学出版社，2009：9.
④ 同③，21.

现城市经济、文化与社会共荣的可行路径。不同于单纯追求经济指标的理性城市主张，创意城市不局限于调整城市经济结构，更注重文化创意所引领的城市全面更新，尤其强调城市空间再造，激发多元交往，以及文化传承等方面的活力。在近20年诸国的创意城市实践中，基于城市旧工业遗产改建文化创意园区的策略即是例证。德国鲁尔区、英国谢菲尔德市、北京798艺术区等将工业厂房改造为音乐创作、艺术设计及现代装置展示中心，这一策略在延续既有城市架构基础上实现了空间功能的转变，不仅将文化创意企业聚集于此，而且还吸引了大量从事艺术工作的创意阶层入驻，活跃了当地文化与社会交往的氛围。文化创意引领城市更新，不仅是产业经济结构的变革，更是城市在公共交往、文化传承及认同建构等层面上沟通性的提升，最终实现由钢铁城市向创意城市的根本性转变。

随着以互联网、信息科技为基础的"新经济"逐步深化，创意与城市的耦合关系更为密切。传统意义上的文化创意产业，强调经济全球化背景下以创造力为核心的新型产业，是依靠个人或团队以创意和产业结合的方式进行的知识产权营销，然而在新媒介技术驱动的城市场景中，文化创意对城市的作用不仅表现在对艺术、传媒、影视等具体的文创行业具有推动作用，更体现在数字文化创意对城市整体性变革具有推动作用。这一变革基于持续创新的科技手段，跨越地域边界实现主体的广泛连接，又深入地域文化资源从中汲取创意，以数字文化生产建构IP，从而联动城市文化、产业及社会价值的良性循环，最终重构城市文化创意发展生态圈。立足数字文化影响，以往创意城市的理念框架也需在网络化、数字化的新城市场景中加以重塑。

2018年4月22日，腾讯在UP2018新文创大会上提出"新文创"的战略构想。新文创构想基于以往对商业化、"泛娱乐"的反思，强调"通过更广泛的主体连接，推动文化价值和产业价值的互相赋能，从而实现更高效的数字文化生产和IP构建"。[①] 在互联网+文化创意发展的前十年，对流量、资本及市场的过度强调冲击了对文化价值的重视。快手整改、内涵段子下架及视频网站未成年模式上线等事件，都折射出"泛娱乐化"趋势造成的碎片化、品位降低等消极影响。[②] 新文创构想的提出，期望在文化与商业价值之间实现良性循环，新的文化生产与传播方式呈现三种趋势：第一，从娱乐转变为注重文化+娱乐的内容生产；第二，依托互联网技术红

---

① 范周. 从"泛娱乐"到"新文创" "新文创"到底新在哪里——文创产业路在何方？[J]. 人民论坛，2018（22）：125-127.
② 师曾志."新文创"的变与不变[J]. 人民论坛，2018（22）：128-129.

利,借助科技提升文化的传播方式;第三,转变由垄断力量主导的文化生产,在生产者、协作者与消费者之间建立广泛连接,实现各行业的广泛参与。①总而言之,新文创更强调文化、科技、商业及社会参与等的共同作用,以更为系统的发展思维提升文创在全社会的广泛影响。

新文创构想对于城市更新实践颇具启示意义。与创意城市理念所关注的产业转型、文化氛围及创意阶层的城市崛起相比,新文创面向如今由网络化与数字化重塑的社会现实,提供了重视城市文化传承、公共交往激发的思路。以新文创构想思考城市更新,即是以数字文化 IP 为核心,创新地融合城市场景,将传统文化符号(如当地休闲生活、饮食风格、景观风貌等)通过数字文创重塑,塑造充满地域想象的"文化生活新空间",从而激起受众情感共鸣,讲述更具时代性的地方故事。②从新文创构想出发的城市更新可从以下几点寻求启示:第一,作为城市基石的文化符号如何经由数字化生产得以传承、再造?第二,以互联网、新媒介主导的技术环境,在城市文化更新、社会交往联动中发挥着怎样的推动作用?第三,作为城市存在基础的物质空间,又如何成为数字重塑过程中新的连接点?本文即从这三个方面对新文创城市构想的实现进行阐释。

二、延展城市 IP:地方文化的创意传达

城市赋予人栖身之所与文化根基。正如城市史学家刘易斯·芒福德所指出的,城市的主要功能在于"化力为形,化能量为文化,化死的东西为活的艺术形象,化生物的繁衍为社会创造力"。③不同地域的语言习俗、生活方式甚至建筑风格等,无不折射着人与自然共处过程中形成的文明之光。随着现代大众媒介的更新,借助报纸、影视、城市宣传片等方式展示城市风貌,打开了传播城市的一扇窗口。20世纪 90 年代,文化旅游热潮兴起,具有地域特色的旅游纪念品作为物质性媒介随消费者"移动",并纳入个体生活世界,人们的城市意象也随这些镌刻个人记忆的物件被加深、延续。随着当代年轻消费群体审美水平的提升,富含文化科技特色

---

① [美]刘易斯·芒福德.城市发展史——起源、演变和前景[M].宋俊岭,倪文彦,译.北京:中国建筑工业出版社,2005:582.
② [美]菲利普·科特勒.地方营销:城市、区域和国家如何吸引投资、产业和旅游[M].翁瑾,张惠俊,译.上海:上海财经大学出版社,2008:2.
③ 孙玮.赛博人:后人类时代的媒介融合[J].新闻记者,2018(06):4-11.

的城市形象衍生品成为新的城市传播"物",其不再仅停留在地域文化符号的初级设计阶段,而是更具文化创意性,并努力达成文化价值、实用属性及情感共鸣的统一。

根植地方资源,以文化符号为特色的文创是传播地域形象的有效途径。20世纪90年代,台湾地区探索出基于文创提升产品审美价值的可行路径。台北故宫博物院推出的康熙"朕知道了"胶带纸、"翠玉白菜"模型、"富春山居图"茶杯垫等文创品,将历史文物符号融入现代消费品中,以轻松而富有创意和情趣的方式增强公众与地域传统的连接。借鉴台北故宫文创的经验,同时受数字文化的深刻影响,北京故宫博物院深入挖掘历史文博资源,从故宫建筑、典藏品中提取色彩、图像及纹样等,更深刻地融合现代年轻消费场景,于2018年12月推出包括郎窑红、碧玺色等在内的六款"故宫国宝色"彩妆,上线仅4天就引爆社交媒体与电商平台,其中首批推出的10万只口红被抢购一空。北京故宫将文创彩妆的推出被称为"一场历史与颜色的告白仪式",其碰撞于静态传统与现代生活之间,将当代人的审美消费纳入文化情感中,为传统文化IP的文创再造提供了典范。

博物馆文创可视为地域文化传播的缩影,更为丰富的城市资源是推动文创城市的重要资源。20世纪90年代,营销学家菲利普·科特勒提出"地方营销"的概念,他认为城市总是具有可吸引"眼球"的资源,这些资源需要战略性规划设计来为城市赢得良好形象与发展机遇。①创造地域性的文化IP能够使城市形象具象化,IP的延展又能带动相关产业的繁荣。日本熊本县创意性地设计了"熊本熊"这一虚拟吉祥物,还拟人化地赋予这一卡通形象为城市"形象大使"、幸福部长。熊本县以"熊本熊"城市IP为介质,不仅增进了本地公众的地方认同,而且向外宣传推介了熊本县形象。与此同时,熊本县还采用专属授权运营的方式推动熊本形象与其他衍生业态的融合,实现经济效益与城市形象传播的双效提升。

全球化语境下,世界范围内各城市的竞争加剧,越来越多的城市在积极寻求基于文创衍生的城市提升策略,城市形象衍生品从类别、形态到传播方式都更具创意性。作为拥有上千年历史的古都,西安文化资源丰富厚重,但其在较长时期内很难突破"古城"固化形象及粗糙单一旅游纪念品的窠臼。随着近年来短视频等新媒体传播的兴起,2018年西安在抖音平台上展现出大量文创影像,网红麻将、毛笔酥、摔碗酒等城市衍生品广受欢迎。据2018年清华大学联合抖音发布的《短视频与城市

---

① 杨慧. 短视频风口下城市形象的传播[J]. 新闻前哨, 2019 (08): 56–57.

形象研究白皮书》统计，西安永兴坊摔碗酒以 8111.3 万点击量位居抖音单条视频播放量榜首。①紧随抖音热潮，西安博物院与新媒体平台"贞观"联合推出《长安春色归》新春礼盒、冰激淋品牌"N2"等城市文创品。一系列基于西安本土文化特质的资源挖掘、文创衍生及新媒介传播，一改"停留在黄土高坡"的西安城市刻板印象，西安一跃从古都转变为抖音"网红城市"，在刷新城市形象的同时，也实现了经济、社会效益等层面的突破。

随着数字技术对社会各领域的渗透，基于数字创意的城市传播方式不断更新，城市 IP 的内涵与外延也随之拓展。作为拥有丰富地域、民族文化资源的城市，云南尝试将地方特色融入电竞、动漫、影视、游戏等多重文化创意领域中。《英雄联盟》中的电竞场景以壁画形式融入大理少数民族村落的壁画风俗中，成为新的大理打卡圣地；舞蹈艺术家杨丽萍《雀之灵》IP 授权 QQ 炫舞，推出线上舞蹈游戏《瞳·雀》，将民族舞蹈以数字化形式植入年轻消费者的世界，唤起了年轻一代对民族舞蹈的兴趣，也将线上消费流量导向线下，实现线下旅游与线上虚拟体验的双重消费提升。②这一数字文创创新延展了地域文化 IP 的合作边界，借新技术手段重新演绎传统文化符号，重塑地域 IP 的文化价值与影响力，用更契合年轻人喜好的方式演绎中国故事，增强了公众对地方文化的认同与情感共鸣。

三、更新媒介实践：新媒介赋能的创意传播

全球工业 4.0 运动催生了大数据、虚拟现实、人工智能及区块链等新兴技术。不同于以往媒介技术对虚拟信息传递的强调，上述新技术在一定程度上突破了虚拟与现实的界限，将人的身体、物理空间经由信息科技贯穿，从而使人类进入"赛博世界"。赛博空间带给人前所未有的在虚拟与现实间穿梭的体验感，更重视人的身体感官、心理及情感等全方位的沉浸感。③以科技为契机推动的城市传播，可借由科技+文化、科技+创意、科技+体验等多种形式得以展现，城市丰富多样的文化资源经由技术再造而焕发生机，而技术也从冰冷的工具转变为有温度、有态度、有深度、有高度的城市媒介，在文化传承与创新之间搭建桥梁。

---

① ［美］简·雅各布斯.美国大城市的死与生［M］.金衡山，译.上海：译林出版社，2006：19.
② ［澳］斯考特·麦夸尔，潘霁.媒介与城市：城市作为媒介［J］.时代建筑，2019（02）：6-9.
③ 沈光倩.腾讯的"新文创"：面向未来的数字文化生产方式［EB/OL］.人民网.2018-04-23/［2020-06-24］.http：//game.people.com.cn/n1/2018/0423/c40130-29942418.html.

随着媒介技术日趋具有移动性、具身性，人们对新媒介的使用不再仅仅停留在平台社交、信息获取等虚拟界面。媒介转变为人的"电子器官"，即时参与城市日常生活实践。在这一新传播场景下，城市不再限于官方城市宣传片、文本叙事所呈现的单一、符号化形象，而是在公众的日常媒介实践中展现出多义性。以抖音短视频为例，2018年抖音上的"网红城市"重庆、西安，就是因地方特色的方言、美食、独特景观等而备受关注。更为重要的是，人们认知这些城市的方式并非仅借助终端屏幕的影像，而是更希望以亲临现场的方式参与，又再次将实体空间体验链接到虚拟世界。重庆李子坝、西安"摔碗酒"等吸引了大批游客，仅2018年的清明、五一小长假，两地接待游客数量同比增长超过50%，旅游业总收入增长高达130%。数字媒介技术使公众自主参与城市形象传播的过程，以更具互动性、参与感及体验感的方式再造城市。

移动媒介的即时反馈、实时互动、多主体参与性在直播现象中体现得更为鲜明。自2016年直播元年开始，直播涉及音乐、体育、游戏等不同领域，淘宝等直播平台的兴起将直播引入更为日常的消费市场。"直播带货"这一媒介实践则成为地域形象推广的全新策略。受2020年疫情影响，抖音、拼多多、快手等直播平台参与"战役助农""县长直播"成为多地推广地域特色产品、传播中小地区形象的新路径。据统计，仅2020年2月至4月，拼多多直播平台举办县长直播带货50多场，售出农产品6亿斤，广安柠檬、柞水木耳、丹棱橘橙等带有鲜明地域符号的农产品从直播间流转到各地，与产品同步传播的则是农产品产地的知名度与区域形象。直播带货作为契合时下消费趋向的媒介现象，绝不只是产品销量、关注人气等流量的提升，更意味着中小型城市形象传播思路的转变。

除公众日常生活中的媒介实践外，文化与技术的融合还体现在新技术更新的文化体验方式上。通过虚拟现实、3D及智能实景等沉浸式技术与城市IP的融合，公众感知城市的方式将身体、空间与感知体验融为一体。成都率先将城市文化符号与多种文创技术手段融合，将地方文化特色融入数字娱乐世界中。2019年1月，在成都举办的数字文创节中，腾讯手游《尼山萨满》中的少数民族音乐、《QQ飞车》中的成都特色赛道、《地下城与勇士》中的皮影戏和年味剪纸等纷纷展出。[①] 沉浸式的IP场景与成都地域文化特色相交融，公众在参与数字娱乐过程中浸入文化想象，在内

---

① 鲁元珍. 文创激发城市发展新活力［EB/OL］. 光明网. 2018-07-25/［2020-06-28］. http://news.gmw.cn/2018-07-25/content_30073069.htm.

容与形式的双重体验中感知城市文化魅力。借由数字化技术手段，在游戏娱乐产品中植入地域文化符号，不仅体现出技术对推动数字文创内容生产的优势，也将文化体验以更为生动的方式带入公众生活中。

我们在关注数字技术带来的城市发展红利时，应从深层次审视这一传播实践背后政策、技术与企业间的合作逻辑。从政策层面推动城市的数字文创发展，需整体性搭建文创产业平台，为中小科技公司成长提供扶持，最终形成城市整体性的创意氛围，吸引更多创意阶层入驻。在 2018 年"新文创城市"活力排行榜中居首位的成都，正是在城市顶层设计上促进政府与腾讯等文化企业的战略合作，共同打造优质文化 IP，助力电商、游戏、内容付费等文创行业的内容变现。在短视频行业中积攒近千万粉丝量的"办公室小野"、洋葱视频等，就是依托成都特有的文创氛围，以创意视频为产品，通过内容付费与电商销售变现。从另一角度看，已形成的优质 IP 又成为进一步传播城市的文创符号。2018 年成为抖音"网红城市"的西安，其短期内所形成的高度城市关注度并非偶然，其背后的逻辑是西安市政府机构与抖音平台的战略合作，短视频平台的算法操作、智能推送及技术"赋权"的个体参与等都发挥了积极作用。[①] 由此可以看出，"新文创 + 城市"战略并非技术的自由生长，而是基于对数字媒介实践基础上的战略选择。

四、释放空间创意：城市文创场所的社区建构

城市文化不仅抽象为虚拟符号，更以实体物质的建筑、道路格局、空间场所等展现出来。城市建筑承载当地人生活的痕迹，其建筑形态及功能等都随城市发展进程更迭与转变。矗立于上海外滩的万国建筑群曾是 20 世纪初租界时期外国侨民的住所，如今各大银行金融机构入驻其中，成为现代上海的地标性景观。在发展新文创城市过程中，断然拆除城市旧有建筑而新建高楼，显然并非优选，因为这个举措会割断地方与居民的文化情感联系。20 世纪 70 年代，以简·雅各布斯为代表的人文主义学者就批判了这一过于理性的规划路径，他们提倡"城市是多样化生产展开的地方"，营造人性化空间才是城市存在的根本。[②] 对城市建筑空间的形态再造、功能更

---

① 抖音 + 清华发布：短视频与城市形象研究白皮书 [EB/OL]．文化产业评论．2018-08-18/ [2020-07-29]．https：//www.sohu.com/a/254628329_152615．
② 王志艳，赵宇娇．文化 + 科技"双剑合璧"：新文创提供消费新动能 [EB/OL]．新华网．2020-06-22/ [2020-07-05]．http：//www.xinhuanet.com/politics/2020-06/22/c_1210671577.htm．

新，不仅关乎视觉层面的城市景观及审美，更关系生活在此的公众对城市的情感与认同。

随着城镇化及新一轮产业转型，制造业搬离城市中心遗留闲置厂房。利用工业遗产改建文化创意产业园区成为实现城市更新的一种实践策略。20世纪70年代，美国苏荷区开始在工业时代铸铁建筑"统楼房"（Loft）基础上改建艺术工作室。借鉴苏荷模式，德国鲁尔区、北京798艺术园区、上海莫干山艺术街区等都基于老旧工业厂房发展成为文化创意园区，在保存旧厂房建筑的基础之上，将旧厂房改建为文化馆、图书馆、博物馆等并展开文创活动。自20世纪90年代至今，我国文创园区数量近3000家。不过，伴随城市的高速发展，大量文创园区或成为房地产圈地运动的陪衬，或沦为"有园区、无创意"的空置场馆，以文创园区为基地搭建产业平台、实现集聚效应的愿景渐行渐远。

城市与文化创意产业的良性耦合，更为鲜明地体现为文创活动所带来的社会效益。正如查尔斯·兰德利对于创意城市愿景的描绘，创意更重要的在于达成城市内外的分享、沟通。也就是说，实现对文创活动的公共参与，为公众提供多元文化交流，活跃城市文化氛围才是创意嵌入城市最为根本的用意所在。文化创意园区更应基于园区基础提供公共参与机会，激发城市公共实践的发生。以位于台北市中心的1914华山文创园区为例，这一基于1895—1945年建造的酿酒厂的文创园区，在转型初期就清晰规划出供公众参与的艺术文化空间，将其开放给各种展览、音乐会、主题市集等使用。对本地居民与创意活动者而言，这里能够满足个体感官与精神的多重需求，是供沟通思想、休闲体验及情感交流的城市公共空间，而经由文创艺术所激发的社会参与又提升了文创园区的社会影响力。

实现依托文化创意的城市公共传播，更重要的在于调动创意阶层的参与，以此来激发文创空间的公共性。除占据较大体量的文创园区外，城市中不乏大大小小的咖啡馆、实体书店及酒吧等文化消费场所。受互联网及电子商务冲击，基于实体店面的传统产业均面临销量下降、转产转型的危机，与之相反，极具参与体验性的文创场所却重焕生机。咖啡馆、书店中常有创意阶层参与的读书会、观影会及沙龙讲座等活动，甚至活跃在商圈街区中的创意集市、夜市地摊等，都经由线上组织，在线下汇聚互动，再到线上分享体验，因而成为颇具创意性的社区。文创场所成为连接创意者的社区节点，经由这些遍布城市角落的文创场编织出城市的文化创意网络。积极搭建城市的创意空间，则是实现这一愿景的基石。

随着数字新媒介技术的更新，如今媒介更显现出嵌入地理位置、及时反馈、瞬间移动等地理媒介特性。① 在城市场景中，借由大屏幕、虚拟现实及光影技术等数字化手段制造公共事件已不鲜见。自 20 世纪中下叶起就汇聚在纽约时代广场的 LED 电子广告屏，其投放内容预示着资本、市场及文化的某种趋向。如今，智能媒体能够嵌入建筑幕墙，公众通过移动智能手机即可连通大屏幕，共同参与制造城市影像景观，实现公共与私人网络之间的连接往复。在意识到数字媒介技术形塑"奇观"的传播力后，城市开始将数字技术嵌入城市实体空间并制造公共营销事件。2018 年五一期间，西安就依托城市地标"城墙"举办了无人机光影秀，期望以城市历史景观与新媒介技术"混搭"重塑城市意象，而这正成为数字传播时代"新文创 + 城市"实践的例证。

结　语

随着全球化、城市化及数字化三股浪潮席卷世界，人类生存的物理场所及交往形式等都经历着深刻变革。新文创作为对人类文化生产与传播方式构想的新主张，着眼于寻找文化与商业、科技及社会交往关系间的共融。从新文创的视角看待城市，其基于创意城市理念，立足于创意对城市的根本性重构，与此同时，它还超越以往局限于文化创意产业内单一产业突破的思维，探索基于城市地方文化进行 IP 延展，将数字化技术、新媒介营销及空间创意化等多重策略应用于城市传播过程中。与以往关注文化创意产业对城市经济指标的提升相比，新文创视野下的城市更看重地域文化的传承与创新、新媒介技术对城市公共性的支持、城市物质空间与精神价值的全面提升，实现城市在文化、社会及产业效能诸方面的良性更新。如今，在全球范围内，越来越多的城市已开始基于新文创的城市更新，并探索出一些适合本地的实践策略。身处数字文化及新媒介技术剧烈变革的中国城市场景中，各城市更应着眼于如何深度挖掘地域文化特色，借助新媒介技术的创意传播，以此增进城市内外的社会沟通。

---

① 陶玉祥．成都：探索"新文创 + 城市"模式 打造"中国数字文创第一城"［EB/OL］．中国科技网．2019-01-19/［2020-07-17］．http: //stdaily.com/02/difangyaowen/2019-01/19/content_747486.shtml.

【参考文献】

[1] 杨剑飞.世界文化创意产业案例[M].北京：中国国际广播出版社，2000.

[2] 陈桂玲，牛继舜，白静.日韩文化创意产业国际化发展经验[M].北京：经济日报出版社，2018.

[3] [英]查尔斯·兰德利.创意城市：如何打造都市创意生活圈[M].杨幼兰，译.北京：清华大学出版社，2009.

[4] 范周.从"泛娱乐"到"新文创" "新文创"到底新在哪里——文创产业路在何方？[J].人民论坛，2018（22）.

[5] 师曾志."新文创"的变与不变[J].人民论坛，2018（22）.

[6] [美]刘易斯·芒福德.城市发展史——起源、演变和前景[M].宋俊岭，倪文彦，译.北京：中国建筑工业出版社，2005.

[7] [美]菲利普·科特勒.地方营销：城市、区域和国家如何吸引投资、产业和旅游[M].翁瑾，张惠俊，译.上海：上海财经大学出版社，2008.

[8] 孙玮.赛博人：后人类时代的媒介融合[J].新闻记者，2018（06）.

[9] 杨慧.短视频风口下城市形象的传播[J].新闻前哨，2019（08）.

[10] [美]简·雅各布斯.美国大城市的死与生[M].金衡山，译.上海：译林出版社，2006.

[11] [澳]斯考特·麦夸尔，潘霁.媒介与城市：城市作为媒介[J].时代建筑，2019（02）.

[12] 沈光倩.腾讯的"新文创"：面向未来的数字文化生产方式[EB/OL].人民网.2018-04-23/［2020-06-24］.http：//game.people.com.cn/n1/2018/0423/c40130-29942418.html.

[13] 鲁元珍.文创激发城市发展新活力[EB/OL].光明网.2018-07-25/［2020-06-28］.http：//news.gmw.cn/2018-07/25/content_30073069.htm.

[14] 抖音+清华发布：短视频与城市形象研究白皮书[EB/OL].文化产业评论.2018-08-18/［2020-07-29］.https：//www.sohu.com/a/254628329_152615.

[15] 王志艳，赵宇娇.文化+科技"双剑合璧"：新文创提供消费新动能[EB/OL].新华网.2020-06-22/［2020-07-05］.http：//www.xinhuanet.com/politics/2020-06/22/c_1210671577.htm.

[16] 陶玉祥.成都：探索"新文创+城市"模式 打造"中国数字文创第一城"[EB/OL].中国科技网.2019-01-19/［2020-07-17］.http：//stdaily.com/02/difangyaowen/2019/01/19/content_747486.shtml.

产业动态

"一带一路"倡议下传统舞蹈的文化开发与当代建设

王 雪①

(首都师范大学,北京,100048)

【内容提要】 古丝绸之路的乐舞交融历史悠久,底蕴深厚,为今天"一带一路"倡议下的传统舞蹈文化开发提供了优质的资源与依托。在"一带一路"倡议下,传统舞蹈的当代建设有助于丰富艺术内涵,建立情感纽带,促进共生发展。从表达真实、表明态度、建立联系三方面着手进行建构,将有助于传统舞蹈的活态继承,以艺术服务于社会,在"美美与共"中构建人类命运共同体。

【关键词】 "一带一路",传统舞蹈,文化开发

丝绸之路在中国古代舞蹈发展的历程中起了重要的作用,历史上的中西文化交融改变了宫廷舞蹈的形态、风格、审美,并对其产生了持久而深远的影响。2013年,习近平总书记在访问中亚和东南亚期间先后提出建设"丝绸之路经济带"与"21世纪海上丝绸之路"的倡议。"一带一路"倡议为传统舞蹈的艺术传承、交融互鉴、创新发展提供了平台与机遇。在跨文化交流的背景下,以舞蹈艺术为载体,传播优秀传统文化,诠释民族艺术精神,对构建人类美好未来具有重要的意义。

一、古丝绸之路下的乐舞文化溯源

"一带一路"及沿线地区是古代中西乐舞交流与沟通的桥梁,对中国舞蹈的历史发展产生了重要影响。第一,丝绸之路丰富了中原的乐舞文化。自东汉时期,汉

---
① 王雪,首都师范大学音乐学院2019级博士。主要研究方向为舞蹈教育。

灵帝即爱好"胡箜篌、胡笛、胡舞,京师贵戚皆竞为之"。①南北朝时期,胡乐胡舞更渐昌盛,据《旧唐书·音乐志》载,"周武帝聘虏女为后,西域诸国来媵,于是龟兹、疏勒、安国、康国之乐,大聚长安"。②隋初,文帝始设"七部乐":"一曰《国伎》,二曰《清商伎》,三曰《高丽伎》,四曰《天竺伎》,五曰《安国伎》,六曰《龟兹伎》,七曰《文康伎》。又杂有疏勒、扶南、康国、百济、突厥、新罗、倭国等伎。"③唐代宫廷燕乐在隋代的基础上增设为"十部乐",用于朝会大典、宫廷大宴、接待外宾的重要场合等。"十部乐"除《燕乐》和《清乐》外均为丝绸之路及沿线地区国家的乐舞,可见西域乐舞的传播极大地丰富了当时的宫廷舞蹈,并发挥了重要的政治作用。在宫廷乐舞之外,民间舞蹈也深受中西文化交融的影响,"女为胡妇学胡妆,伎进胡骑务胡乐。《火凤》声沉多咽绝,《春莺啭》罢长萧索"。唐代天宝年之后,《火凤》《春莺啭》等中原乐舞已逐渐成萧索态势,而胡舞则呈现"城头山鸡鸣角角,洛阳家家学胡乐"④的景象,可见中西文化的交流使宫廷与民间的乐舞形态和内容都产生了较大的改变。

第二,丝绸之路改变了舞蹈的形态特征。在丝绸之路及周边地区的乐舞交融下,中原地区的传统舞蹈吸收了西域舞蹈的特点进行发展,西域的乐舞也受到中原地区乐舞的影响,并呈现出形态、舞姿、风格上的改变。前者代表如《西凉乐》,据《旧唐书·音乐志》记载:"《西凉乐》者,晋室末,中原丧乱,张轨据有河西,苻秦通凉州,旋复隔绝。其乐具有钟磬,盖凉人所传中国旧乐,而杂以羌胡之声也。魏世共隋咸重之。"⑤中原清乐与龟兹乐舞相融合而形成了《西凉乐》。《西凉乐》既具有中原乐舞的娴雅风格,又兼有西域的服饰装扮,是中西文化交融舞蹈的形态表现。后者代表如《龟兹乐》,《龟兹乐》为新疆库车地区的乐舞。据《隋书·音乐志》记载:"龟兹者,起自吕光灭龟兹,因得其声。吕氏亡,其乐分散,后魏平中原复获之,其声后多变易。至隋有西国龟兹、齐朝龟兹、土龟兹等,凡三部。"⑥《龟兹乐》在传入中原后形态进行了改变,被北齐鲜卑化了的龟兹为齐朝龟兹,受汉朝影响形成土龟兹,其乐舞"新声奇变,朝改暮易",在唐代后已无三种分类,可见西域乐舞受中原文化的影响,在形态上发生了较大改变。

---

① 后汉书·五行志(卷103)[M].北京:中华书局,1965:3272.
② 旧唐书·音乐志(卷29)[M].北京:中华书局,1975:1069.
③ 隋书·音乐志下(卷15)[M].北京:中华书局,1973:376—377.
④ 彭定求等.全唐诗(卷298)[M].北京:中华书局,1999:3367.
⑤ 同②,1069.
⑥ 同③,378.

第三，中原乐舞经丝绸之路传播至沿线国家并产生持久影响。在中国古代的文化交流内容中，乐舞是重要的组成部分。在中原王朝鼎盛时期，周边国家或地区派遣大量使者觐见，并遣送贵族子弟前来访学。归来的使者及留学生将中原的文化艺术及生产技术传往本土，其中也包含了舞蹈艺术。如日本平安时期，著名作家紫式部在著作《源氏物语》中有许多对唐代舞蹈的描写，从书中可以看出唐代乐舞曾一度超越日本本土舞蹈，成为当时宫廷舞蹈的主流。在《源氏物语·红叶贺》一章中，源氏公子与头中将所表演的《青海波》原为唐朝青海地区的舞蹈，但流传至日本后在平安时代尤其盛行。此外，流传至日本的唐乐见诸记录的还有《兰陵王》《春莺啭》《苏合香》《拨头》等。在《大日本史·礼乐志》中所记载的唐乐有 73 首，这些乐舞在日本的宫内厅中传承至今，成为东亚传统文化艺术的代表。

二、"一带一路"倡议下传统舞蹈的建设价值

古丝绸之路的乐舞交流繁盛、文化往来密切，对中外舞蹈与音乐的历史发展均产生了重要作用，也为华夏文明注入了鲜活的生命力。随着历史的发展与时代的变迁，在今天"一带一路"倡议背景下，传统舞蹈产生了新的发展形态与艺术语言，艺术工作者通过对本民族文化的挖掘，对古丝绸之路乐舞进行了复现、重建、传承与创作，从而诞生了大量优秀的艺术作品，以舞蹈的方式推动了丝路文明的进程。

（一）丰富艺术内涵

党的十九大报告指出，"文化自信是一个国家、一个民族发展中更基本、更深沉、更持久的力量"。[①] 中华优秀传统文化是文化自信的基础，通过传承和发展传统文化艺术，能够增强本民族的文化认同感与自豪感。在对传统舞蹈艺术的守正创新、发掘保护工作中，许多艺术工作者做了大量实践。如孙颖根据汉画像砖石和文献记载所建构的汉唐舞，高金荣根据敦煌壁画形象及舞谱建构的敦煌舞，刘凤学根据日本宫内厅乐舞遗存和大量文献资料所重构的唐乐舞，马家钦根据昆曲所建构的昆舞，北京舞蹈学院《沉香》系列对原生态民族舞蹈的传承保护与舞台展现，以及诸多非遗舞蹈传承人对本民族、本地区舞蹈的传承发展等。中华优秀传统文化的传承与复

---

① 习近平.决胜全面建成小康社会 夺取新时代中国特色社会主义伟大胜利——在中国共产党第十九次全国代表大会上的报告［EB/OL］.新华网.（2017–10–27）.http：//www.xinhuanet.com/politics/19cpcnc/2017–10/27/c_1121867529.html.

兴，让文化艺术拥有更丰富的原创基因，成为当代文化艺术崛起的基石。① "一带一路"沿线国家或地区民族众多，传统乐舞文化遗存丰厚，通过对传统乐舞艺术的活态传承、复建重构、科技引领，使传统舞蹈的内在之"魂"在新时代下创造性转化，多元化发展，从而起到增强文化软实力、发展文化强国、推动世界多元艺术繁荣发展的作用。

"一带一路"沿线的国家和地区有着悠久的乐舞交流历史，双向传播、民族迁徙、民族融合使这一地区的传统乐舞在多地均有遗存，这也为合作共建、促进乐舞传承、丰富乐舞文化内涵奠定了良好的基础。从联盟国家来看，艺术领域的共建有助于各国传统舞蹈的文化传承，促进文化艺术多样态发展，树立各国的文化符号，达到"各美其美，美美与共"的文化景象。从我国传统舞蹈发展来看，合作共建有助于我国传统雅乐的传承与保护，改变其断层缺位的状态。

古典舞蹈是表现民族文明化积累程度的艺术。② 中国古代有着灿若星辰的舞蹈文化，其中作为宫廷舞蹈主体的雅乐和燕乐是其主要组成部分。不管是具有维护礼仪的文化价值与宗庙祭祀的社会价值的雅乐，还是作为宫廷宴享与欣赏所用的燕乐，都具有较高的艺术价值。随着封建王朝的结束，宫廷舞蹈逐渐衰落失传。中国的雅乐、燕乐在日本、韩国、越南均有较好的承袭，搭建新时代下的乐舞文化交流平台，能够使雅乐"回家"，进一步完成传统舞蹈的复建，延续中国的礼文化并创造具有民族气派的艺术。如杭州师范大学、日本瑞穗雅乐会、韩国呈才研究院联合主办的《中、日、韩传统雅乐舞国际学术研讨会——暨中日韩传统雅乐舞代表作展演》展示了日本雅乐、韩国呈才、中国文庙祭祀乐舞的历史、传承与表演形式，并就雅乐舞的本体及起源、发展及传承进行了全方位的探讨，③ 为雅乐舞的重建提供了理论依托与现实参照，促进了中、日、韩三国文化艺术的交流，进一步推动了中国传统舞蹈的建设与发展，丰富了舞蹈作品的文化底蕴与艺术内涵。

（二）建立情感纽带

在中国古代，乐舞便具有促进情感交流、缓和人际关系的作用。早在西周周公制礼作乐时，就以"礼"来区分等级秩序，以"乐"来协调情感关系，从而维护周

---

① 李凤亮，古珍晶.新时代中华优秀传统文化现代化转换的价值、路径及原则［J］.东岳论丛，2020（11）：112.
② 刘青弋.中国古典舞代表作重建的探索与思考［J］.北京舞蹈学院学报，2014（5）：21.
③ 田刚.雅乐归故里 遗音续千年——记"中日韩传统雅乐舞国际学术研讨会"［J］.人民音乐，2010（4）：46.

王朝的统治。《乐记》中则进一步强调了政治、乐舞、社会的密切关系，并提出"礼节民心，乐和民声"[①]；"礼义立，则贵贱等矣。乐文同，则上下和矣"[②] 的思想，被后世不断继承。各王朝统治者均采用乐舞的形式来表现多民族国家的统一，展现与周边国家的良好关系，如汉代乐府中设置巴渝鼓员，唐代的《十部乐》《骠国乐》《南诏奉圣乐》，清代的《瓦尔喀部乐》《蒙古乐》《回部乐》等乐舞作品。

在今天"一带一路"倡议下，传统舞蹈的艺术感染力、文化凝聚力构架起一座桥梁，能够联结不同国家、不同民族之间的文化交流，促进"民心相通"，起到柔性外交的作用。不同文化存在竞争性，而乐舞艺术的交流更多的是相互间的欣赏。[③] 以表演艺术为载体讲述"一带一路"的故事，将各民族的歌舞汇聚其中，能够彰显丝路精神，增进民族情感，消弭文化隔阂，促进各国和谐共荣。如取材于敦煌壁画，由甘肃省歌舞剧院所表演的舞剧《丝路花雨》走遍了国内外的舞台，自创作以来演出多达2600余场，成为中国传统艺术与敦煌文化的一张名片而享誉中外。《丝路花雨》的演出不仅开创了敦煌舞流派，使壁画上的静态形象重新复活，使敦煌学的灿烂篇章艺术再生，使敦煌飞天的品牌家喻户晓，也通过表现古丝绸之路上的友谊故事反映了今天团结友爱、共创美好未来的主题。《丝路花雨》是对佛教主题改造的结果，它变佛国为世间，变礼佛为友谊和爱情，它是宗教和谐、民族团结的象征。[④] 敦煌飞天空灵善化、慈悲为怀的形象，通过舞蹈艺术的表演传达展现了强大的包容性和同化力，既保持了本民族的特色，也赢得了全球观众的认同，以持续的共情力成为人们喜闻乐见的艺术精品。

舞蹈作为艺术之母，是人类最早产生的艺术形式之一，从今天内蒙古阴山岩画、广西花山岩画、云南沧源岩画等早期原始社会的生活痕迹遗存中，我们都可以见到大量的舞蹈形象。舞蹈作为一种非语言文字文化，在原始社会文字尚未产生前具有表情达意的功能。"一带一路"沿线国家，民族众多，具有多样的历史文化、地域文化、宗教文化、民族文化，在文化传播方面不太容易。而舞蹈作为肢体语言，以达情为旨归，以动作为形式，能够削弱因语言、传统、文化差异而造成的文化折扣。此外，"一带一路"沿线的国家和地区在历史上因民族融合、宗教传播、文化交流等

---

① 田刚. 雅乐归故里 遗音续千年——记"中日韩传统雅乐舞国际学术研讨会"[J]. 人民音乐，2010（4）：46.
② 《礼记正义》（卷三十七）之《乐记第十九》[M]. 郑玄注、孔颖达正义，阮元校刻《十三经注疏（清嘉庆刊本）》. 北京：中华书局，2009：3315.
③ 张伯瑜. 论丝绸之路音乐研究的意义 [J]. 音乐研究，2016（3）：8.
④ 王建疆. 敦煌艺术：从原生到再生——兼议著名大型乐舞《丝路花雨》成功演出30周年 [J]. 甘肃社会科学，2009（5）：27.

原因，在乐舞方面本就具有一定的审美共通。如新疆地区的"木卡姆"不仅在我国流行，在中亚、西亚、北非等多地区民族中均可找到其乐舞踪迹；敦煌舞"S型三道弯"的体态特征与今日的印度舞蹈在形态上也有诸多相通之处；中、日、韩三国的雅乐有共同的文化依据；寺院佛教舞蹈有相同的文化内涵、动作形态与表现形势等。以身体语言的方式来进行交流的表演艺术，能够在跨文化背景下减少因文化差异带来的价值降低，从而使传统文化更好地"走出去"。如云南地区少数民族众多，文化遗产丰厚，地域特色鲜明，本来在进行文化交流时会产生较大的交流障碍，但是以杨丽萍的《云南映像》为代表的云南地区原生态舞蹈通过少数民族粗犷、质朴、热情又神秘的表演诠释了生命之美与信仰之美，所展现出来的文化自信与文化自觉不仅征服了公众和票房，也唤醒了民族记忆，延续了族群文化的基因，使文化个性与共性得到了完美的融合。

（三）促进共生发展

在"一带一路"倡议下，将传统舞蹈进行创造性转化，与文旅融合下的演艺产业相结合，积极开展多边合作建设，可以推动沿线国家的文化资源开发，促进多元艺术传播，拉动区域经济发展。在"一带一路"沿线的国家中，有不少欠发达国家与发展中国家，其基础设施不完善，文化开发程度低，产业结构单一化，经济发展较为缓慢。然而，这些国家和地区大多历史源远流长，文化遗产丰富，艺术底蕴深厚，遗存的石窟、宫殿、寺院具有原真性，有较大的发展潜力和价值，当地风格多样、感染力强的原生态表演艺术也对群众有较强的吸引力。中亚五国与我国文化交流基础好，贸易往来区位好，中国人民日益增长的精神文化需求也为演艺产业带来更大的市场。在"共商、共建、共享"的理念下，在互联共生平台的搭建下，推动沿线地区的艺术团来我国巡回演出，可以产生经济效益、社会效益与艺术效益。在文旅融合背景下，挖掘传统舞蹈文化，以乐舞展现文化地域特色和文化风情，能够更好地为当地旅游城市吸引国内外游客，建立丝路旅游品牌，改变许多地区单一依靠资源出口的发展渠道。

三、"一带一路"倡议下传统舞蹈发展构想

"一带一路"倡议下传统舞蹈的发展需要建立对话机制，即建构西方文化主导下亚洲传统文化的特色话语。哈贝马斯在对话理论中提出，任何成功的语言交流都同时涉及三个维度："（1）话语作为现存物的总体性的'外在世界'的关系；（2）话语

与作为所有被规范调整化了的人际关系之总体性的'我们的世界'的关系；(3) 话语与作为言说者意向经验之总体性的'特殊的内在世界'的关系。"① 与外部世界、社会世界、个人内在世界相对应，语言在对话中承担着陈述事实、建立人际关系，以及表达说话者自身的主观性的三重功能。② 传统舞蹈作为一种身体语言，以肢体为媒介表情达意进行言说。因此，传统舞蹈的发展可从表达真实、表明态度、建立联系三方面进行建构设想。

（一）表达真实

在新媒体、大数据、人工智能等新一代智能技术潮流下，数字科技的运用可以使传统文化艺术遗产更加真实地表现出来。在创作与表演方面，通过沉浸、AR、VR、AI、数位、全息等技术能够赋予传统舞蹈新的呈现方式：沉浸式的剧场能够给观众身临其境的体验感，带来多重感官的冲击；虚拟的场景能够为传统舞蹈渲染气氛，营造意境，再现表演的生态场景，为展现民俗风情提供助力。如王潮歌的大型实景演出《又见敦煌》，运用机械装置、3D影像等技术营造了全新的观演空间，通过"情景融入式"的演出让观众体验其中，带来时空交错的"穿越"感，表现了多元的敦煌文化，既展现了丝路精神，也带来了经济效益。

在文化遗产保护方面，数字技术是当下主要的途径与方式。随着经济的发展和社会的变迁，许多地区传统舞蹈的社会功能不复存在，如蒙古族用于萨满跳神的"安代"、土家族的"跳丧"、用于祭祀的傩舞等。在城市化的进程中，大量源于农耕生活、狩猎生活的传统舞蹈逐渐消失，濒临灭绝，失传严重。在民间，舞蹈的传承通常是通过口传身授，往往具有不确定性和变异性，通过数字技术进行动态捕捉、建立数据库可以改善非遗艺术传承人少、原生态民间舞蹈失去文化空间而失传的现状。运用AR、VR等技术进行修复与仿真，能够形象再现传统舞蹈的风貌，创新传统舞蹈的表现形式，增加群众观赏舞蹈的兴趣，激发民族文化艺术发展的活力。

（二）表明态度

党的十八届五中全会提出了"创新、协调、绿色、开放、共享"的发展理念，在"一带一路"倡议背景下，共享平台的搭建有助于文化的交流合作、资源的汇聚整合、艺术的繁荣发展。"一带一路"沿线国家及地区民族文化丰厚，乐舞艺术繁荣，至今在大量的洞窟壁画中得以保存，如敦煌莫高窟、天水麦积山石窟、安西榆

---

① ［德］哈贝马斯. 交往与社会进化［M］. 张博树, 译. 重庆：重庆出版社, 1989：69.
② 张再林, 王冬敏. 全球化语境中的对话文化学的建立［J］. 西安交通大学学报, 2006 (9)：74.

林窟、张掖马蹄寺、新疆克孜尔石窟、印度尼西亚婆罗浮屠法塔、印度阿旃陀、爱劳拉、纳西克等石窟，阿富汗巴米羊、海巴尔、巴沙瓦等石窟。这些石窟所在地在古丝绸之路时期多为西域古国，而这些古国的乐舞具有灿烂的文明，并对中国的舞蹈发展产生了弥足深远的影响。如今，诸多博物馆已实现数字资源整合、信息资源共享，为研究者查阅资料、群众欣赏学习提供了便捷的通道。石窟壁画文化艺术信息含量丰厚，通过对不同地区的洞窟壁画图像进行分析，可以看到传统乐舞的流传规律、地区之间的文化交流、时代的文化精神，能够从更广泛的角度认识乐舞图像中的文化意义。因此，在对传统舞蹈的文化延续上，可以通过数据库的建设将各地区所遗存的艺术资源汇聚起来，再进行纵横联系、对比分析，从而创作出更加具有文化底蕴与历史积淀的艺术作品。

（三）建立联系

在"一带一路"倡议下，我国可以通过推进区域合作、构建多国联盟的方式加强文化艺术交流活动，建立长效合作机制。我国领土面积广，边界线长，邻近国家多，且相邻的国家在习俗上多有相近，这些为区域合作提供了良好的发展背景。区域合作有助于中西部地区的经济建设、文化建设，有助于推进中西部地区与东部平衡发展。西部地区相较东部地区传统文化资源丰富，但文化发展相对较弱，有着较大的开发潜力。各区域应根据地缘优势发挥自身特色并推进区域合作，从而实现互利共赢。

广西、云南与东盟国家接壤，且有较为相似的宗教文化、民族构成、历史渊源。我国西南地区民族舞蹈遗存丰厚，东盟国家中泰国、缅甸、越南、印度尼西亚、菲律宾、柬埔寨等国家也均有独具特色的舞蹈文化。搭建东盟舞蹈的文化交流平台，创设东盟舞蹈教学表演基地，完善东盟学术研究，深化东盟艺术文旅融合，展现中国与东南亚独特的艺术风貌，通过舞蹈来扎根地方，服务地方文化。新疆地区作为古龟兹、疏勒、高昌等国的所在地，文化遗产丰富且开发程度较弱。在地域上，新疆临近中亚地区，且与八个国家接壤，是亚欧大陆的核心。在习俗上，中亚国家的民族和新疆地区各民族同属伊斯兰文化圈，风俗相近，语言相同，具有相通的文化背景。在历史上，新疆地区的《龟兹乐》《疏勒乐》《高昌乐》与中亚地区的《安国乐》《康国乐》都是隋唐燕乐的重要组成部分。推进新疆地区与中亚五国的区域合作，打造西域乐舞文化带，既有助于对古乐舞的文化复原，又有助于以演艺产业促进地域经济发展。福建省和台湾地区位于我国东南部，文化习俗一脉相承，原生态舞蹈都追求"人海和谐"。福建作为海上丝绸之路的起点，气候宜人，交通便利，具有良好的区位优势。台湾地区表演艺术起步较早且积累了大量经验，传统舞蹈艺术在台湾地区有较多的受众，如林怀民的云门舞集、林丽珍的无垢舞蹈剧场、刘凤学的新古典舞团、陈美娥的汉唐乐府及刘若瑀的优人神鼓等均是传统舞蹈元素与当代结合的展现。加强闽台表演艺术产业交流合作，并通过海上丝绸之路辐射东南亚地区，能够提高闽台的文化国际影响力，促进表演艺术产业深化发展。

"一带一路"沿线国家历史渊源深厚，文化资源丰富，民俗生态多样，构建多国联盟有助于传统舞蹈的挖掘、活化与创新，有助于中国舞蹈"走出去"，他国优秀艺术"引进来"，有助于文化艺术多样性发展，打破表演艺术创作同质化的现象。首先，构建多国联盟有助于传统舞蹈寻找历史基因，促进活态传承，推动复建创作。西域乐舞在中国舞蹈与音乐的发展史上曾占有重要地位，并且对中原的乐舞发展有重大推进作用。在漫长的历史变迁中，这些乐舞虽未得以传承保存，但是从今天丝绸之路沿线国家的舞蹈动态形象及身体语汇方面进行追根溯源，依然能够探寻中国古代宫廷舞蹈之风貌，从而重构具有文化底蕴的乐舞艺术，促进亚洲艺术文化圈的建设。如《龟兹乐》是唐代非常普及的乐舞，据《旧唐书·音乐志》载，"自周、隋以来……鼓舞曲多用龟兹乐，其曲度皆时俗所知也"。① 汉代时，《龟兹乐》从西域传至中原，对当时的东方乐舞产生了很大的影响，虽然古《龟兹乐》今已不存，但是我们可以从新疆及中亚、南亚、西亚、北非等丝绸之路沿线地区所流传的《木卡姆》中感受《龟兹乐》的风貌。在宫廷舞蹈方面，中国、日本、韩国、越南有着诸多共通之处，中国唐代的燕乐在日本作为雅乐"左舞"累代继承了一千余年。现在日本宫内厅乐部所演出的日本雅乐的舞乐中，属于"唐乐"的有32个剧目。② 中国宋代的宫廷乐舞《献仙桃》《五羊仙》《莲花台》等在韩国被称为"唐乐呈才"，由专门的"国立国乐院"保存传承至今。越南从15世纪初期的黎朝至19世纪中叶的阮朝有组织地输入中国明朝的宫廷音乐。③ 虽然这些宫廷舞蹈传入周边国家后形态发生了一定改变，如传入日本的乐舞"融入了日本的风土，多用于最为日本化的神道仪式中，更发展成为地方民谣的曲"，④ 不再是中国古代宫廷原有的形态，但是传承下来的乐舞中的"活的"动态形象为当代进行复原重建提供了坚实的依据与参照。

此外，原生态民间舞蹈积淀了大量的古代乐舞及风俗文化，并通过节庆民俗等

---

① 旧唐书·音乐志（卷29）[M].北京：中华书局，1975：1068.
② [日]三田德明.日本雅乐发生变化的可能性[J].当代舞蹈艺术研究，2019（4）：74.
③ 赵维平.从中越音乐的比较看越南宫廷音乐初期史的形成[J].音乐艺术，1999（1）：16.
④ 同①，104.

活动传承至今，能够为今天的传统艺术挖掘与收集提供充分的养料。历史上宫廷乐舞机构常会吸收民间舞蹈的元素进行创作，同时在遣散乐人、战争迁都等时代背景下，宫廷舞蹈也会大量流传至民间。在中西文化交流、民族迁徙交融的环境下，传统乐舞被大量保存在丝绸之路沿线的国家和地区之间，成为待开发的文化宝库。通过加强"一带一路"沿线国家的文化建设联盟，可以有效地推动传统舞蹈的传承，从而发扬传统优秀文化的内生力量，彰显文化自信。

构建多国联盟有助于艺术交流互鉴，可以促进文化多样态发展。在全球化进程与大数据时代，文化艺术打破了过去的地域性、局限性，变得更加普遍和便捷。一个国家的艺术不仅是民族的，更应是世界的。中国的传统舞蹈源远流长，相比西方的芭蕾舞拥有更加深厚的文化积累与历史积淀，但在世界范围内所受到的关注和认知仍处于贫乏的状态，国外的科研院所中对于中国舞蹈的研究屈指可数。在"一带一路"倡议下，推动舞蹈艺术的跨国合作与交流，搭建互联共通的平台建设，可以有效促进传统民族艺术的传播发展，从而传播国家文化，塑造国家形象，提升文化软实力。同时，多国联盟的构建也使外国艺术走入我国，可以丰富我国人民群众的精神生活，拓展艺术发展视野，促进民族艺术繁荣与发展。当下，中央音乐学院和北京舞蹈学院等艺术类高校已建立"一带一路"倡议下的国际音乐及舞蹈教育联盟，寻求不同国家、民族之间的交流合作，通过调研采风、人员互派、艺术欣赏、教学分享、合作演出等方式进行跨国交流的尝试。从高校辐射社会与企业，进一步探索跨国联盟的实施路径和建设方法，在开放多元的环境中进行传统文化的建设，从而在兼收并蓄中实现多元发展和共同繁荣。

【参考文献】

[1] 后汉书·五行志（卷103）[M].北京：中华书局，1965.

[2] 旧唐书·音乐志（卷29）[M].北京：中华书局，1975.

[3] 隋书·音乐志下（卷15）[M].北京：中华书局，1973.

[4] 彭定求等.全唐诗（卷298）[G].北京：中华书局，1999.

[5] 习近平.决胜全面建成小康社会 夺取新时代中国特色社会主义伟大胜利——在中国共产党第十九次全国代表大会上的报告[EB/OL].新华网.（2017-10-27）.http：//www.xinhuanet.com/politics/19cpcnc/2017-10/27/c_1121867529.html.

[6] 李凤亮，古珍晶.新时代中华优秀传统文化现代化转换的价值、路径及原则[J].东岳论丛，2020（11）：112.

[7] 刘青弋.中国古典舞代表作重建的探索与思考[J].北京舞蹈学院学报，2014（5）.

［8］田刚.雅乐归故里 遗音续千年——记"中日韩传统雅乐舞国际学术研讨会"［J］.人民音乐，2010（4）.

［9］《礼记正义》（卷三十七）之《乐记第十九》［M］.郑玄注、孔颖达正义，阮元校刻《十三经注疏（清嘉庆刊本）》.北京：中华书局，2009.

［10］张伯瑜.论丝绸之路音乐研究的意义［J］.音乐研究，2016（3）.

［11］王建疆.敦煌艺术：从原生到再生——兼议著名大型乐舞《丝路花雨》成功演出30周年［J］.甘肃社会科学，2009（5）.

［12］［德］哈贝马斯.交往与社会进化［M］.张博树，译.重庆：重庆出版社，1989.

［13］张再林，王冬敏.全球化语境中的对话文化学的建立［J］.西安交通大学学报，2006（9）.

［14］［日］三田德明.日本雅乐发生变化的可能性［J］.当代舞蹈艺术研究，2019（4）.

［15］赵维平.从中越音乐的比较看越南宫廷音乐初期史的形成［J］.音乐艺术，1999（1）.

电影发行窗口期的理论缘起与市场现状

王一楠[①]

（北京大学艺术学院，北京 100871）

【内容提要】 电影发行窗口期模式是电影发行方采取的一种连续分销策略，旨在通过在不同分销渠道之间设置时间间隔来实现电影产品在全生命周期内的收益最大化。近年来，世界主要电影市场的影院窗口期时长均出现了不同程度的缩短。在窗口期形成的过程中，美国将其交由市场自由竞争，同时推行反垄断法优化市场环境；法国政府对窗口期进行了严格的立法监管，以保护本土电影产业免受外来冲击；中国则在深化电影市场化改革的基础上，充分发挥了国有企业在市场资源配置中平衡市场势力的作用。该文的结论弥补了国内学界对于窗口期的认识不足，并对我国电影发行市场的相关政策规划提出了建议。

【关键词】 电影产业，电影版权，电影发行，窗口期

一、前　　言

随着我国电影市场化改革的不断深入，点播影院、流媒体平台、网络院线等新发行渠道的迅猛发展，电影院的优先地位正在遭受前所未有的冲击。2020年初，一场突如其来的疫情将电影发行窗口期问题推至风口浪尖，原本定于在院线首映的电影《囧妈》转投西瓜视频免费播出，并获得6.3亿元的版权收益。此举招致了院线方的强烈抗议——浙江电影行业两万余名从业人员联名上书国家电影局，指责《囧妈》团队的做法违背了院线"窗口期"的相关行业准则。

在窗口期模式的发源地美国，快速崛起的流媒体平台Netflix早在数年前就打响了"院网之争"的第一枪，《爱尔兰人》《罗马》等在流媒体首映的大制作电影深

---

① 王一楠，北京大学艺术学院在读博士生。主要研究方向为电子游戏、数字媒体艺术、文化市场营销。

深地刺激了美国院线方的神经。自2020年以来，由于全球新冠疫情迟迟未能得到完全控制，电影院尚未全面复工，迪士尼、华纳、环球等好莱坞巨头们纷纷开始采用"零窗口期"或"负窗口期"的电影发行模式。例如，《花木兰》率先于Disney+上映，随后在部分院线上映，《神奇女侠1984》则同时在流媒体平台和院线上映。

电影发行窗口期攸关多方利益，历来是业内最为敏感和复杂的议题之一。窗口期的定义及其背后的经济学原理，世界主要电影市场的窗口期现状和形成机制，都是电影版权运营实务中亟待研究的现实问题。

二、研究现状

目前，国内学界对于"窗口期"的专题研究十分有限。在知网检索结果中，将"电影"和"窗口期"作为标题的文章仅有3篇，将"电影"和"窗口期"作为主要研究对象放入摘要的文章也不过9篇，且均在2015年以后发表。与国内相比，国外学者的研究具有起步早、定量多、角度广的特征，能够考虑电影产业中不同利益相关者与窗口期的相互渗透关系。

由于好莱坞在全球电影市场中占有霸主地位，因而学界对于窗口期的研究大多以美国电影市场作为主要研究对象，并从一种完全市场化的路线来看待窗口期问题。受其影响，国内有部分学者沿用了这一视角。例如，尹鸿和许孝媛（2020）认为窗口期规则是电影商业逻辑的产物，其衡量标准是在市场博弈过程中形成的，不应由行政命令或行业规则制定。然而，市场调节有着自发性、盲目性和滞后性等特点，从产业全局出发对窗口期进行立法，或是采取其他宏观调控手段对窗口期进行干预并非不经之谈。例如，法国对于窗口期规则有着严格的立法和监管。

此外，国内学界对于窗口期概念的理解还存在着不同程度的误区和片面性。例如，马敬佩（2020）等人的研究虽然关注了窗口期与电影渠道发行策略之间的关系，但是却将窗口期假定为影响发行策略的外部市场变量，忽略了窗口期作为一种市场竞争策略和宏观调控手段的作用。张心蔚（2018）的研究将窗口期看作院线方的一种垄断行为，就国内外电影市场的现状而言，其合理性有待商榷。

窗口期的设置曾经是为了保护电影免受盗版冲击，并逐渐发展为发行方最大化电影收益、规避市场竞争的一种手段，其作用随着产业环境、竞争格局、应用场景的变化而变化。因此，对于窗口期模式的研究应当结合所在国电影市场的实际情况，采取一种更加系统、宏观、动态的视角来看待。

三、电影发行窗口期的理论缘起

（一）窗口期模式的定义

"窗口期"模式源于好莱坞六大电影公司，也是世界主要电影市场长期以来的基本组织原则（Dally，2002）。对于这一概念的表述，国内大多采用"扩窗发行"或"窗口期"，国外则常用"开发窗口"（Exploitation Windows）、"视频窗口"（Video Windows）、"媒体年表"（Media Chronology）、"剧院独占"（Theatrical Exclusivity）、"定时发行"（Timing Release）等。

在20世纪30年代的美国，电影发行商根据电影院的不同层级制定了名为"运行区域体系"（Run Zone System）的顺序发行规则，其含义是让电影先在一线城市首映，一段时间之后，再于二三四线城市以更低的价格上映，这被看作窗口期模式的雏形（Gomery，2005）。窗口期的划分根据是电影版权的"权利形态"，而非放映终端。常见的权利形态包括点播权利（Right of On-demand Video）、下载权利（Right of Download）、包月付费视频服务（Monthly Subscription Service）及免费线上观看（Free Movie Online）等，每一种权利形态都对应着不同的市场需求和定价策略。

从经营角度来看，窗口期模式是企业在面对多个分销渠道时采取的连续分销策略（Sequential Distribution）。电影发行窗口期模式是指在不同权利形态之间设置发布间隔，从而刺激或延迟特定观众消费的电影发行方式，其目的是让同一产品在不同的市场以不同的价格进行销售，从而实现产品在全生命周期内的收益最大化（Cichon，2007）。

（二）窗口期的经济学原理

由于营销行为、影评人和社交圈产生的"嗡嗡声"（Buzz），观众在电影刚上映时的感知价值最高，并随着时间的推移降低（Hennig-Thurau etc.，2007）。也就是说，观众更希望能早一点看到电影，而不是晚一点看。但是，观众对于电影还具有不同的评价价值，高评价价值的消费者往往缺乏耐心，愿意为尽早消费产品支付更高的价格。当他们优先购买商品后，如果市场上仍有"剩余需求"（Residual Demand），生产商就可以通过降低价格吸引来那些低评价价值的消费者购买（蒋传海等，2016）。因此，窗口期模式刺激了部分观众花高价到电影院观影，再通过后续低价渠道转移消费，最大程度榨取市场中的"消费者剩余"（Consumer Surplus）。从这个角度来说，窗口期模式可以被看作一种"跨期价格歧视"行为（Intertemporal Price Discrimination），即在不同的时间，以不同的价格向不同需求的购买者出售相同的产品（August etc., 2015）。

一次完整的电影消费除了影片内容本身，还包括放映方提供的服务。电影院可以为电影提供理论上的最佳观影体验，但一部影片在影院上映时，由于空间和时间的限制，消费者常常会受到人群拥挤、交通堵塞、座位不佳、观众干扰等负面因素的影响。正是这样的"拥挤效应"，让部分消费者倾向于选择下载、租赁 DVD、付费电视等更为舒适、便捷的渠道观看电影。因此，窗口期模式也可以被看作一种"版本化"策略，即不一次性向消费者提供尽善尽美的产品，而是对产品逐步改进升级（Calzada & Valletti, 2012）。电影的每一种权利形态都可以被归类为一个版本，每个版本只在有限时间内提供，以避免版本间竞争蚕食产品的总收益。一般情况下，电影发行窗口期遵循在最短时间内产生最多利润的版本优先，然后遵循"次优选择"的原则。这种顺序性、排他性的发行体系，使影片供应商在每一个阶段都能相对优化利润，实现收益的最大化（Prasad 等人，2004）。

四、国外电影市场现状分析

（一）美国电影发行窗口期现状

一直以来，美国电影的主要发行渠道是院线，其次是 DVD 发行。近年来，随着 iTunes、Amazon Prime 等数字平台的快速崛起，电子销售和租赁服务（EST），也就是付费点播（TVOD）的模式在电影发行中的重要性日益凸显。根据美国全国影院主协会（NATO）提供的数据，院线至 DVD 的平均窗口期从 1997 年的 172 天大幅缩短至 2019 年的 92 天；院线至 EST 的窗口期则从 2012 年的 118 天缩短至 2019 年的 81 天，超过 DVD 成为电影第二顺位的发行渠道。[①] 不过，这一趋势正在逐渐放缓，2012—2017 年，院线至 DVD 的窗口期平均每年仅减少 3 天，EST 窗口期也进入了相对稳定的状态（Granados & Mooney, 2018）。

美国目前并没有直接对窗口期进行立法，窗口期的形成在很大程度上是制片公司、院线、流媒体平台多方市场博弈的结果（Cabral & Natividad, 2020）。但在这个"动态平衡"的过程中，美国司法部曾采取多项反垄断措施，对于平衡市场势力、调整产业格局、维护竞争秩序起到了至关重要的作用。

20 世纪 20 至 40 年代，正值黄金时代的好莱坞大制片厂凭借集制作、发行、放

[①] https://www.natoonline.org/wp-content/uploads/2019/09/Major-Studio-Release-Window-Averages-8_28_19pdf.

映为一体的全产业链运作模式形成了联营垄断，致使小型院线和独立制片公司几乎无法生存，良性竞争的缺乏阻碍了美国电影市场的整体繁荣。出于促进公平、保护弱势的考虑，在美国司法部的推动下，《派拉蒙法案》在1948年正式出台，八大制片公司被迫剥离了院线业务。1965年，美国全国影院主协会（NATO）成立。作为目前全球最大的电影放映业组织，协会在业界拥有广泛的影响力，是与制片公司和流媒体平台抗衡的重要力量。在拉斯维加斯，由NATO主办的美国电影产业博览会"CinemaCon"是每年全球最大的电影产业盛会，也是好莱坞最为重要的活动之一，窗口期问题曾多次在大会上引发激烈讨论（方捷新，2017）。

在《派拉蒙法案》颁布72年后，美国电影市场的生态环境已经发生了根本性改变。一方面，以迪士尼为代表的好莱坞巨头以集制片拍摄、有线电视、流媒体、主题公园、衍生品为一体的横向产业整合取代了过去派拉蒙式的垂直整合，并在大集团的协同效应下构筑起了新的垄断帝国，收入来源呈现出IP化、多元化和全球化的特征。片方不再依赖与院线合谋，而是提出缩短院线窗口期，以保持电影在多渠道的营销热度。另一方面，Netflix、Amazon、Hulu等流媒体平台凭借便捷的观影体验、数字技术的加持和制播一体化的模式实现了颠覆式创新，提出了更为激进的"零窗口期"主张。面对手握强势IP的大制片厂，同质化竞争严重，对内容高度依赖却又不能像流媒体平台一样自制内容的影院再一次沦为行业弱势，其所谓的优先地位早已摇摇欲坠。

如果说大制片公司和流媒体平台的前后夹击压制了主流院线的生存，那么艺术电影和独立院线的情况则更令人担忧。马丁·斯科塞斯说："如今，电影行业里有一些人对艺术问题完全漠不关心……我们有两套分离的领域，一个是全球范围内的视听娱乐，另一个是电影艺术（Cinema）。它们仍然会有重叠的时候，但这种情形越来越少了，我担心，拥有经济支配地位的一方会让另一方变得更加边缘化，甚至贬低它们的存在（Martin，2019）。"斯科塞斯的这一观点曾被美国司法部助理总检察长马坎·德莱希姆在关于计划终止《派拉蒙法案》的演讲中多次引用。2019年11月，美国司法部正式宣布终止《派拉蒙法案》，但将法案中关于禁止"包档发行"（Block-booking）和"巡回交易"（Circuit Dealing）这两项有利于院线方的条款设置为两年期的落日条款。① 司法部的这一行为试图缓解院线和片方的紧张关系，也让双

---

① https://www.forbes.com/sites/jamos/2019/11/19/hollywood-cliffhanger-what-the-termination-of-the-paramount-consent-decrees-means-for-movie-theater-owners/?sh=34c217270699.

方有过渡时间摸索新的商业模式。法案终止后不久，Netflix 就宣布接管了历史悠久但濒临破产的纽约艺术影院——巴黎剧院（The Paris）。

（二）欧盟国家电影发行窗口期现状

根据欧洲音像观测站（EAO）和欧盟理事会（COE）联合提供的数据，2018 年，欧盟国家从院线到 TVOD 的平均窗口期为 130 天左右。与美国快速下降的趋势相比，这一数字的变化相对稳定。① 欧盟委员会规定，欧盟成员国可以通过各种各样的方式对电影发行窗口期做出安排，这既包括自由市场竞争和制定行业协议的方法，也包括立法和行政监管。目前，已有法国、保加利亚、葡萄牙三国对电影窗口期进行了立法，而德国、奥地利、拉脱维亚、西班牙四国则有与电影窗口期相关的政策性规定。

作为世界电影艺术的发源地，法国对于电影发行窗口期有着严格的立法和监管，但在具体时间的限制上同样顺应了世界范围内消费节奏加快的大趋势。法国国家电影中心（CNC）在 2009 年颁布的 "Code du Cinéma et de l'Image Animée" 中规定，DVD、付费点播（TVOD）和付费观看（PPV）窗口从原来的 6~12 个月、33 周、9 个月共同下调至 4 个月；首轮付费电视窗口从 12 个月下调至 10~12 个月，次轮窗口从 24 个月下调至 22~24 个月；制作成本占比营业额超过 3.2% 的免费电视频道窗口从 24 个月下调至 22 个月，其他免费电视频道从 36 个月下调至 30 个月；订阅制点播窗口（SVOD）从 36~37 个月下调至 36 个月，最终在 48 个月后开启免费点播。如果电影在影院上映的前 4 周内总观影人次少于 10 万人，版权方还可以向 CNC 声明进一步缩减 1~2 个月的影院窗口期。② 此外，戛纳电影节官方于 2017 年宣布，自 2018 年起，不在法国院线上映的作品没有资格入围戛纳的主竞赛单元，而在院线上映则意味着需要遵守法国相关的窗口期限制，这一规定直接导致了原本备受青睐的《罗马》失去了入围资格。

法国政府对于窗口期的强势干预源于其国家文化政策中坚定的"文化例外"和"文化多样性"原则。20 世纪七八十年代，随着电视机在法国城市家庭的普及，电视台常常在以低廉的价格购得电影版权后播放电影，致使影院的观影人次不断下降。为了调和电影业与电视业的矛盾，时任法国文化部长的雅克·朗对电影扶持政策进行了一系列革新。在政府的调节下，电视业成为电影业的主要投资者，电影院的优

---

① https://rm.coe.int/the-theatrical-tvod-window-a-sample-analysis/1680951884.
② https://www.legifrance.gouv.fr/codes/section_lc/LEGITEXT000020908868/LEGISCTA000020908001/#LEGISCTA000020908523.

先发行权也得到了法律保障。此外，为了保护艺术影片和艺术影院，CNC还于1983年强行解散了联营垄断的"高蒙—百代"院线集团（李燕，2019）。

21世纪以来，随着数字化视听的兴起和全球化进程的加快，法国电影体系不可避免地受到了跨国娱乐集团的猛烈冲击。前Canal+电视台台长皮埃尔·莱斯库尔在为法国政府起草的《文化例外第二法案》中称，少数"国际玩家"对互联网的统治严重威胁了文化多样性。① 面对好莱坞娱乐帝国和流媒体平台"短窗口期"乃至"零窗口期"的主张，法国对于窗口期的严格限制，维护了本土院线、国产电影、艺术电影、付费电视台原先共有的生存空间，降低了国际自由贸易对本国电影产业的侵蚀。时至今日，美国电影在法国市场仍然有着强大的影响力，占其全国电影票房比例约为50%。② 但在法国政府的强势干预下，这一比例要显著低于美国电影在欧盟地区的平均市场份额，且近年来一直保持较为稳定的状态，市场集中度也有所下降。

与法国相比，保加利亚和葡萄牙的规定相对宽松和简单。保加利亚出台的"Art. 45 of Film Industry Act"文件要求非院线窗口至少于院线上映3个月后才能开启，电视播出则不少于6个月。葡萄牙规定在院线上映的电影分别从2个月、4个月和12个月后才能开启视频窗口、付费电视窗口和免费电视窗口，不在院线上映的电影无须遵守此规则。德国、奥地利、拉脱维亚、西班牙四国关于窗口期的支持性法规规定，电影制片方如不遵守窗口期要求，需退还为制作电影而获得的各类国家补贴及公共资助，或是仅允许片方在不损害电影产业整体利益的情况下缩短窗口期（Ranaivoson等人，2014）。

（三）"影院优先"背后的权利主张

从欧美国家电影市场的实践来看，影院窗口期的缩短已是大势所趋，其好处也是显而易见的。首先，随着电影消费节奏的加快，更短的窗口期可以为影片发行商节省大量营销成本。研究指出，尽管平均窗口期为3个月，但95%的票房都是在电影上映后的头两个月内获得的，这意味着更短的窗口期既可以确保电影的宣传热度被其他渠道共享，又不会对总体票房收益产生太大影响（Granados & Mooney，2018）。其次，更短的窗口期可以让消费者在某个时刻拥有更多的观影选择。Netflix的首席内容官Ted Sarandos认为，发行窗口期"在某种程度上切断了人们与电影的联系"，那些不住在电影院附近的观众需要隔上数月才能观看某部电影，这种行为"非常不友

---

① https://www.ft.com/content/b60f4182-bbea-11e2-a4b4-00144feab7de.
② https://www.cnc.fr/web/en/statistics/theater-admissions-in-france-2092-million-admissions-in-2017_112071.

好"。①

然而，也有人认为影院窗口期不应被过度压缩。其中最为突出的论点是电影院观影具有特殊的文化、经济和审美价值，院线平台伴生出的行业文化，例如大规模宣传、杂志封面、电视访谈及明星崇拜等是电影业百年长青的根基，也是全球电影市场繁荣的前提。国际电影联盟（UNIC）在报告中指出，电影院线是电影产业的"关键支柱"，因为它为所有后续的发行方式设定了基准。此外，电影在电影院上映要比其他发行方式产生的收入更高，这既带动了经济增长，也创造了就业机会，并通过向国家电影基金缴纳税款，为支持文化艺术创作做出了影响深远的贡献②。

站在电影院一方的，还有众多为营造大荧幕观影体验而不遗余力的电影人。2011年，詹姆斯·卡梅隆、迈克尔·贝、凯瑟琳·毕格罗等23位著名导演和制片人曾发表联名信，公开反对制片公司缩短窗口期的行为，指责这一行为只顾眼前利益，认为此举会破坏电影市场，迫使院线破产，助长盗版现象。对于华纳兄弟宣布取消2021年在北美上映的17部电影的窗口期一事，著名导演克里斯托弗·诺兰认为："此举没能表现出对那些顶尖电影人全情工作的尊重，行业中很多人用疫情作为借口来攫取短期利益，但这不是做生意的唯一方式，也会影响我们行业的健康。"

窗口期最佳的平衡状态不一定是每个利益相关者（如电影院或制片公司）最为理想的业务状况。但是，完全放弃发行窗口体系，让所有平台自由竞争，可能会导致整个电影行业的不稳定（Hennig-Thurau等人，2017）。因此，对于"最佳窗口期"的讨论，不能只从电影制片公司和发行商利益最大化的市场角度出发，而是要考虑到电影业的整体繁荣和长远发展。

五、我国电影市场现状分析

（一）我国电影发行窗口期现状

我国目前主要是采用"院线—付费点播—会员包月—免费观看"的窗口期模式。据艺恩数据显示，近年来，随着在线视频网站和私人影院的迅速崛起，国内电影的

---

① https://www.indiewire.com/2018/12/ted-sarandos-netflix-theatrical-windows-disconnecting-people-from-movies-1202025231/.

② https://www.unic-cinemas.org/fileadmin/user_upload/wordpress-uploads/2017/06/UNIC_AR2018_online.pdf.

院线窗口期出现了大幅度缩水,已由2013年的119.8天迅速下降至2017年的45天。[①]其中不乏像《天下第一镖局》《逗爱熊仁镇》《二十岁》《江湖儿女》《风中有朵雨做的云》这样窗口期仅为数天或十余天的"准同步上映",以及《飞驰人生》《最好的我们》《中国合伙人》等院线还未下映便已登录视频网站的影片。

面对窗口期的不断缩水,院线曾多次试图通过制定行业公约来保护自身利益。2003年12月,全国35家院线中的34家院线针对音像制品对电影票房的影响,共同正式签署了《全国电影发行放映行业北京声明》。该声明指出:自2004年2月1日起,正版影像制品的上市发行必须在电影首映日起15天之后,否则作违规处理。2019年4月,中国电影发行放映协会、中国制片人协会共同制定签署了《关于影片进入点播影院、点播院线发行窗口期的公约》[②]。该公约指出:"窗口期为影片在电影院线首轮上映档期的2倍(若一部电影在电影院线首轮上映档期为1.5月,点播影院、院线的窗口期为1.5×2=3个月;若一部电影不上电影院线,档期为0月,点播影院、院线的窗口期为0×2=0月,就可以直接进入点播影院、院线),且电影院线的首轮上映档期由电影版权方决定。"中国电影发行放映协会由国家新闻出版广电总局和民政部直接批准设立,属于非营利性行业社会团体组织,会长韩晓黎同时兼任中影集团总经理。然而,这些公开倡议行为无论是在法律效力上,还是行业约束力上都收效平平。该公约所指的"点播影院、院线"是"在电影院和流动放映活动场所之外,为观众观看自选影片提供放映服务经营活动的文化娱乐场所"[③],并非院线的最大竞争对手——在线视频平台。2020年4月,受到《囧妈》事件的影响,国家电影局局长王晓晖曾在电影系统应对疫情工作视频会议中提出,要维护院线电影的"窗口期",但这一口头意见尚未形成明文约定。

(二)市场化改革与宏观调控并重

我国虽然未对窗口期进行立法监管,但政府的宏观调控手段同样影响着窗口期的形成。近20年来,我国对电影发行放映市场进行了深入的市场化改革,但在与窗口期关系最为密切的发行和放映环节,中影、华夏等国资企业仍然扮演着重要角色。电影发行产业目前已面向民营资本开放,但无论影片的发行方是谁,都需要由中影

---

① 《电影窗口期的缩短,只是院线与视频网站一时的Battle?》,https: //www.sohu.com/a/271598384_330259.
② 《关于影片进入点播影院、点播院线发行窗口期的公约》,中国电影制片人协会、中国电影发行放映协会全体会员于2019年4月8日共同制定签署。
③ 《点播影院、点播院线管理规定》,国家新闻出版广电总局第14号令,国家新闻出版广播电影电视总局发布,2018年3月30日起实施。

数字或华夏电影制作拷贝数字放映机密钥。影院在产生票房收益后，也需要先与上述两家公司进行结算。因此，在实际执行过程中，《影片分账发行放映合同》大多是由中影或华夏这两家国资企业代为和院线签署，院线再以"供片协议"的框架形式下发给影院。中影和华夏会在代发行过程中收取净票房1%~3%作为发行代理费。此外，这两家国资企业还手握进口片的独家发行权。在电影的放映环节，国内已有万达、大地、珠江金逸这样的民营院线，但国资企业仍然是电影院线产业的重要组成部分，例如上海联合院线、北京新影联、国影纵横属于国营院线，中影星美、耀莱等则属于公私合营院线。

与欧美国家的情况类似，我国电影市场中的实体院线和艺术电影同样是相对于大制片厂和流媒体平台的弱势方。为了促进行业繁荣，缓解院线经营压力，国家电影局在2018年底印发了《关于加快电影院建设 促进电影市场繁荣发展的意见》[①]，对符合要求的新建（改扩建）影院直接发放数十万元不等的现金补贴，并对"人民院线"和"艺术院线"表示了明确的扶持和资助意向。因此，就我国电影市场现状而言，市场中的任一主体都可以在公平竞争的框架下对窗口期时长提出主张，但国资企业的深度参与起到了平衡市场势力的作用。一方面，国资企业更能顾全大局，配合国家的宏观调控方向，不会像国际市场中的垄断势力一样滥用优势资源，寻求市场支配地位。另一方面，当大制片厂和流媒体平台的强势主张有损于产业的整体繁荣时，以票房作为主要收入来源的国资电影企业也有充足的动机和筹码予以反制。

结　语

（一）本文的主要结论

本文认为，窗口期模式在本质上是企业在面对多种分销渠道时所采取的一种连续分销策略，分销渠道的界定取决于版权的"权利形态"而非放映终端，其目的是通过在不同分销渠道之间设置发布窗口来刺激或延迟特定消费者的消费行为，从而实现电影产品在全生命周期内的利益最大化。从经济学的角度，窗口期模式可以被理解为一种"跨期价格歧视"行为或是"版本化"策略，这种分销策略可以减少不同分销渠道之间由于相互竞争对总收益的蚕食。此外，对窗口期进行立法监管也可以作为一种保护本土电影产业免受外来冲击的手段。这一结论对国内学者将窗口期

---

① 《关于加快电影院建设促进电影市场繁荣发展的意见》，国家电影局2019年12月11日印发。

模式看作院线的"垄断行为"或是"外部影响因素"的观点进行了修正，也对仅将窗口期看作经济利益最大化或者规避市场竞争的手段的观点进行了补充。

自20世纪90年代以来，世界主要电影市场的平均院线窗口期时间均出现了大幅度缩短。在窗口期"动态平衡"的形成过程中，由制片公司、院线、有线电视、流媒体平台多方参与的行业谈判发挥了关键作用，但政府的宏观调控仍然从根本上改变了市场博弈的进程，直接或间接影响了窗口期的形成。在美国，自由竞争市场导致了大制片公司几度形成垄断，危及了艺术电影和独立院线的生存。对此，美国司法部推动了一系列反垄断措施，通过法律手段来改善市场竞争环境。在法国，为了应对跨国娱乐集团和流媒体平台的冲击，保护本国电影产业的整体发展和繁荣，政府通过立法监管对各个权利形态的窗口期进行了明文规定，戛纳电影节也通过调整主竞赛单元的参赛资格要求来促使参赛影片遵守这一规定。与美国强调自由竞争和法律调节、法国注重立法监管的做法不同，我国采取了在开放市场竞争的基础上，由政府深度把控、积极引导的"混合式"办法，充分发挥了国有企业在市场资源配置中的作用。这种办法有效地促进了电影市场的蓬勃发展，也限制了产业链中任意一方市场势力的无限扩大。

（二）讨论和展望

回到本文最开始提到的《囧妈》事件上，本文认为，线上播出在现阶段不可能为制片公司持续提供与院线票房规模相当的回报；对于平台来说，"零窗口期"免费模式的事件营销和战略布局意义要远大于直接的财务回报，其投入产出比会随着时间的推移迅速衰减。因此，这一模式并不具备长期持续的可能，也不会对中国的电影产业造成实质性的冲击。

本文认为，我国并不需要像法国一样通过对窗口期做出明文约定来保护本国电影产业的发展。对外，我国已经有对进口片放映的相关限制规定，且2019年国产电影票房占到了总票房的64%，[①] 美国电影占比不足1/4，Netflix等跨国流媒体平台也尚未能在中国开展业务；对内，政府的深度把控和积极引导有效限制了任意一方市场势力的无限扩大。因此，在这个技术和商业模式快速迭代、电影产业蓬勃发展的时期，通过政策法规来对窗口期进行约束不免显得有些"多余"，也不符合我国电影产业市场化改革的大方向。

---

① 《2019年全国票房642.66亿元 国产片份额达64.07%》，《人民日报》2020年1月2日12版，http://m2.people.cn/r/MV8xXzMxNTMxNDI5XzQxMzg4M18xNTc3OTIzNzIy.

有观点提出，关于窗口期的博弈并不是一场"零和游戏"。NATO 曾与安永共同进行了一项研究，发现在每年观看 9 部或更多部电影的观众当中（是全国平均水平的两倍），有 33% 的人每周在流媒体平台上花费的时间也在 15 小时以上。① 换句话说，电影爱好者是"无处不在"的，流媒体平台可能并不是院线的竞争者，而是促进者。此外，乐视影业的 CEO 张昭曾在 2011 年提出，对于以技术驱动为主的影片，延长窗口期是有必要的，而以内容驱动为主的影片，可以适当缩短窗口期。这一观点也与学界最佳窗口期时长取决于观众期望及影片易腐性等观点不谋而合。可以看出，关于"最佳窗口期"的讨论还存在着诸多可能性，既然市场并未失灵，那么不如让窗口期模式回归本位——作为一种市场竞争策略，然后静待电影产业自然实现自我革新。

【参考文献】

［1］曹欢.电影发行窗口期新模式的形成与产业发展——以光线影业为例［J］.中国电影市场，2016（09）.

［2］方捷新.CinemaCon：媒体融合时代影院技术发展及商业走向［J］.现代电影技术，2017（07）.

［3］蒋传海，王志伟，冷帅.跨期价格歧视与转售价格维持［J］.管理科学学报，2016，19（07）.

［4］李燕.20 世纪法国电影扶持政策史略［J］.电影评介，2019（21）.

［5］马敬佩，李文立，耿师导，李天石.基于窗口期的电影双渠道定价策略分析［J］.中国管理科学，2020，28（02）.

［6］向勇.《囧妈》动了谁的奶酪？——兼论数字创意时代我国电影院线的发展格局［J］.艺术评论，2020（03）.

［7］尹鸿，许孝媛.电影发行"窗口模式"的重构及影院的"优先地位"［J］.当代电影，2020（09）.

［8］张心蔚.试析网络与电视播放平台对电影院线的影响［J］.电视研究，2018（02）.

［9］Gomery, D. The Hollywood Studio System. A History［M］. London：British Film Institute，2005.

［10］Ahmed, S., & Sinha, A. When It Pays to Wait：Optimizing Release Timing Decisions for Secondary Channels in the Film industry［J］. Journal of Marketing，2016，80（4）.

［11］August, T., Dao, D., & Shin, H. Optimal Timing of Sequential Distribution：The Im-

---

① *Netflix, Theatrical Exclusivity, Box Office Profits, and the Cultural Conversation*, John Fithian, https://www.natoonline.org/blog/reel-blog/netflix-theatrical-exclusivity-box-office-profits-and-the-cultural-conversation/.

pact of Congestion Externalities and Day-and-date Strategies [J] . Marketing Science, 2015, 34 (5).

[12] Cabral, L., & Natividad, G. Movie Release Strategy: Theory and Evidence From International Distribution [J] . Journal of Economics & Management Strategy, 2020, 29 (2).

[13] Calzada, J., & Valletti, T. M. Intertemporal Movie Distribution: Versioning When Customers Can Buy Both Versions [J] . Marketing Science, 2012, 31 (4).

[14] Das, S. Timing Movie Release on the Internet in the Context of Piracy [J] . Journal of Organizational Computing and Electronic Commerce, 2008, 18 (4).

[15] Hennig-Thurau, T., Henning, V., Sattler, H., Eggers, F., & Houston, M. B. The Last Picture Show? Timing and Order of Movie Distribution Channels [J] . Journal of Marketing, 2007, 71 (4).

[16] Martin, S. I Said Marvel Movies Aren't Cinema. Let Me Explain [N] . New York Times, 2019-11-04.

[17] Prasad, A., Bronnenberg, B., & Mahajan, V. Product Entry Timing in Dual Distribution channels: The Case of the Movie Industry [J] . Review of Marketing Science, 2004, 2 (1).

[18] Cichon, C. Licences and Media Windows. Iris Special: Legal Aspects of Video on Demand [R] . Strasbourg: European Audiovisual Observatory, 2007.

[19] Ranaivoson, H., De Vinck, S., Van Rompuy, B., & Hoelck, K. Analysis of the Legal Rules for Exploitation Windows and Commercial Practices in EU Member States and of the Importance of Exploitation Windows for New Business Practices [R] . European Commission, 2014.

[20] Dally, P. The Audiovisual Management Handbook: An In-depth Look at the Film, Television and Multimedia Industry in Europe [Z] . Media Business School, 2002.

[21] Granados, N., & Mooney, J. G. Popcorn or Snack? Empirical Analysis of Movie Release Windows [Z] . Pepperdine University, 2018.

略论打造休闲街区的理念、路径与方法

徐稚迪[①] 王国华[②]

(北京工业大学经济与管理学院，北京 100124)

【内容提要】 近年来，随着社会经济的发展，旅游文化与城市建设相互融合的步伐越来越快。2021年，国家文化和旅游部办公厅与国家发展改革委办公厅联合发布了《关于开展旅游休闲街区有关工作的通知》。"打造一批文化特色鲜明的国家级旅游休闲街区"，成了各级政府的重要任务之一。如何打造休闲街区成为一个重要的命题。本文围绕休闲街区的概念、品牌传播与休闲街区的价值实现、休闲街区的形象创意与构建三个方面，探讨打造休闲街区的理念、路径与方法，并提出建设休闲街区要注重规划特色鲜明、定位准确明晰、发展方向正确、项目设计新颖，注重软件思维的实践思路，为特色休闲街区的打造勾画出了新的美好蓝图。

【关键词】 休闲街区，品牌传播，创意构建，规划设计

2021年4月26日，国家文化和旅游部办公厅与国家发展改革委办公厅联合发布了《关于开展旅游休闲街区有关工作的通知》（以下简称《通知》）。《通知》明确提出为"发展城市旅游休闲，推动文化和旅游融合发展，更好满足人民群众游览、休闲需求"，打造一批文化特色鲜明的国家级旅游休闲街区。《通知》要求"各地旅游休闲街区所在城区人民政府是省级、国家级旅游休闲街区创建责任主体，要依照《旅游休闲街区等级划分》（LB/T 082-2021）行业标准，健全工作机制，加强统筹协调，整合相关资源，形成工作合力，切实提高旅游休闲街区建设、管理、服务水平。各地旅游休闲街区创建单位要按照要求，积极配合开展旅游休闲街区大数据工作，加强数据连接工作，协同建立全国旅游休闲街区数据分析机制。文化和旅游部

---

① 徐稚迪，北京工业大学文化产业管理专业本科生。
② 王国华，北京工业大学文法学部教授、北京工业大学文化创意产业研究所所长。

会同国家发展改革委将于 2021 年下半年开展国家级旅游休闲街区认定。"

　　由此可见，今后一段时期，各级政府推动文化旅游产业融合发展的重要任务之一，就是"打造一批文化特色鲜明的国家级旅游休闲街区"。然而，休闲街区的打造既是一项综合性、交叉性、跨界性极强的"系统工程"，也是一项"城市更新"的协同创新工程，同时还是一项发展"创意经济""美学经济""眼球经济"的实践工程。不同的打造理念与路径方法，将会影响休闲街区建设的效率与品质。为此，本文将从以下几个方面来谈谈打造休闲街区的理念、路径与方法，抛砖引玉，以求同仁绳愆纠谬，批评斧正。

一、"休闲街区"不只是一个物理空间概念

　　众所周知，"街区"是城市组成的重要单元，也是城市空间结构的支撑体和城市形象、城市风格、城市氛围的载体。街区的风格、特征及形态样式等，决定着城市的整体风貌和城市品格。因此，街区作为城市的重要组成单元，它的个性特征、形态呈现状态及构成要素等，一直是城市设计者和城市市民及外来游客关注的核心问题。

　　"休闲街区"是我国当下大力发展文旅产业所提出的新概念，它包含多种含义。首先，它是一个物理空间概念。它是城市空间布局、"感知形象"定位的"显性"实体。当然，休闲街区更包含着对特定街区所包蕴的某种"休闲特色"充分赞许。其次，"休闲街区"还是一个特定人群的精神空间概念。"休闲"是人类社会的一种生活方式。著名理论家于光远先生出版过一本《论普遍有闲的社会》的专著，系统深刻地论述了"休闲与社会进步的关系"。于光远先生认为，"闲"是生产力发展的根本目的之一，闲暇时间的长短与人类文明进步是并行发展的。"休闲是人们对可以不劳动的时间的一种利用，它是人的行为，是可以自我做主的。人们可以选择这种或那种休闲方式。不同的休闲方式需要不同的休闲产品和所需的服务。因此，发展休闲产业不仅是企业行为或经济行为，而且更能对人的自由全面的发展提供保障，对增强人的创造能力提供社会支持条件。"所以说，休闲街区是为休闲产业发展所提供的独特的物理空间与精神空间统一的融合体之一。休闲街区蕴含着某种特定景象，氛围同一般性的、程式化的商业街区有明显的"休闲差异"。第三，休闲街区还昭示着城市街区不仅仅是一个不断变化的物理空间，还是一个不断衍生"美学经济""眼球经济"等新业态的承载体。

纵观世界城市的发展历史，很多国家都出现过"逆城市化"现象。许多城市在建设过程中似乎忘却了所谓的城市街巷、城市的视觉空间、精神空间及感知空间等美学概念，取而代之的是"千城一面""万城一色"：所有建筑都是"直线加方块"，更没有所谓的"休闲街区"概念。20世纪80年代，"城镇化"推进我国经济迅速发展。随着旅游产业的发展，城市的"休闲街区"概念出现了，"城市空间"的话题越来越受到人们的关注。休闲街区是城市空间的重要组成部分，它的内蕴丰富多彩，它的视觉空间无限广泛。但是，由于历史的原因，很多人把城市空间理解为物理范畴的景象再现形态系统，而对城市空间，尤其是街区空间的精神形态、符号形态、意义价值等非物质范畴认知持否定态度。

关于"空间"，现在有很多说法。《现代汉语词典》中对空间一词的解释是"物质存在的一种客观形式，由长度、宽度、高度表现出来，是物质存在的广延性和伸张性的表现"。[①] 这是传统的关于空间的解释。那么空间究竟是一种物质形态，还是一种精神形态呢？传统的观念显然否定了空间的精神形态、符号形态、意义价值的存在……

法国学者列斐伏尔在1974年撰写了一部《空间的生产》的论著，提出空间是生产关系和生产力的组成部分。空间既是产物，又是生产者，是经济与社会关系的生产物和支撑物。列斐伏尔在他的另一篇论文《空间：社会产物与使用价值》中论述过："生产空间是令人惊异的说法，在概念上实际是最近才出现的，主要是表现在具有一定历史性的城市的急速扩张、社会的普遍都市化，以及空间性组织的问题等各个方面。今日，对生产的分析显示我们已经由空间中食物的生产转向空间本身的生产……"[②]

列斐伏尔摆脱了空洞、静止的空间观念，认为空间是具有社会性的，在空间日益社会化、复杂化的过程中，空间逐渐走向了一种自身生产，这使得空间内部的生产之间相互流动，不再独立……列斐伏尔提出了一种独特的社会空间理论，用社会和历史来解读空间，又用空间来解读历史与社会，并使用"空间实践—空间的表征—表征的空间"的"回溯式进步"来强调"社会—历史—空间"三者之间的辩证统一的关系。他将自己的理论指向了"空间的革命"，即"重建一个差异性的

---

① 中国社会科学院语言研究所词典编辑室.现代汉语词典（第6版）[M].北京：商务印书馆，2012.09：740.
② [法]列斐伏尔.空间：社会产物与使用价值，王志鸿，译.[EB/OL].2006[2010-02-09]. https：//www.douban.com/group/topic/9840590/.

空间"。

英国学者爱德华·苏贾是深受列斐伏尔影响的哲学家，他曾经提出过"第三空间"的概念。他认为，"第一空间"是指空间形态的物质性；"第二空间"是指人类认知中的空间概念；"第三空间"则是结合前两种意义空间的视角，指的是"就是鼓励你用不同的方式来思考空间的意义和意味，来思考地点、方位、方向性、景观、环境、家庭、城市、地域、领土及地理这些有关的概念，他们构成了人类生活与生俱来的空间性"。

由此看来，空间并不仅仅是指类似建筑、街区等某种特定的产品——某事物或者某物体，而是指"一束关系"的集合。显然，在"空间生产"所蕴含的复杂关系中，有一种要素成为连接与沟通各种要素之间，以及实现整体性空间的重要关系。这种要素可能就是上海社科院花建教授所提出的"文化创意"[①]……只有人类的文化创意才能成为各种空间或各种力量组合形成的空间的黏合剂……在这种意义上来说，人类的文化创意才是空间生产的灵魂……

发达国家的城市街区建设实践证明，凡是获得受众的青睐与拥戴的历史名城、优雅街区、流行的优秀文化产品等，往往都在空间活化、空间再造、空间拓展方面有新的突破与创造。

二、品牌传播与休闲街区的价值实现

休闲街区的打造理念除了上文所说的创新人们的休闲方式、衍生新的休闲产品、为人的自由全面发展提供保障等之外，还有一个重要的理念就是"突出地方文化特色，对街区的历史文化遗产加强保护，合理利用，使其在提供公共文化服务、满足人民精神文化生活需求方面充分发挥作用，提升旅游休闲街区文化，提升旅游吸引力和影响力，让城市留下记忆，让人们记住乡愁"。而实现这些理念的重要路径之一就是进行"休闲街区的品牌传播"。

品牌传播是休闲街区形象打造与价值实现的重要环节。休闲街区的品牌传播，除了创造一系列新的传播空间之外，还需要创造一系列具有高度抽象意义的精神符号。符号是什么？维基百科中将符号定义为"在一种认知体系中，符号是指代一定意义的意象，可以是图形图像、文字组合，也不妨是声音信号、建筑造型，甚至可

[①] 花建. 文化产业的集聚发展——从创意集群到文化空间[M]. 上海：上海人民出版社，2011：161-162.

以是一种思想文化、一个时事人物"。文化符号是一个抽象概念，应该可以解释为能够代表一国一族或一地文化的代表性事物、人物、建筑等。符号是最具代表性、表彰性的文化创意元素，它凸显了文化符号的创意、设计、生产在空间再造过程中的重要地位。

我们很多城市街区的历史文化资源极为丰富，不仅品质高，而且数量、门类繁多。但是，街区文化缺乏传播意识，即使有一些形象宣传，也是单向的、生硬的，并常常给人一种眼花缭乱的感觉，因其主基调、主旋律不够鲜明，而难以提炼出一套系统的、有代表性的文化符号。这种符号创造不仅是对休闲街区文化精髓的深入挖掘与再创造，更是对休闲街区文化价值的一种提炼与升华。

休闲街区的价值需要通过品牌传播的方式来实现，而休闲街区的文化传播更需要建立一套符号系统。这种符号系统的构建至少有三个方面的意义：首先，它有利于更好地凸显休闲街区的整体文化形象。现代传媒的实践证明，符号是传播的一种快捷工具，文化符号可以高效地树立一个国家或地区的文化形象，代表这个国家或地区的深层次文化。例如，长城是公认的中国文化代表符号之一，体现了中华民族坚韧自强的形象。其次，有利于更深入地挖掘休闲街区文化的深刻内涵。文化符号是文化精神的高度凝练和概括，所以能够更好地体现出休闲街区文化精神的深邃内涵。第三，有利于引领休闲街区文化发展，提升休闲街区文化产业升级。

代表性的文化符号犹如旗帜，能够起到龙头作用，引领文化发展的方向。文化产业必须以"内容为王"，代表性的文化符号就是内容的统帅。创造休闲街区文化符号系统，不仅不会影响休闲街区文化的多样性、丰富性，更不会压抑、束缚休闲街区文化的传播，反而会起到促进、引领和提升休闲街区旅游品牌的作用。

提炼与创造休闲街区代表性的抽象符号，并不是简单地勾画或描摹一两个有代表性的Logo，而是要在对于特定街区文化精神进行深入研究与发掘之后，抽象出一系列有概括性、象征性与意象性的符号系统。这是一项艰巨而复杂的工作，它需要一批具有现代传播学术和深厚的传统文化素养的仁人志士积极参与。尤其是需要那些中西文化素养兼备的传播人才积极参与其中。近百年来，我们的审美观念、传播观念、接受观念等，都深受苏联的现实主义、写实主义文化思潮的影响。在今天的世界文化市场上，"依然是西方美学主导世界的时代"，而我国的艺术设计所面临的困惑与纠结正在于我们的文化审美观念与西方发生着"逆向冲突"——"我们每时每刻都受着抽象审美与具象审美两种不同观念和评价标准的困惑与煎熬"。"我们的设计思想游离于'抽、具'两者之间的混乱，我们常常从具象的审美角度去看待抽象美，因此我们会为国外设计师的创意叫绝而感叹自己却想不到。其实，问题的根本不是我们中国人缺乏创造力，而是我们没有掌握一种获得创造力的方法。"①这些方法包括后期印象派、包豪斯现代设计思想、后现代主义思想等。

三、休闲街区的形象创意与构建

皮尔·卡丹说，人是色彩的动物。人对于色彩的敏感是所有其他动物所远远不及的。现代医学研究表明，人睁开眼的第一秒首先看到的是色彩，第二秒看到的是色彩下的线条，然后才是色彩线条所构成的形象。所以，形象成为人类最重要的关注体。许多消费品十分注重形象设计，如汽车的外形设计、服装的款式设计、各种商品的包装设计等，都表明消费者对形象的关注。据权威机构统计，目前世界上最大的产业是化妆品产业，这表明了"更好的色彩""更美的形象"是人类普遍重要的追求。

在品牌休闲街区打造过程中，科技、金融、商业、文化习俗等固然重要，但是，更加引人瞩目的首先是景观形象的创造。景观形象的构成一般包括街区的人群形象、建筑物形象、街巷形象及整体视觉色调。

以欧洲诸多旅游小镇为例，它们的魅力之一就在于它们的特色建筑、特色街巷，以及建筑物与街巷融合而成的整体风格与特色形象。欧洲旅游小镇的建筑风格可谓多姿多彩，多种多样：有巴洛克风格的，有哥特风格的，有文艺复兴风格的，也有现代风格的，更有将各种风格巧然混搭的。这些建筑大都沿袭着它们原生的风格，加之欧洲普遍采用的对历史建筑的动态保护及石质建筑本身的坚固耐久，使得不同年代的建筑得以相会在同一个时代。从每一栋建筑上面，游客都可以读到不同时代的记忆和故事。多样与原生，是建筑成就小镇魅力的关键。欧洲旅游小镇建筑的多样性与原生性，很好地承载了小镇的历史记忆与文化脉络，让小镇充满文化气息与迷人魅力。欧洲旅游小镇的街巷，无论大小宽窄，一般都以石头铺就，且弯曲有度，很少采用一马平川的柏油或水泥路。石头的街巷，经人踩踏，经车压磨，风吹日晒，时光流转，变得光光亮亮，也成了小镇历史的代言。曲曲折折的石头街巷与各种风格的建筑交相辉映，构成了欧洲旅游小镇最有韵味的画面，让人徜徉其间，流连忘返。

---

① 张琪.文化产业的视觉生态学与艺术设计［M］.北京：中国建筑出版社，2011（9）：19.

在欧洲，无论是大城市还是旅游小镇，其建筑格局都有"教堂中心说"或"广场中心说"。大部分欧洲旅游小镇都以教堂和广场为中心，向外散开分布，公共活动空间如商店、图书馆、电影院、餐馆等一般都分布在教堂和广场附近，民居以线性或放射性延伸分布。一般情况下，行人离开中心广场都可步行。每一个住家都可以很方便地接近中心，进一步可享公共活动，退一步可享恬静生活。无论是依山而建的小镇，还是沿河而建的小镇，或是不靠山也不靠河的小镇，其格局和尺度都有一定的规律性。

构成休闲街区形象的重要元素是该地域的"总体色彩"。一般来说，某个休闲街区的"色彩印象"主要来自两大方面，一是建筑，二是植物花卉。欧洲旅游小镇的色彩是其出彩的又一大关键。无论是北极圈内的北欧小镇，还是地中海畔的南欧小镇，色彩是小镇共通的语言。欧洲旅游小镇的颜色多样而自由，赤橙黄绿青蓝紫的建筑一列排开去，这在欧洲全属正常，毫不夸张。各种颜色的建筑，粉紫、亮蓝、鲜绿……无奇不有，五彩缤纷。比如，威尼斯边上有个色彩岛 Burano，就是因为其颜色的多元与出色，成为游客争相追捧的目的地。花木也是欧洲旅游小镇色彩的重要构成部分，窗台上、门廊下、阳台里，甚至墙壁上，种满五颜六色、争相开放的花卉，把古典的建筑点缀得灵动活泼，把小镇装扮得温馨怡人。被誉为欧洲最美小镇的捷克 CK 小镇（Cesky Krumlov），是色彩诱人的典范。欧洲的诸多小镇，地方原真性的保护与旅游发展相得益彰，和谐融洽。当地居民的生活方式得到保护，地方文化与精神得到很好的传承。浓浓的生活气息，让游客不禁放慢脚步，集市里、街道上、餐馆里、街头咖啡桌边，到处可见放慢脚步的游客，悠然享受着小镇的度假生活。

中国的休闲街区建设应当学习欧洲旅游小镇的建设理念，在街区的景象氛围营造、建筑形态与建筑格局的创新，以及街区本土文化传承与创新方面进行探索。尤其在空间拓展、符号创造方面，更多表现现代人的心灵空间、情感空间、梦幻空间的叙事故事和符号系统。当下流行的所谓"符号即空间""空间即符号"等理念，表明人类在精神产品生产与传播方面开始进入全新的境界——新空间的创造时代。我们的休闲街区建设也应当与时俱进，在符号创造、空间创新上进行突破与创新。正如《通知》所说，打造休闲街区"应注重培育多元业态，丰富休闲娱乐功能，以现代化、多元化、个性化产品供给，促进居民消费意愿提升，以高质量旅游休闲街区产品服务增强人民群众的获得感、幸福感"。尤其是在旧城更新、古街改造过程中，必须"坚持科学规划合理建设的原则，结合城市更新行动，避免大拆大建，在保持街区的真实性和完整性的基础上，空间布局可丰富创新，建设内容要服务于文化传承和主客共享的实际需要"。

古人言，做任何事情都必须"谋定而后动"，"预则立，不预则废"。没有经过精心规划设计的产业是难以持续发展的产业，休闲街区的打造更是如此。建设休闲街区的"规划设计"应当做到如下"五要"：一要起点高，要在深刻把握地域文化特色与景观特点的基础上，对标世界著名街区进行街区规划；二要定位准确明晰，结合特定街区的资源特点和文化禀赋，找准休闲产业的定位；三要发展方向正确，精准把握大数据时代的发展趋势，充分运用数字化技术展示休闲街区的文化内涵，注重全产业链构建；四要项目设计新颖，必须做到项目引领、品牌传播；五要注重软件思维，注重"名人、名家、名牌、名景"的融合创建，注重智库建设在先、硬件建设在后的打造流程。如果能够按照以上理念、路径和方法进行实践，那么特色休闲街区的打造必将步入美好的新天地。

【参考文献】

［1］于光远.论普遍有闲的社会（第1版）［M］.北京：中国经济出版社，2005.

［2］中国社会科学院语言研究所词典编辑室.现代汉语词典（第6版）［M］.北京：商务印书馆，2012.

［3］孙全胜.列斐伏尔"空间生产"的理论形态研究（第1版）［M］.北京：中国社会科学出版社，2017.

［4］［法］列斐伏尔.空间：社会产物与使用价值［EB/OL］.王志鸿，译.［2010-02-09］. https：//www.douban.com/group/topic/9840590/.

［5］花建.文化产业的集聚发展——从创意集群到文化空间［M］.上海：上海人民出版社，2011.

［6］张琪.文化产业的视觉生态学与艺术设计［M］.北京：中国建筑出版社，2011.

中国传统民间舞蹈文化的当代传承与价值开发

——以传统乐舞集《沉香》系列为例

徐末子[①]

(北京大学艺术学院,北京 100871)

【内容提要】 作为以人为表达媒介及传承载体的中国民族民间舞,其当代发展面临着文化缺失、传承断代的风险,所以抢救文化传统是业界当前的热点话题。本文以传统乐舞集《沉香》系列为例,剖析中国传统民间舞蹈文化的当代传承与价值开发路径,对民族身体文化的自我延续问题予以理论阐述和实践分析。

【关键词】 中国民族民间舞,价值开发,活态文化传承

一、中国传统民间舞蹈文化的当代发展困境

中国民族民间舞作为中国民族文化中以人为表达媒介的身体文化,具备通过肢体变化展现出的动态性、即时性、不易捕捉性等独特属性,并且具有一种身体层面的直接表意性。民族民间舞是一个民族的日常生产、精神信仰、族群审美的动态缩影。在当代社会的全球化大语境中,中国民族民间舞跟随时代脚步同样处于飞速发展的状态。当代语境中的中国民族民间舞可分为原生态民间舞蹈、次生态民间舞蹈,以及由艺术家从前两者中获取素材并以此为主要手段创作的舞蹈作品等三个类型。原生态民间舞蹈存续于普通民众的生产生活中,并由他们在民俗仪式或民俗活动中进行传承;次生态民间舞蹈由职业舞蹈工作者经过收集、整理、加工、提炼而成专门的教材,用于培养职业化舞蹈演员,以及在普通民众中用于普及的形态;舞蹈作品顾名思义是一种艺术创作的产物,是艺术家的创作结果。[②] 其中,后两类创作型民间舞蹈发展较好,

---

① 徐末子,女,北京大学艺术学院博士在读。主要研究领域方向为艺术理论与舞蹈理论。
② 朴永光.保护我国当代原生态民间舞蹈之我见[J].中央民族大学学报,2004(5):84.

而作为创作型民间舞实践根基的原生态民间舞蹈,则并没有受到同等的重视和保护。

原生态民间舞蹈作为民间传统民俗活动的一部分,长期存续于人类生产生活当中。其中,大多在所属民族特殊的节日活动或红白喜事、婚丧嫁娶等事件中出现,并具有各自的实用层面的功能性。然而,当代社会的高速发展,人们对于当代文明的向往与追求,使得人们对于传统民俗活动不再那么重视与信仰,人们的生存交往方式也发生了巨大的转变。由此,新生代族群与传统民族文化之间出现时代鸿沟,使得很多传统民俗活动濒临失传的边缘,其中,传统民间舞蹈也在逐渐异化甚至消失。

第一,由于很多传统民间舞蹈依附的民俗活动逐渐失去了其过去在日常生产活动中的实用功能,传统民间舞蹈所依托的生存环境持续巨变,使其失去了传统生存条件,进而出现逐渐消融的现象。第二,民族舞蹈生存环境的转变带来的是深层民族文化的解构,社会环境的改变使得仪式性的传统民间舞蹈的发生时长急剧压缩,因而带来了舞蹈本体内容的减少与省略。第三,伴随着生存环境的剧变,传统舞蹈出现风格趋同化现象。族群生活边界与范围的模糊化,使得相近地域的不同民族或相同民族不同地区的传统舞蹈出现了同化趋势,民族舞蹈风格多样性遭受破坏。第四,传统民间舞蹈的传承群体存在大规模的断代化、老龄化现象。"艺人亡,艺技失",若没有对其所掌握的传统民间舞蹈技艺的有效记录手段,依附于舞蹈传承者身体上的民族身体文化也将随之消失殆尽。第五,中国民族民间舞蹈总体量为世界之最。我国有56个民族,每个民族都具有独特的民间文化基因,据不完全统计,其总量可达上万。这成了一把双刃剑,体量过大所导致的传承注意力分散使得每一个个体的传承效果受到影响。民族舞蹈在整个文化传承的语境当中并非热点,中国舞蹈行业的业界力量在宏观环境中也非常有限。这些现象对于中国民族舞蹈的当代发展来说,是空前绝后的行业危机。作为中国民族民间舞蹈行业发展的核心基础,传统民间舞蹈的继承是必然过程。继承与发展是根与枝的关系,如若没有根的营养,作为枝叶早晚会有枯萎的一天。

二、中国传统民间舞蹈文化的当代价值开发路径

在中国舞蹈行业面对如上困境的情况下,开发出适合非物质性文化的当代传承与价值开发路径迫在眉睫。在时代转型期,让自己的文脉不被中断是最重要的。[①]中

---

① 冯骥才,傅小平.时代转型期,让文脉不被中断才是最重要的[J].上海文学,2020(1):135.

国传统舞蹈文化属于民间活态文化的一部分。民间活态指一代代口头传承与身体承续的民族动态的文化传统，是通过族群人的存在行为与存在情感建构的文化史。[1]这种文化的特殊动态性使得一般方法难以操作，因此需从具体实践中规范总结出适用于舞蹈文化的继承与发展路径，进一步稳固中国民族民间舞蹈行业根基，并依据行业特点践行当代文化传承的职能，进而增强民族文化自信。

笔者认为，传统乐舞集《沉香》系列项目在对于中国传统民间舞蹈文化的当代价值开发方面具有一定的借鉴价值。该项目由北京舞蹈学院中国民族民间舞系发起，旨在借助舞者专业身体呈现不同族群人在漫长历史进程中积淀的独特生命体验与精神追求。我国作为多民族国家，拥有丰富的传统乐舞资源。自2014年项目启动至今，该项目共从黑龙江、江西、广东、陕西、贵州、云南、新疆、吉林、西藏、海南、安徽等地整理传承了包括汉族、壮族、苗族、哈尼族、瑶族、普米族、傈僳族、维吾尔族、哈萨克族、土家族、黎族、傣族、朝鲜族、藏族、蒙古族等民族在内的数十支传统乐舞。其中包括国家级、省市级及区县级的非物质文化遗产保护项目，也包括部分还未被授予非遗殊荣但同样具有文化价值且在当地薪火相传的传统乐舞。《沉香》系列通过反观传统，加深了行业的自我认知程度。通过激活凝聚着前现代社会文化符号的古老艺术形式，使其在当代社会中产生新的价值。作为项目发起人之一的北京舞蹈学院学术委员会主任高度教授曾强调民族"根性"的重要："要保留民族的根性就必须强调原生态传统民间舞蹈，'学院派'民间舞蹈在发展的过程中因为太注重专业化而使得舞蹈的技术和意识都远离了最初的状态，从传统民间舞蹈上已找不出它的痕迹。但它专业化的枝干也还是一直在成长着，一棵树成长的最后就是继续完成它的蜕变与突破，而这种蜕变与突破对于'学院派'民间舞蹈来讲不仅仅是继续专业化下去。因为对传统民间舞蹈的几乎断裂的分离无法支撑其进入'更上一层楼'的境界，所以加强其根系从传统民间舞蹈上进行一定程度的回归，成了'学院派'民间舞蹈发展成真正职业的精品民间舞蹈的一个重要举措。"[2]

通过对该案例实践路径的分析，传统乐舞集《沉香》系列对于中国传统民间舞蹈文化的当代价值开发通过"请进来，走出去"，即通过舞蹈传承者上行与学院下行两种途径的田野作业方式，并根据民间舞蹈所具备的以人体动态保存文化与表现文化、群众之间直接进行传承、在一定环境中进行传承、随着社会生活改变而发展、

---

[1] 乔晓光.一个被忽视的活态文化传统[J].湖北美术学院学报，2002（1）：14.
[2] 高度.中国民族民间舞职业化架构[J].北京舞蹈学院学报，2002（4）：49.

以及从民间向舞台艺术升华五方面的文化特征[①]，采取了从个体到群体、从微观到宏观的实施三部曲，再分别以动态捕捉、群体整合及剧场介入等三个步骤，着手对素材中的传统民间舞蹈文化进行当代继承与价值开发。

（一）动态捕捉：对舞蹈个体的肉体模仿

由于舞蹈被称为一种动态的造型艺术，是"动的雕塑""活的绘画"，拥有直觉性、动作性、节奏性及造型性等艺术特点，[②]因此，对于其整体的把握应从造型性即舞蹈本体基本的体态、姿态入手，并在观察舞蹈传承者身体运动的过程中对其身体状态、肢体动作的运动轨迹，肢体的运动路线等进行模仿，即对舞蹈外形的模仿。在此语境中，宏观意义上的"形"由浅入深具体可划分为三层，即形态模仿、动态模仿、神态模仿。

第一层，形态模仿。它是传统民间舞蹈当代传承的初级形态，是基础却至关重要。在传统民间舞蹈当代传承的整个过程中，意识形态层面的"神像"为终极目标，而这势必通过肉体层面的"形像"达成。对于外形的正确模仿，是掌握传统民间舞蹈的第一步。形态为民间舞蹈最表层的现象，体现为舞姿的具体形状、肢体姿态的具体弧度及方位等静态层面的孤立、静止的造型。静止的形态是动态的起点与终点，因此在对动态进行捕捉之前，首先需要明确的是代表着民族舞蹈风格的静止形态。

第二层，动态模仿。它建立在形态的基础之上，是在静态形状之上的进阶模仿。在表层肢体样式的基础上，深入其中，对独属于这个民族、这个地区及特定舞蹈具有的特有舞蹈动态进行捕捉。所谓"动态"是指舞蹈的主要动作与主要动律。我们可以将"动态"进一步细分为"动作形态"与"动律形态"。首先，动作动态代表每一种传统民间舞蹈中最具特点的动作，即它的主题动作。如苗族反排木鼓舞中的反排翻身、蒙古族萨吾尔登中击打筷子的动作及彝族拍手舞中的拍手动作等，均在特定舞蹈不同的短句当中起着贯穿始末的作用，是民族文化的典型化与符号化。其次，"动律形态"孕育自"动作形态"之中。动律形态即在行业专业领域和学院层面的民族民间舞所惯用的"元素教学法"路径[③]实操下提炼出的舞蹈主要动律。这种主要动律可称为"风格"。每个民族的民间舞蹈都有不同风格，如安徽花鼓灯的主要风格为"溜得起来，刹得住"，而东北秧歌的主要风格则是"稳中浪、浪中艮、艮中俏"

---

① 罗雄岩.中国民间舞蹈文化教程［M］.上海：上海音乐出版社，2001：19.
② 隆荫培，徐尔充.舞蹈艺术概论［M］.上海：上海音乐出版社，2009：8+16-22.
③ 潘志涛.中国民间舞教材与教法［M］.上海：上海音乐出版社，2001：1-2.

等。①在这些主要动律的支撑下，我们可以通过不同的身体舞姿将其展现出来，当代民间舞大多使用的方法是在核心动律不被替换的基础上对肢体行为可塑性进行可能性探索。简言之，只要主要动律不变，动作可以随意变化。然而在传统民间舞蹈当中，这些主要动律则有着一定的固有形态，且需要被尊重。如反排苗族木鼓舞中的"反排"就一定要体现出行进中的横向翻身。这意味在传统民间舞蹈中，动律形态一般由一个范式进行支撑。这个范式可以为单一舞蹈动作，也可以是一个舞句，甚至可以是一个舞段。这些动作必须要完整呈现在观众眼前，才能体现出这个传统民间舞蹈该有的形态。"动作形态"与"动律形态"的主要区别在于"动作形态"侧重表达这个地区主要动作的形态，而"动律形态"则是通过艺术家一定的提炼、加工、组织和美化，再将这些民间原有的"动作形态"进行专业化元素提取，并形成可见的"动律形态"。两者相比，前者是相对完整的动作复刻，而后者则是深入其中，提炼出单一元素后升华的产物。举例来说，学院民间舞蹈运用"元素教学法"所提炼形成的汉族、藏族、蒙古族、维吾尔族、朝鲜族、傣族等民族舞蹈传习，提取的就是单一的动律风格。如藏族展现的是膝盖的屈伸动律，蒙古族展现的是肩部的动律，维吾尔族展现身体的耀神点颤动律等。②在传统乐舞集《沉香》系列中，这种动态的提取也是存在的。不同于学院中常规的元素提取，该项目中的动态提取对象单位仅具体到动作，没有深入细节到单一的动律点，目的是使传统民间舞蹈保持纯正的风格，保留最本真的、代表民俗地域风格特点的"韵律"，保证传统民间舞蹈的完整性。所以，这是一种没有提取律动但是存在律动的现象。

第三层，神态模仿。上述两点是对传统民间舞蹈动态捕捉的基本阶段，而神态模仿是动态捕捉过程中最核心的一层。"神态"顾名思义，即为人的神情态度，也就是体现人内心的面部表情和身体状态。艺术作为一种审美意象的物化形式，是审美意象物态化的过程。在这个物态化过程中，神态是人们传情达意的首要工具，人们通过面部表达个体的心理活动，并对意态思维进行最鲜明的展现。同时，也通过脸部运动及身体状态对民族的文化进行诉说与传承。因此模仿层面的终极对象应是传统民间舞蹈中舞蹈传承者舞动时的整体状态。传统乐舞集《沉香》系列之一的《汉族神鼓》可谓其典型案例。该舞蹈中舞者所诠释的角色按照当地语言习惯称为与上天通灵的"大神儿"，即巫师。在前现代社会当中，一旦遇到生活环境与自身知识所

---

① 潘志涛. 中国民间舞教材与教法 [M]. 上海：上海音乐出版社，2001：229+350.
② 同①，261+309+370.

不能解决的问题时，民众有求助于巫术与巫师的习惯。巫师作为人与上天沟通的媒介，自诩与常人不同，具备可以与神灵进行沟通的能力，这使得他们往往具备一定的地位优越感。这种优越感通过神态的外化，表现为骄傲自信的状态，以及处于出神和清醒之间的模糊状态。这就是《汉族神鼓》的形态捕捉中应该抓取的核心，即我们所说的神态。只有实现这一点的捕捉，才能真正进入这种传统民间舞蹈，捕捉到其内在的文化和特点。

通过上述三层的逐步递进，本文对传统民间舞蹈进行了个体层面的剖析，即"形态模仿、动态模仿、神态模仿"的深入剖析。在对传统民间舞蹈进行基本动态捕捉之后，我们对于传统民间舞蹈的舞蹈个体有了动态掌握，真正认识到传统民间舞蹈的价值。

（二）群体整合：对舞蹈形式的逻辑梳理

在完成对传统民间舞蹈"形态、动态、神态"的动态捕捉后，我们还需要对传统民间舞蹈做进一步的形式整理，从而对传统民间舞蹈的内涵进行传承。民间风俗为舞蹈艺术提供了内容、气氛和表现环境，而舞蹈是民俗文化整体中有形传承的重要表现。特别是民间舞蹈，往往与民间风俗互相渗透，融为一体。它具有普遍性、传承性和变异性。民俗文化是一个民族的主要表现，是一种广义的民族代表形式。传统民间舞蹈是民俗文化的分支，因此，不同的传统民间舞蹈有着不同的文化内涵，这些内涵包括娱人、娱神、去病、消灾等。

在对传统民间舞蹈进行整理传承时，不同角色的传承者采用的方式不同。在田野之中，人们采用的是以身相传的形式。即由当地居民口传身授给后辈，后辈经过长时间研习之后再次传递给后辈，以此类推。这也是传统民间舞蹈最基础、最原始的传承方式。在学院之中，大多采用元素提取的方式，即在传统舞蹈中深入寻找动的根源，提炼出舞蹈的最小单元——元素，然后再进行加工处理，进而使其更好地存活在当下语境中。舞台表演是通过表演的艺术形式把要表现的作品转化为舞台艺术，通过塑造形象和意境来表现人物感情，反映人民的生活。在舞台表演中，最重要的一环就是"舞蹈构图"。舞蹈构图是舞蹈语言在舞台上存在和呈现的方式，也是舞蹈在时间和空间的动态结构。从广义上来说，它属于舞蹈语言的组成部分，因此，在舞台上必然要和不同的人物及布景、灯光、道具形成一定的舞蹈画面。在不同舞蹈画面的流动、变化中，把舞蹈语言所表达的情意表现出来。[①]

---

① 隆荫培，徐尔充. 舞蹈艺术概论［M］. 上海：上海音乐出版社，2009：213-214.

然而，在舞台的呈现形式中，传统民间舞蹈的传承有了新的传承理念和路径。传统民间舞蹈的舞台传承，既要符合舞台的基本元素，又要不改变传统民间舞蹈本来的动作形态和动律形态。当传统民间舞蹈的构图与舞台元素的冲突并不明显时，舞台元素就会进行让步，以传统民间舞蹈的构图为主；当传统民间舞蹈的构图与舞台元素产生冲突时，传统民间舞蹈将进行一定改变，使其更符合舞台的传承。这种改变更多的是方位的改变，而不是整体队形或动作的改变，因而不影响其文化内核的存续。

在民间，由于社会快速发展，科学飞速进步，人们对于祭祀、求神类的民俗活动失去了信仰，因为随着科技的发展，求偶、集会类的传统民间舞蹈已经不能满足人们的需求。老百姓对于传统民间舞蹈的传承不再那么热衷，尤其是年轻一辈，更多的人选择离开家乡外出谋生，因此传承传统民间舞蹈的人越来越少。在学院中，经提取元素之后的传统民间舞蹈更适合职业化的训练，失去了传统民间舞蹈本来的完整性，也不利于传统民间舞蹈的传承与发展。因此，传统乐舞集《沉香》系列的实践路径侧重于从田野作业开始，运用"走出去"和"请进来"两种方式，跟随传统民间舞蹈的传承人进行学习，掌握第一手资料，在不破坏其原貌的情况下，把传统民间舞蹈的内容与形式进行缩减和整合，将其中最精彩的部分组合到一起。目的是在后期舞台呈现时，能将传统民间舞蹈的价值与魅力清晰地传递给观众。比如，《沉香》系列之一的藏族舞蹈《东旺锅庄》，从藏区传承者所掌握的十几个短句里挑选出最精彩的五个，保持其动作的原貌，仅将其动作张力适量放大，并进行适应剧场的画面设计。队形及流动路线的编排，以适应舞台的方式完整呈现了《东旺锅庄》在当地的风格和魅力。在传承人的亲自教授之下，不破坏传统民间舞蹈的形态与跳法，只进行形式上的部分修整，使其能够在舞台上完整呈现出传统民间舞蹈的样貌。因此，传统乐舞集《沉香》系列在形态不变、动态不散的基础上，成功继承了宝贵的传统民间舞蹈文化，传承了每一个传统民间舞蹈的主体内涵，为下一步对整体舞蹈场域进行宏观表现打下了坚实的基础。

（三）剧场介入：对舞蹈场域的宏观表现

经过个体层面的肉体模仿和形式层面的整合考量后，传统文化的传承进入一个宏观视角。即学院传承者通过模仿，对传统民间舞蹈进行分析、思考、整理后，再进行符合当代剧场审美走向的编排，从而形成《沉香》系列的最终舞台效果和宏观表现。其中所蕴含的不只是传承过程中对形态、动态、神态的模仿，还有通过对舞台知识的整理而形成的属于传统民间舞蹈的舞台编排方式。《沉香》系列考虑更多的是如何突出传统民间舞蹈本质，目的是通过对整体场域的宏观呈现，使传统民间舞蹈的魅力与价值更加直观，并能通过当代影像技术手段对传统民族民间舞蹈的整体场域进行宏观记录。在当代社会中对前现代社会环境重现，表现对象包括舞蹈本体、音乐、道具、地域、环境等。传统民间舞蹈的本质，就是传统民间舞蹈本来的形态、原始的样貌，也是传统民间舞蹈固有的根本属性。这种属性来源于当地各种因素。这些因素既包括地质特点、生态环境、气候变化、生物种类等自然因素，也包括宗教信仰、生活水平、民间习俗、饮食习惯等人文因素。在不可抗拒的自然因素影响下所形成的人文因素，也会影响当地传统民间舞蹈的本质特点。因此，不同民族有着不同传统民间舞蹈本质，甚至同一民族不同地区的传统民间舞蹈本质，也会因自然因素与人文因素不同而受到不同影响。

然而，只要是传统民间舞蹈，都会有一个共同本质，即"生活化"。传统民间舞蹈的素材来源于民众生活，能够真实反映普通民众的内心情感，是普通民众的真情流露。传统民间舞蹈是普通民众的文化，是每一方水土孕育不同文化魅力的独特产物。普通民众期盼的无非就是风调雨顺，身体健康，经过一年的辛苦劳作能够获得丰收。这对于民众来说是一种精神追求和生活寄托。他们会为了实现这样的心愿而虔诚地向上天祈福，也会因为得到了这些而真心感谢上苍，拜谢各位神灵。他们所流露出来的情感是最真诚的、最原生态的。

传统民间舞蹈无非有三种情感目的与来源——"自娱""娱人""娱神"，而大多属于"自娱"和"娱神"的范畴。以《沉香》系列为例，自娱舞蹈有普米族龙跳舞、蒙古族萨吾尔登、彝族拍手和打歌，以及藏族东旺锅庄等；娱人的代表有维吾尔族纳兹尔库姆等；藏族羌姆、汉族东北神鼓、苗族反排等则属于娱神的范围。民众跳舞跳的就是他们的生活，他们因开心而跳舞，因仪式而跳舞，因祈祷而跳舞，因聚会而跳舞。每一种起因都与其生产生活密切相关。在《沉香》项目开展的过程中，除了外形上、内涵上的理解和继承，最核心的目的还是希望能够传承普通民众跳舞的这种"原生性"，即真实。无论起舞的目的是什么，起舞者都是虔诚的、真诚的。这就是传统民间舞蹈最大的魅力所在。情真之深，最为打动人。通过剧场介入的方式，整体文化场域得以复现。通过对传统民间舞蹈自然发生时的环境、气氛、场景等方面的复刻，将传统民间舞蹈文化带到当代剧场艺术语境当中。

因此，传统乐舞集《沉香》系列通过点状的个体捕捉和对舞蹈形式的线性梳理，再到三位一体对宏观舞蹈场域的复刻，将传统民间舞蹈的价值接入当代文化语境中，将不同族群在漫长历史进程中积淀的独特生命体验和精神追求进行当代呈现与转化。

三、活态传承下的民族自我延续

文化传承是稳固行业根基、促进行业发展的重要议题。传统民间舞蹈是以普通民众为行为载体，且由他们在民俗仪式和活动中所传承的舞蹈种类。传统民间舞蹈与舞台艺术视阙下的民间舞蹈相同的是，其功能都是与人民生产生活息息相关的，是传统民俗活动的一部分。在很多其他的艺术形式还没有产生和尚未发展成熟之时，舞蹈活动就已经渗透到人类的许多重大活动当中，功能十分广泛，其中以"以舞达欢""祭祀与祈祷""交流、交谊及择偶""健身、习武、象功""教育"等为主要功能。[1]因此，对它的延续就是对其背后所潜藏的民族特性的延续。民间活态文化像自然生态一样，我们不仅要提倡自然环保，同时还应大力提倡文化环保，这也与中国自古以来"天人合一"的精神契合。

在传统民间舞蹈领域中，学院层面的介入是其当代传承与价值开发的必然趋势。一方面可以保证在传统文化濒临灭绝时，即伴随社会生活急速转变，传统民间舞蹈在发生地不可避免出现逐渐异化、消失的负面导向时，核心的民族文化在学院层面依然能够有所保存。职业艺术家们能够担负起传承责任，通过对传统民间舞蹈的原貌继承，即通过对传统民间舞蹈的舞蹈、道具、服饰、音乐乃至唱词等的全面复刻，在学院内形成民族传统舞蹈文化财富的资源库，将我国的传统民族文化继续传承下去。另一方面，民间活态文化的"活"字很重要，它有两层意思：活的文化和活的人。因此，各民族地区当地的舞蹈传承者是使得这些宝贵的民间文化迸发生机的重要因素。学院介入的另一个目的是希望通过行业的带动与刺激，可以反作用于民间，通过将传统民间舞蹈引入行业关注重点的方式，在一定程度上提高各民族、地区尤其是少数民族群体对复兴、发扬本民族文化的民族自信心、责任感和自觉性，同时为传统文化的价值保护提供一定保障，并在当代社会中有条件地激发出传统文化新的价值，从而使传统文化进入一种可持续发展的良性循环。

传统乐舞集《沉香》系列为传统民间舞蹈的当代传承开创了较为规范的实践范式。自2014年传统乐舞集《沉香》系列之一面世以来，各地区开始出现采用类似路径开展传统民间舞蹈及相关文化的抢救行动。其中，湖北地区于2016年开展了名为《楚璞》的类似项目，其过程沿用了《沉香》系列的实施路径，成功展现了数支湖北地区传统民间舞蹈的原始面貌，侧面证明了该开发路径具有客观性、可操作性。

---

[1] 隆荫培，徐尔充.舞蹈艺术概论[M].上海：上海音乐出版社，2009：35-38.

结　论

传统乐舞集《沉香》系列的成功，说明该项目的实施路径对于中国传统民间舞蹈的延续有着积极的推动作用，对民族传统的身体文化的自我延续问题做了一定程度的解答，也为传统文化的当代继承与价值开发，以及相关领域的进一步发展起到了一定借鉴作用。

基于民间活态文化传承的特殊性，本文通过成功案例提炼出适用于非物质性文化的自我延续方法，即通过个体动态捕捉、群体形式整合、剧场介入舞蹈本体进行环境复刻等步骤组成的价值开发理论模型，以期为传统民间舞蹈文化的当代传承与价值开发提供可参考的实施路径。

【参考文献】

[1] 朴永光.保护我国当代原生态民间舞蹈之我见[J].中央民族大学学报，2004（5）.
[2] 冯骥才，傅小平.时代转型期，让文脉不被中断才是最重要的[J].上海文学，2020（1）.
[3] 乔晓光.一个被忽视的活态文化传统[J].湖北美术学院学报，2002（1）.
[4] 高度.中国民族民间舞蹈职业化架构[J].北京舞蹈学院学报，2002（4）.
[5] 罗雄岩.中国民间舞蹈文化教程[M].上海：上海音乐出版社，2001.
[6] 隆荫培，徐尔充.舞蹈艺术概论[M].上海：上海音乐出版社，2009.
[7] 潘志涛.中国民间舞教材与教法[M].上海：上海音乐出版社，2001.
[8] 张紫晨.舞蹈艺术与民俗文化[J].舞蹈折，1989（1）.

区域热点

北京东方神木营造与神木博物馆核心IP的挖掘与重构

王筱芸①

（北京大学文化产业研究院，北京 100871）

【内容提要】 设置于明代永乐年间的北京东方木镇和清代乾隆皇帝《神木谣》碑，现在是北京朝阳区神木博物馆馆藏历史遗存，也是位于通惠河畔大运河文化带神木博物馆的核心IP载体。本文通过寻找文献史料，搜集相关诗文记载，梳理北京东方神木营造的远源近流，论述明清两朝皇帝对东方木镇神木文化叙事的加持营造，挖掘整合重构神木博物馆的核心IP。

【关键词】 北京东方木镇，神木叙事营造，博物馆核心IP

北京东方神木，是指现存于北京东部朝阳区庆丰公园神木博物馆内、明清两朝专为北京皇城帝都设置的阴阳五行五方五镇之东方木镇，是北京市朝阳区重要的文物和文化历史遗存。北京东方神木营造，其远源是阴阳五行八卦——这一基于中国人对自然和宇宙信仰的思想文化体系；其近流是明成祖永乐年间迁都北京，根据阴阳五行八卦规划建设皇城帝都，专设木、金、水、火、土五方五镇之东方木镇。清代继承明朝旧制，清乾隆皇帝不仅复建、重遵东方木镇，还专门为东方木镇御制诗歌《神木行》和《神木谣》，特别手书《神木谣》《神木行》，敕建神木碑、神木碑亭、神木廊、神木庙，专门授谕颁布神木庙春秋两次祭祀仪典的过程。明清两朝的两个皇帝以皇权之力完成了北京东方木镇神木营造和木镇文化建构。

---

① 王筱芸，女，文学博士，中国社会科学院研究员、北京大学文化产业研究院特聘研究员。主要研究方向为唐宋元文学史与文化史、大运河文化带北京段历史文脉。

一、中国阴阳五行文化与文化符号体系

北京东方神木营造的源头是阴阳五行八卦，基于中国人对天地自然观察总结形成的知识体系和宇宙信仰体系。据文献记载和学术界研究认为，"五行、八卦、阴阳，本是三种不同的思想体系，它们分别起源于三种不同的占卜方法——钻龟、陈卦、枚占"①，分别代表着上古华夏中国东方（殷商）、西方（两周）、南方（楚越）不同部族的文化。"战国后期，三者逐步融合。到了邹衍时代，三大文化发展实际上已经完成了融合的一切准备工作。"②"五行、八卦、阴阳三大文化的最终融合，是通过汉儒董仲舒之手完成的。"③当代文化符号研究专家，将经过夏、商、周、战国、汉阴阳杂家和儒、道家系统化的五行、八卦、阴阳、天干体系，以及与之相对应的上古诸神整合一体的文化符号④表述如表1所示：

表1⑤

1	五行	木	火	土	金	水
2	五星	岁星	荧惑	镇星	太白	辰星
3	五方	东	南	中	西	北
4	五灵	苍龙	朱鸟	（黄龙）	白虎	玄武
5	帝神	太皞	炎帝	皇帝	少昊	颛顼
6	佐神	句芒	朱明	后土	蓐收	玄冥
7	法器	规	衡	绳	矩	权

---

① 参见梁启超《阴阳五行说之来历》、顾颉刚《五德终始说下的政治和历史》载于《古史辨》第五册，海口：海南出版社，2005.
② 顾颉刚. 五德终始说下的政治和历史[M].海南：海南出版社，2005：240.
③ 庞朴. 阴阳五行探源[J].中国社会科学，1984（3）：98.
④ [汉]刘安《淮南子·天文训》："东方，木也，其帝太皞，其佐句芒，执规而治春。其神为岁星，其兽苍龙，其音角，其日甲乙。南方，火也，其帝炎帝，其佐朱明，执衡而治夏。其神为荧惑，其兽朱鸟，其音徵，其日丙丁。中央，土也，其帝黄帝，其佐后土，执绳而制四方。其神为镇星，其兽黄龙，其音宫，其日戊己。西方，金也，其帝少昊，其佐蓐收，执矩而治秋。其神为太白，其兽白虎，其音商，其日庚辛。北方，水也，其帝颛顼，其佐玄冥，执权而治冬。其神为辰星，其兽玄武，其音羽，其日壬癸。"
⑤ 王昆吾. 中国早期思想与符号研究——关于四神的起源及其体系形成（上）[M].上海：上海人民出版社，2008：107.

续表

8	季节	春	夏	季夏	秋	冬
9	五音	角	徵	宫	商	羽
10	五色	青	赤	黄	白	黑
11	天干	甲乙	丙丁	戊己	庚辛	壬癸

  这个被术数化、系统化、理论化的阴阳五行八卦体系，是三种文化和观念融合的结果。它体现了古人动物分类和灵兽崇拜的观念，体现了古人宇宙星空分区、大地方位和天象崇拜的观念，体现了阴阳区分、阴阳术数和崇拜的观念。这一套知识体系，作为"五四"以前中国文化恒久不衰的思想框架，宏观如宇宙天地，中观如人文制度建筑符号，微观如人体脏腑经络，几乎无所不包。弥漫于意识的各个领域，深嵌到生活的各个方面。如秦汉唐宋元明清各朝各代由官方垄断、与国运皇权密切相关的天象观测与福祸谶纬之术，如朝历代建设皇城贵族府邸，都必须通过阴阳五行、易经八卦进行测算调整的风水堪舆建筑设计之学；如传统中医利用阴阳五行把握人体的五脏六腑八脉十二经略；如传统农耕社会历朝历代一直沿用不衰的，上至官方每年颁布的律历，下至民间日常的一年四季、二十四节气、七十二物候，莫不囊括在内。

  阴阳五行八卦知识体系，作为一套关于事物分类，符号化、术数化、象征化的概念，代表了古人对于世界的感受、认知和独特的把握方式。这些术语尽管仍然关联着具体的自然物，但它们的内在含义却指向宇宙秩序，因而包含了一种由主宰和崇拜相交织的情感满足。作为一套关于宇宙结构的符号，作为宇宙万物的象征，作为天地人规律的体现，成为人们膜拜的对象。① 从殷商时代的"五帝""五火""五星"天象认知和天象崇拜，到《周礼·春官》实施天地山川"五岳""五祀"重大仪典的制度化"五官"设置，② 说明早在先秦时代，五行五方五神信仰，就已成为一系列制度和风俗的基础。到汉代汉画像石无处不在的青龙、白虎、朱雀、玄武天地方位保护神符号，则已经完成了将自然物崇拜、动物灵兽崇拜、天神地神部落神崇拜、方位保护神崇拜整合于一体的祥瑞、护卫、辟邪神格象征。自周朝以来，历代皇帝都以"象天法地""中参人和"③

---

① 王小盾.中国早期思想与符号研究[M].上海：上海人民出版社，2008：101.
② 同①，130–134.
③ [汉]司马迁《史记·天官书第五》卷二七："自初生民以来，世主曷尝不历日月星辰？仰则观象於天，俯则法类于地。天则有日月，地则有阴阳。天有五星，地有五行。天则有列宿，地则有州域。三光者，阴阳之精，气本在地，而圣人统理之。"中华书局，1987年.

"择中立宫"①的法则建立皇城帝都。还有至今保存完好的明清紫禁城,更是集中完备地体现了中国古代博大精深的阴阳五行八卦的建筑文化和符号体系。

二、阴阳五行五方五镇与北京皇城帝都建筑文化符号体系

上古以来,阴阳五行八卦对应的五方五象文化符号,在古人天地人合一的宇宙、自然、社会中持续应用,由此累积成一套完整的文化符号体系。尤其鲜明地体现在至今保存完好的明清北京紫禁城皇城帝都建筑文化符号体系中。

明洪武三十一年(1398),明太祖朱元璋驾崩,因长子朱标早逝,由皇太孙朱允炆继承皇位,改元建文。鉴于明代藩王各拥重兵,造成外强内弱之势,建文帝即位之初,即厉行"削藩"以确保中央集权。封藩北平的燕王朱棣年龄最长、实力最强,居诸强藩之首,面对朝廷"削藩"之举,燕王朱棣首当其冲。生死存亡之际,燕王朱棣凭借"靖难之役"发兵,以武力夺得皇位,于1402年在南京即位,史称明成祖。在明初这场"天下易位"的政治事变中,朱棣打破明太祖朱元璋的既定安排,彻底改变了有明一代的政治格局和中国历史的走向。登基伊始,朱棣便有意迁都北平。一是通过巩固北方国门以制衡南北。建都北京,既可以震慑北元和草原游牧,以及东北渔猎部族势力,又可通过大运河仰赖江南之资。二是建都于他的藩府龙兴之地,得天时地利人和,有充分的安全感。他于永乐元年(1403)改北平为北京顺天府,②于永乐四年(1406)下诏迁都北京,同时"营建北京宫殿"。③永乐七年(1409),明成祖在北京发诏谕强调其建都的合法性:"……朕承天命嗣大统,即位以来,夙夜拳拳,志图治理。今建北京,思与百姓同享太平,惟能务善去恶,可以永保身家。"④永乐十八年(1420)颁布《北京宫殿告成诏》:"北京实为都会,地势雄壮、山川巩固、四方万国、道里适均。惟天意之所属,实卜筮之攸同。"⑤强调建都北京,不仅因势利导奉天承运,更经实地堪舆卜筮,证实天地人和合一致。于是乃"仿古制,循舆情,立两京,置郊社宗庙、创建宫室。上以绍皇考太祖高皇帝之先志;下以贻

---

① 《吕氏春秋》:"古之王者,择天下之中而立国,择国之中而立宫。"张双棣等译注,见"纪·孟春纪·本生",中华书局,2016年。
② 明实录·明太宗实录[M].中国台湾:台湾"中研院"史语所校印,1966,卷53.
③ 同②,卷57.
④ 同②,卷63.
⑤ 同②,卷231.

子孙万世之弘规"。① 强化其帝位奉天承运，建都北京遵古制、法天道、得神助的正统性、合法性和权威性。

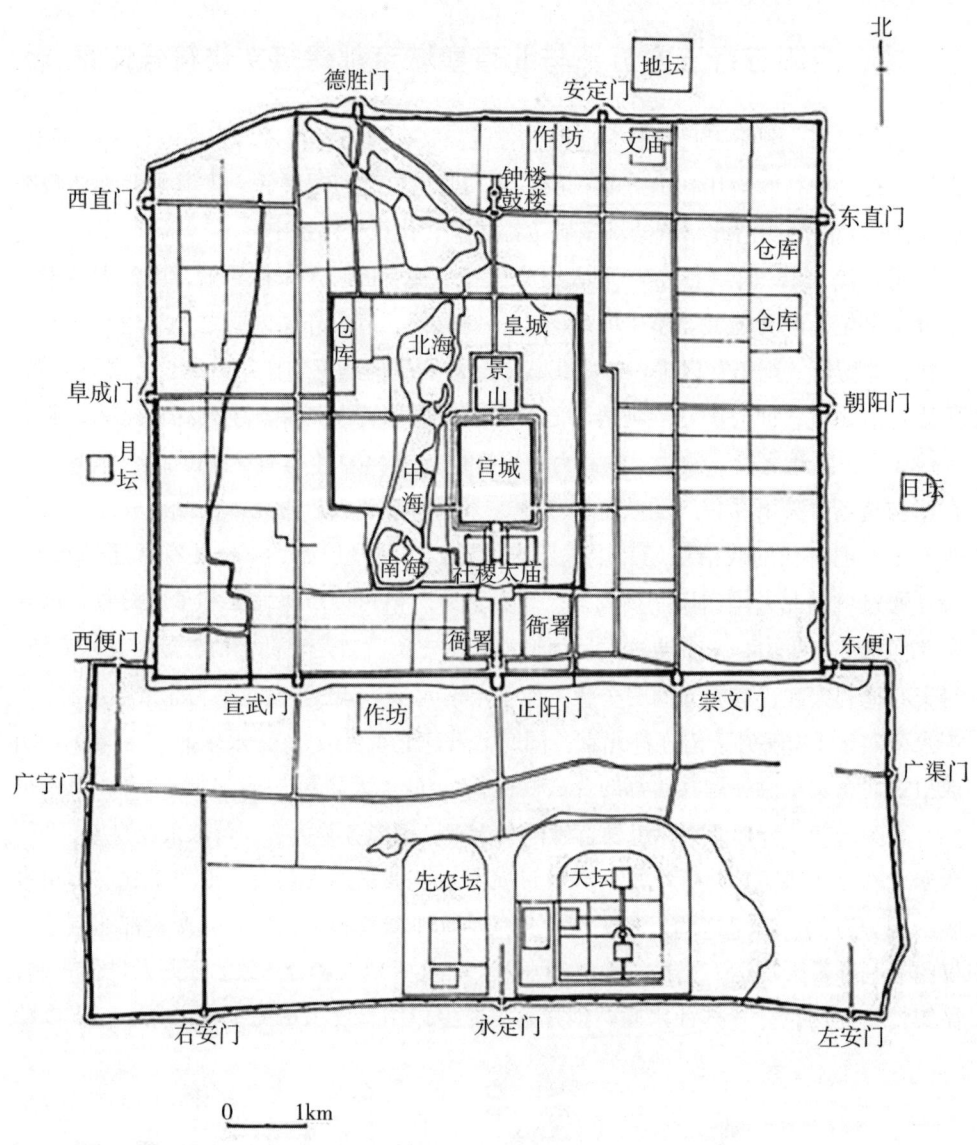

图1　明北京城图②

---

① 明实录·明太宗实录[M].中国台湾：台湾"中研院"史语所校印，1966，卷231.
② 贺业钜.中国古代城市规划史[M].北京：中国建筑工业出版社，1996：644.

图2　永乐时紫禁城图

由图1和图2可知，明代北京城是由外至内三层环抱的外城衙署仓储—皇城坛庙—宫城（紫禁城）靠景山绕金水居于天地人合一中心的格局。最核心的紫禁城，是根据天象图以"象天法地"筑城理念和宇宙图式投影，将天象星辰的祥瑞对应到地上构筑而成的。以北极星为中心的天域三垣（太微垣、紫微垣和天市垣），与守护在三垣周围的四象（青龙、白虎、朱雀、玄武）所辖的二十八星宿，投射构筑成紫禁城的中轴与前朝后廷宫殿群，创造了天帝居于紫微宫、天子住在紫禁城的意象。为皇权的正当合法性和权威性构筑了稳定的天象、建筑、心理绝对权威空间。内外城六坛（天坛、地坛、日坛、月坛、社稷坛、先农坛）与八庙，仿照天象形成天地日月环绕、与宇宙天庭呼应的帝王中心，组成祭祀先宗后祖、天、地、日、月、后土社稷诸神的外围空间。紫禁城的设计营建除了融入众多星象祥瑞之外，阴阳五行八卦建筑文化和象征符号的应用无处不在。紫禁城宫城五行五方五色分布，如图3和图4，主要由五行代表的方位、神兽、色彩和八卦等符号来体现。

图3 天象图——北极三垣四象二十八宿

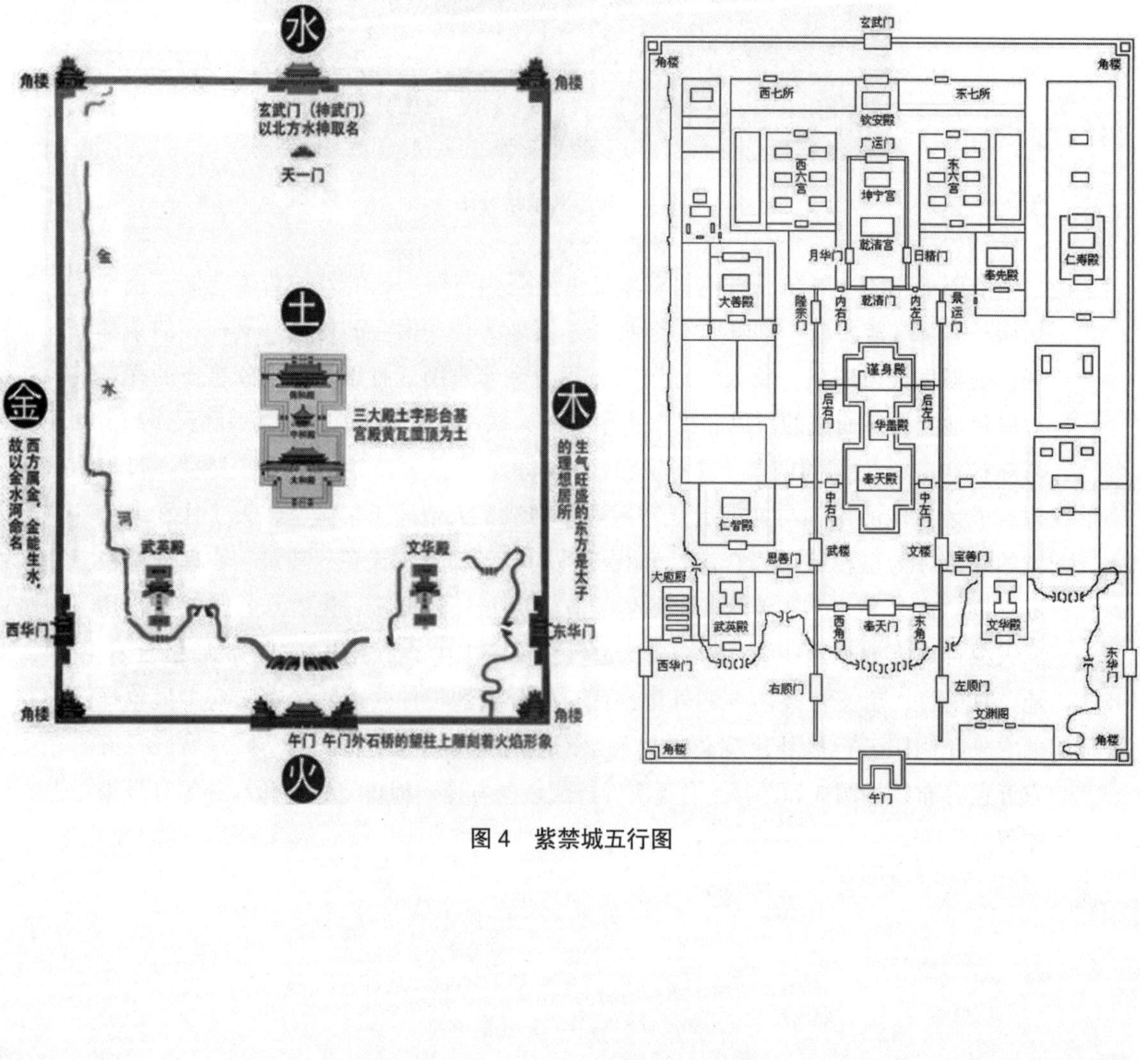

图4 紫禁城五行图

西汉董仲舒的《春秋繁露》有云："天地之气，合而为一，分为阴阳，判为四时，列为五行。"①"木居左，金居右，火居前，水居后，土居中央。"②紫禁城的五行方位布局，正是如此。五行中央属土，外朝三大殿居中，坐落在两个"土"字形的台基上，乃"中央后土"之意。五行土色属黄，是五色中最尊贵的颜色，所以故宫前殿后寝两大建筑群殿顶覆黄色琉璃瓦，以示天下中心至尊至大。南方属火，紫禁城南端的午门乃朱雀，别名五凤楼。五行火为红色，故午门殿宇及城楼下的城墙均涂红色。午门外五座石桥上的望柱，则雕刻成火焰燃烧的形状。北方属水，玄武坐镇，紫禁城的北门，叫玄武门（清代因避乾隆名讳更名为神武门）。玄武大帝在神话中是北方水神，主管生死，降妖除魔。玄武门附近钦安殿东大房和西大房以黑瓦铺顶，正是五行中北方属水、尚黑的体现。西方属金，紫禁城西方有金水河和武英殿。在五行理论中金能生水，故紫禁城西方以金水河为代表，取乾金之气。东方属木，喻示万物生气旺盛，明太子宫文华殿就在此。木色主绿，明文华殿和清太子南三所均用绿瓦，象征太子如春天的东方之木，生气无限。③

三、阴阳五行五方五镇风水镇局与北京东方神木营造

如果说紫禁城宫殿群的阴阳五行建筑布局和象征符号运用，多以五行五方名称和色彩符号来体现的话，那么自永乐年间开始，设置在北京内外城的五行五方五镇风水镇局，则以风水物镇为主。古人认为："夫宅也，阴阳之枢纽，人伦之轨模。""人因宅而立，宅因人而存，人宅相扶，感通天地。"④"天亦有喜怒之气，哀乐之心，与人相副，以类合之，天人一也。"⑤强调住宅特别是皇帝宫城，其风水吉凶变化与天人感应、五行生克规律相关。它们随流年天象变化，顺之则昌逆之则亡。古人认为天人感应的凶兆祥符，是可以通过阴阳五行相生相克的互补选择，五方五行五镇风水镇局设置来改变应对的。北京五行五方五镇因此应运而生。根据汉代以来形成的五方、五象、五色、五灵、五神和天干地支配伍，它们分别是东方甲乙木——东方木镇神木。东方护卫灵兽为青龙。护卫帝神为太皞，太皞执规而治春。

---

① 董仲舒．春秋繁露［M］．北京：中华书局，1975：457．
② 同①，389．
③ 王子林．紫禁城风水［M］．北京：紫禁城出版社，2005：157-159．
④ 四库术数类丛书（六）［M］．上海：上海古籍出版社，1991：2．
⑤ 同①，318．

南方丙丁火——南方火镇燕墩。灵兽为朱雀。护卫帝神为炎帝，炎帝执衡而治夏。西方庚辛金——西方金镇大钟。灵兽为白虎，护卫帝神为少昊，少昊其佐蓐收，执矩而治秋。北方壬癸水——北方水镇镇水观音庵（即今什刹海西北汇通寺，清代改为昆明湖铜牛）。灵兽为玄武，护卫帝神为颛顼，颛顼执权而治冬。中央戊己土——土镇万岁山（今景山），护卫帝神为黄帝，其佐后土，黄帝执绳而制四方。北京五方五镇沿用五行木金水火土五种自然物，叠加名称、方位、天干、五灵神兽和五方帝神来体现其护卫镇守的神力，如图5所示。

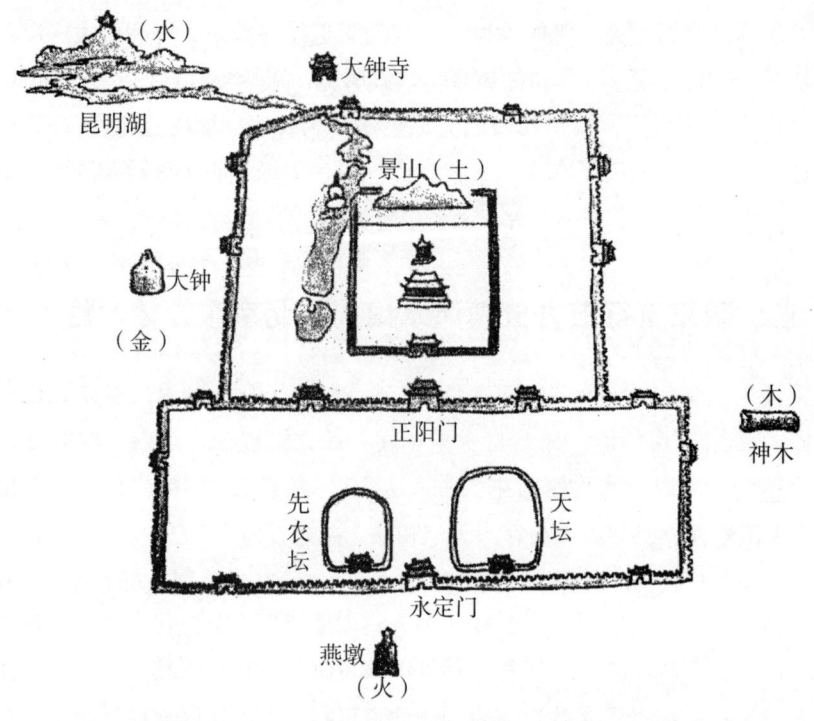

图5 北京旧城"五镇"方位示意图

据史载，北京五方五行风水镇局，是当年辅佐朱棣"奉天靖难"夺得帝位，深谙阴阳五行八卦三教，俗称黑衣丞相的姚广孝，在永乐年间主持修建的（但目前所见文献只有他主持监制水镇、金镇永乐大钟的记载）。①② 其功能和目的是镇压邪祟避

---

① 侯仁之. 什刹海志[M]. 北京：北京出版社，2003：258-259，402.
② 郑永华. 姚广孝史事研究[M]. 北京：人民出版社，2011：276-278.

祸祥符，以保京城万世太平。以中央戊己土镇万岁山为例：历朝改朝换代，总要以物镇"压胜前朝"，杀灭前朝王气，以保本朝万世太平。元朝万岁山，就是压在金朝行宫北海琼岛上的土镇，旨在镇压前朝王气，使其永世不得翻身。永乐皇帝建紫禁城，用来"压胜前朝"的是元旧宫殿废墟砖石和挖紫禁城护城河的一百多万方泥土堆成的土镇万岁山。位置在元朝皇城主殿延春阁基址上，雄踞新宫紫禁城中轴线之北，成为紫禁城的靠山和大内镇山。① 山为阳水为阴，紫禁城背山面水，万岁山和金水河阴阳合一环抱紫禁城，既实现皇帝宫城"负阴抱阳，冲气以为和"的理想，又把紫禁城的阴阳之气，通过万岁山与昌平天寿山、燕山、太行山、昆仑山一脉相连，成为紫禁城的龙穴脊山，在北京皇城帝都营造中具有极其重要的意义。② 据汉代刘安《淮南子·天文训》所云："中央土也，其帝黄帝，其佐后土，执绳而治四方。"③ 在古代方位观念中，居中地位最高。黄帝居之，占有土地统治四方，享有至高无上的地位。黄帝作为中央后土之神，是中华民族最高之神。西方庚辛金镇——明代京师西镇大钟（明在城西万寿寺，清移至觉生寺，即今大钟寺），开铸于明永乐十六年（1418），由明成祖少师姚广孝监制，内外刻华严经一部。④《汉书·五行志》记载："金，西方，万物既成，杀气之始也。"⑤ 根据阴阳五行说，东为阳，西为阴；东为生，西为死。明成祖朱棣在"靖难之役"中杀戮太多，于是铸大钟刻佛经消孽，"更假释梵庇冥族"。⑥ 西镇大钟是朱棣为迁都北京而准备的重要法器，是为镇压鬼魂邪祟，为皇帝生民祈福求平安而设置的。

北京东方神木木镇则是朱棣力排众议，将明代首都从南京迁到北京，为强调建都北京的天人感应祥瑞兆符——即建都北京的合法性和权威性而设的。史载，明永乐四年（1406）闰七月，朱棣下诏建北京城，派出尚书、侍郎、副都御使、金都御史等大员七人分赴五省采木，督军民匠役烧造砖瓦。⑦ 采办大臣尚书宋礼到四川勘探，发现了蕴含天地精华的特大金丝楠木林。尚书宋礼未来得及伐木开采，一夜之间，就有数株巨木自动出山谷，聚集到江边。宋礼认为是山神显灵了，赐神木辅佐

---

① 明实录·明太宗实录 [M].中国台湾：台湾"中研院"史语所校印，1966，卷23.
② [明]刘基《堪舆漫兴》诗："北龙结地最为佳，万顶山峰人望赊。鸭绿黄河前后抱，金台千古帝王家。"参见王子林《紫禁城风水》，紫禁城出版社，2005：131.
③ 新编诸子集成（第七册）[M].北京：中华书局，2006.
④ 日下旧闻考 [M].北京：北京古籍出版社，1983：1296.
⑤ 班固.汉书 [M].北京：中华书局，1962：1318-1319.
⑥ 郑永华.姚广孝史事研究 [M].北京：人民出版社，2011：279.
⑦ 同①，卷53.

永乐皇帝建都，遂作为天人感应之祥瑞奉报永乐皇帝，天子大喜："祥瑞之兆，神助我也！"于是，永乐皇帝钦定这一批金丝楠木为神木，此山为神木山，敕建神木祠以春秋享祭。并特命大臣作《神木山祠记》，以谢神赐。① 后来，这些神木通过大运河运到北京。存放神木之地，为广渠门外通惠河畔皇木厂（或神木厂，1949年后改称黄木厂）。永乐十九年（1421）北京城建成，有大臣赋诗献赋，歌颂此神木祥瑞："山石自出河岳效顺，而神木自行。"② 作为天人感应祥瑞的神木，遂被作为京城东方木镇立于城东通惠河畔的神木厂内。③ 明代朝廷还专门设神木千户所护卫神木。④ 三百多年后，清乾隆皇帝分别于乾隆八年（1743）和乾隆二十三年（1758）两度造访皇木厂，为蒙受火烤虫啮日渐凋敝的东方木镇撰写《神木行》《神木谣》，将明清两朝数百年来有关东方神木的来龙去脉，与上古神木典故、神话传说整合于一体，并亲自手书刻碑勒石，建神木碑亭和神木庙春秋两祭木神，将东方神木文化营造和木神祭祀推向高峰。

　　神木碑碑阳是乾隆的御制《神木谣》（见图6），作于乾隆二十三年（1758）春三月，其题记是"都城东有巨木焉，其长六十余尺，卧于地，骑者隔木立弗相见也。相传前明时所置，以应甲乙生气"。点出神木之巨，以及当年"以应甲乙生气"，参与明朝建都北京城，并且作为东方甲乙木镇的神木祥符功能。首句写神木在《易经》中的卦位卦象，追溯其来历不凡，在深山中吸取天地之精华，修炼成为千年神树灵椿的前生，以及被弃若敝屣沦落于此的后世。"远辞南海来燕都，甲乙青气镇权舆"两句，沿用京师坊间传说，叙写永乐年间，南海龙王将士将神木运送京城，震天动地电闪雷鸣中，通惠河水暴涨。南海龙王诸神兵神将，簇拥着巨大的神木溯流而上。到通惠河二闸时公鸡报晓，南海龙王率领的虾兵蟹将匆匆放下巨木，返回南海龙宫。通惠河顿时雨消云散洪水退去，神木就留在二闸边（今广渠门外双井）。诗歌将传说

---

① 《明实录·明太宗实录》卷65："工部尚书宋礼言有大木数株不藉人力一夕出天谷达于江盖，山川之灵相之。赐其山名神木山。遣礼部郎中王羽祭之且建庙立碑，命翰林院侍读胡广制碑文。"台湾中研院史语所校印，1966年。《神木山祠记》："永乐四年，工部尚书礼取材于蜀，得大木于马湖府，围以寻丈计者若干，逾寻丈者数株，计庸万夫力乃可以运。将谋刊除道路以出之，一夕木忽自行，达于坦途，有巨石巉嵲当其冲。夜闻吼声如雷，石划自开，木由中出，无所龃龉。度越险岩，肤寸不损。所经之处，一草不掩。百工执事，顾视䜅哗。踊跃交庆。事闻廷臣，稽首称贺。谓圣德所致。"
② 梁本之. 钦定日下旧闻考［M］. 北京：北京古籍出版社，1981：10.
③ 《春明梦余录》："京师神木厂所积大木，皆永乐时物。其中最巨者曰'樟扁头'，围二丈外，卧而过其下，高可隐身。"见《钦定日下旧闻考》卷89，北京：北京古籍出版社，1981。
④ 明实录·明武宗实录［M］."正德三年六月"，中国台湾：台湾"中研院"史语所校印，1966.

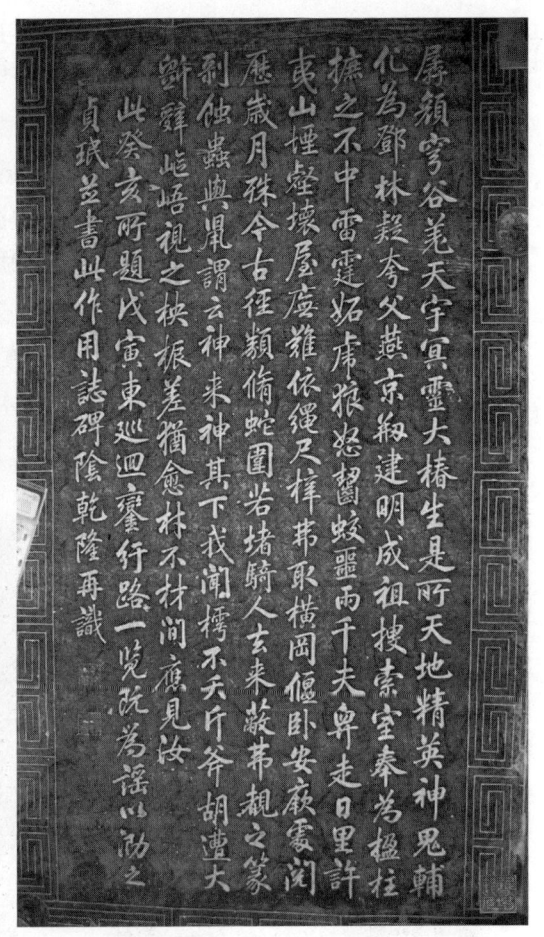

图 6　御制《神木谣》

与神话融为一体，旨在神化明永乐皇帝建都北京、立木镇于东方之举，强调其皇权、建都、立木镇的天授神谕权威性和合法性。作为东方木镇，其传统功能和意象，是春天主生气主勃发的青龙，镇守皇都护佑帝王权舆、国家永固、百姓平安。后数句，在叙述三百多年来神木经历无数磨难，现如今凋敝不堪的现状后，乾隆以"天也将以为贞符，试看虚中巨查如。尧年贯月历劫馀，生育盛德鳌皇图"，强调如此巨大的神木作为上天赐予的祥瑞贞符，虽然皮毛受损虫啮残缺，却丝毫不影响它的巨大神力。太皞作为东方神木的守护帝神，虽经历无数劫难，仍然会以劫后余生的巨大神力，护佑国家昌盛，象征皇图福禧勃勃生机。

通过东方神木三百多年来镇守皇城权舆，明清两朝帝王反复钦定赐名，特别是乾隆皇帝两次御制《神木行》《神木谣》，将上古夸父手杖所化邓林神话，以及庄子《逍遥游》以五百年为春、五百年为秋，八千年为春、八千年为秋之历代累积沉淀的神木典故，全部加诸北京东方神木，象征寓意它的古老神奇、威力无穷。在帝王神木叙事的加持建构下，北京东方木镇不仅刻碑立庙建廊成为一方神祇，也随之由木而神，由神而祭，由祭成典，由典成一方文化民俗，成为北京王气磅礴、生生不息的东方木神符号，成为北京帝都东方不可或缺的祥瑞守护神。清朝神木祭祀由此成为定例。① 木神祭祀仪典遵从清朝群祭之例：有迎木神牌、奠帛、初献、亚献、终献、撤馔、送神、望燎八个程序，由乾隆年间一直延续到光绪、宣统年间，直至 1912 年清朝灭亡，才停止钦定数百年的神木庙之神木祭祀。尽管如此，今天还可以在故宫看到乾隆皇帝沿用的"神木"祭祀神位（见图 7）。

图 7 "神木"祭祀神位

明清两代的北京东方神木营造，以及由此建构的东方木镇、神木崇拜文化，作为北京皇城帝都独特的建筑文化符号和符号象征，既是中国古代阴阳五行皇城帝都建筑文化符号特殊功能的象征，也体现了中国古人对自然宇宙天人合一、天人感应关系的独特认知。远自深山的巨型自然之木，在被附会神迹神功后，作为北京皇城帝都的东方木镇，被纳入传统五方五色五灵五像五帝的阴阳五行文化谱系，成为具

---

① 《大清会典事例》乾隆四十九年圣旨："木神庙。向未定有例祭，奉旨交由内务府官员致祭。"

有天人合一、天人感应象征功能的文化符号。尽管东方神木的意象依然关联"木"的具体形态，在其文化谱系中，其内在含义却是指向宇宙天地秩序的。东方木镇和木神崇拜包含了一种由主宰和崇拜相交织的情感满足，成为北京神木博物馆独特的核心文化IP。

四、北京神木博物馆核心IP的挖掘整合、重构与创新

2009年9月，朝阳区将原通惠河庆丰闸旧址改建成庆丰公园。庆丰公园位于通惠河南岸，西起灵通观桥，东至庆丰桥，全长1700米，占地面积26.7公顷，是通惠河朝阳段沿线的重要景观带，被东三环分为东、西两段。2014年，随着中国大运河申遗成功，通惠河被纳入国家大运河保护传承规划核心区之一，于是朝阳区加快了恢复、传承、建设通惠河人文景观和文化遗产的步伐。2018年，乾隆的《神木谣》碑从原来的所在地双井某空军干休所，迁移到庆丰公园东区，随之紧锣密鼓地依旧制复建乾隆神木谣碑亭，并且从民间征集到与原来体积相仿的巨型金丝楠木，重建神木廊。从清末停止祭祀起就被废弃的神木庙，民国至1949年停废不用、消失殆尽的东方木镇，经多方努力，终于于2018年恢复重建。2019年，经北京市批准，朝阳区文旅局邀请相关专家团队规划设计，在庆丰公园东区建设神木博物馆。至此，明清两代历史遗存、文化遗产——东方木镇、乾隆《神木谣》碑及碑亭、神木廊，在庆丰公园重新复原。如何根据神木博物馆现存的历史遗存和文化遗产，整合、重构北京神木博物馆的核心IP，以适应神木博物馆在新时代、新受众、新目标、新定位之下的发展要求，如何借助当代多媒体新技术，满足当代人的文化需求、娱乐方式，是神木博物馆亟待解决的问题。

北京神木博物馆建立的时机，正值中国大国文化自信增强、中华文明创新崛起之际。大运河是中华文明的重要标识之一，也是国际公认的世界文化遗产。2019年2月，中共中央办公厅、国务院办公厅印发《大运河文化保护传承利用规划纲要》，从国家发展战略的高度提出：大运河文化保护传承利用，必须"以文化为引领""以文化遗产、河道水系、生态环境保护为重点"，必须"有效衔接国家重大发展战略""把保护传承利用大运河承载的优秀传统文化作为出发点和立足点，打造璀璨文化带、绿色生态带、缤纷旅游带"。这个发展目标和战略高度，要求神木博物馆的办馆模式，由原来"立碑、建亭、一把锁"的传统模式，向开放创新、多元跨界作为大运河文化带人文景观和城市公共文化空间的新博物馆模式转换。而博物馆核心

IP 的挖掘整合，是当代博物馆发展的重中之重。北京神木博物馆应根据国家大运河文化带传承保护规划战略，依据北京神木博物馆的地理区位、历史遗存和文化遗产，发掘、整合其核心 IP。

北京神木博物馆以明清两朝东方木镇和神木廊、清《神木谣》碑亭、元末明初金丝楠木古庙建筑神木殿三位一体，作为神木博物馆重要馆藏和建筑主体。据此，博物馆可将核心 IP 挖掘整合为"大运河文化带北京东方木镇神木叙事——一带一木四脉"。

"大运河文化带"是中华文明标志性文化之一，元大一统王朝首次建都——元大都（今北京），截弯取直的京杭大运河将南北分离的政治中心与经济中心连为一体。京杭大运河对元、明、清三朝，具有供养京师、经略国门、转运江南的重大意义。京杭大运河承载了元、明、清三朝的政治国脉、经济动脉、社会命脉、生态水脉和盛衰动态。传承、保护、建设、利用大运河和大运河文化带，是未来 50 年中国国家文化发展的重要国策和发展战略。讲好大运河的故事，使其传统优秀的文化深入人心。

"北京东方木镇神木叙事"文化符号，是大运河文化带北京朝阳段流域的重点历史遗存文化遗产，具有大运河文化带文化符号的独特性和唯一性，具有与大运河文化带文脉源流密切相关的一致性和完整性。

"一带一木"即大运河文化带和通惠河畔集明清神木、帝都镇守护于一体的北京东方木镇。"四脉"，是与东方木镇相关的四条历史文脉：第一脉，一馆二闸一木一带；第二脉，一厂两帝二祭三遗；第三脉，五行五方五镇五色五灵五帝五能——源远流长的东方木镇文化符号象征体系；第四脉，金丝楠木"四木文化"源流。

第一脉 作为大运河文化带通惠河畔的专题型博物馆，北京神木博物馆整合"一馆二闸一木一带"——大运河文化带相关的多重历史人文地标性内涵，融合交汇于通惠河畔。一馆，即神木博物馆；二闸，即元明清漕粮入京仓必经之通惠河名闸庆丰闸；一木，即明清护卫北京城的东方木镇；一带，即通惠河所代表的大运河文化带。由此重构形成集历史遗存、文化遗产、大运河文化带、通惠河水岸绿廊休闲娱乐于一体的神木博物馆——古今一体的多元复合型人文景观。

第二脉 通惠河畔神木博物馆，以"一厂两帝二祭三遗"著称。"一厂"，即明代存放紫禁城宫殿木材，也就是存放"东方木镇"的皇木厂，是北京东方木镇的空间承载点；"两帝"，即建构、标示、扩大、传播、强化神木功能的明朝永乐皇帝和乾隆皇帝；"二祭"，即由乾隆皇帝钦定的神木庙春秋两祭；"三遗"，即神木博物馆镇馆之宝——木谣碑、神木、神木殿三个文化遗产。

第三脉 "五行五方五镇五色五灵五帝五能"——源远流长的阴阳五行东方木

镇文化符号象征体系。

第四脉 金丝楠木"四木"文化源流。后人根据北京东方木镇的神木功能，由东方木镇的木载体——金丝楠木的自然形质和独产于中国的特性，作为中国独有、皇家专享、贵族文人雅赏、小众收藏的等级彰显、价值标示功能，形成国木、皇木、神木、雅木"四木"的文化属性和文化源流。

北京庆丰公园位于北京朝阳区国贸通惠河南岸，庆丰公园东园中的北京神木博物馆，地处当代北京最繁华的CBD中央商务区核心区。神木博物馆中的神木碑、神木廊、神木殿，与通惠河北岸的中国樽及中央商务区巍峨林立的现代化大厦咫尺相对，是北京CBD中央商务区核心区难得的一处集古今历史文脉于一体的历史文化遗产。神木博物馆周边是北京各类文化创意产业集聚区。每天活动于神木博物馆周边的商界白领，科技文化艺术传媒精英，创意产业园区的设计、广告、多媒体工程师群体，借助通惠河上的庆丰桥，抬腿即能进入庆丰公园水廊绿道和神木博物馆。神木博物馆的馆藏和展览，时刻接受这些当代博物馆主要受众群体的检验和逼视。这些受众群体借助当代新媒体技术，以新的展陈方式、古今人机多媒体互动、场景沉浸式体验，对神木博物馆的核心IP进行创造性转化和创新性发展，以满足当代人通过游戏互动、休闲娱乐了解历史遗存、文化遗产的文化需求。

【参考文献】

[1] 庞扑.阴阳五行探源[J].中国社会科学，1984（3）.
[2] 顾颉刚.五德终始说下的政治和历史[M].海南：海南出版社，2005.
[3] 王小盾.中国早期思想与符号研究[M].上海：上海人民出版社，2008.
[4] 胡厚宣.甲骨学商史论丛初集[M].河北：河北教育出版社，2002.
[5] 明实录·明太宗实录[M].中国台湾：台湾"中研院"史语所校印，1966.
[6] 贺业钜.中国古代城市规划史[M].北京：中国建筑工业出版社，1996：644.
[7] 董仲舒.春秋繁露[M].北京：中华书局，1975.
[8] 王子林.紫禁城风水[M].北京：紫禁城出版社，2005.
[9] 四库术数类丛书（六）[M].上海：上海古籍出版社，1991.
[10] 侯仁之主编.什刹海志[M].北京：北京出版社，2003.
[11] 郑永华.姚广孝史事研究[M].北京：人民出版社，2011.
[12] 新编诸子集成[M].北京：中华书局，2006.
[13] 日下旧闻考[M].北京：北京古籍出版社，1983.
[14] 班固.汉书[M].北京：中华书局，1962.
[15] 梁本之.钦定日下旧闻考[M].北京：北京古籍出版社，1981.

疫情如何改变美术馆、博物馆的未来
——以韩国国立中央博物馆、国立现代美术馆和国立民俗博物馆为例

金娜瑛[①]、金宝镜[②]

(韩国旌善507美术馆,中国工艺美术大师博物馆、南昌工学院)

【内容提要】 互联网、大数据、云计算、人工智能等数字技术的迅猛发展正在逐渐改变人们的生活和认知,同时也在重新定义博物馆。特别是2020年,面对疫情的巨大影响,韩国博物馆和美术馆如何更好地通过构建数字平台进行云展示,寻求有效途径进行艺术体验和公众教育成为重要问题。但是,目前线上博物馆网络平台的构建尚有不足之处,需要进一步完善。本文旨在倡导借助数字技术推进博物馆和美术馆的数字化、智慧化建设,以应对诸如新冠肺炎带来的文化危机,强调线上博物馆和美术馆平台化建设的重要性。本文以韩国国立中央博物馆、民俗博物馆和现代美术馆的数字化平台建设为案例进行研究和分析,提出了相应的改善措施和可参考经验。

【关键词】 在线博物馆,美术馆,国立中央博物馆,国立现代美术馆,国立民俗博物馆

一、绪　　论

本文旨在研究韩国国内博物馆或美术馆为应对数字化时代和近年来国际环

[①] 金娜瑛(Kim Ns Young),韩国籍,弘益大学博物馆学研究院博士及策展人,现任韩国旌善507美术馆馆长、韩国策展学会会长、韩国融合学会学术理事。
[②] 金宝镜(Kim Bo Kyong),韩国籍,北京大学博士、教授,中国工艺美术大师博物馆副馆长,现执教于南昌工学院,兼任首尔大学人文研究院中国学研究所研究员。

境状况的变化而构建的在线网络系统与启动该系统的方案，观察在实行在线博物馆或在线美术馆的过程中，这样的系统如何构建，并从中得到启发，提出改善方案。

在 2020 年，由于受新冠肺炎的影响，韩国国内的博物馆、美术馆的展示和参观方式发生了巨大变化。在此之前，虽然韩国国内博物馆、美术馆已经构建了多种网络系统，用于适应 21 世纪的发展潮流——数字时代和第四次工业革命时代带来的变化，但是 2020 年发生的灾难，却是所有人都始料未及的。因此，我认为有必要反省遇到此类状况的应对措施，研究这样的网络系统究竟可以在多大程度上迎合观众与鉴赏者的需求。

进入 21 世纪，数字时代、第四次工业革命时代成了主要话题，但是有关在线博物馆、美术馆的先行研究却非常稀少。继时任三星美术馆学艺研究室室长李准发表《数字时代的美术馆的作用与课题》（2002 年）之后，李彦周发表了博士论文《通过分析美术馆在线平台的事例研究交流的力量》（2016 年），陆志贤发表了《关于构建网上展示综合模式的研究》（2018 年）。除此之外，关于在线美术馆教育的研究论文仅有三四篇。

特别是在 2020 年，韩国文化体育观光部发布报道称，为了方便因受新冠肺炎影响而实施线上教学的一线学校灵活运用网络授课，所属文化体育观光部（部长朴良宇，以下简称文体部）的国立博物馆、美术馆通过各个机构的官网提供了多种多样的展示方式和丰富的教育资讯。2020 年 4 月 15 日，首尔历史博物馆也发布报道称："在家里体验博物馆……首尔历史博物馆展示中提供在线 VR 服务。"

虽然博物馆、美术馆的教育板块中发放了网页或者发布了与学校相关的资讯，但实际上各个机构并没有提出具体的应对措施。原因是各个机构的特性和性质不同，因此发布的网络资讯的质量和数量存在差异。

对此，本文分析了各博物馆、美术馆网络资讯的多样性，指出其优点和缺点，帮助其展现出更好的网络资讯。

二、在线博物馆、美术馆平台的概念及作用

（一）平台（Platform）的概念

平台一词在字典中的解释是"能够形成交易的信息系统环境"，即开放自己的系统，个人、企业都可以参与其中，构建可以自由地做自己想做的事情的环境，目的

是为平台参与者们提供新的价值和便利的系统。

从16世纪开始,平台一词在日常生活和艺术商务领域被广泛使用。其原本是指火车上下车的空间,但随着意义的拓展,被指定为构成特殊装置或系统的基本骨架或框架,现在作为一个普遍概念可适用于电脑系统等多个领域。最近这一概念在博物馆、美术馆也得以使用。网络平台是指供需双方公平交换价值的环境,这种技术性的发展使美术馆可以在网上发挥平台的作用。

21世纪的在线博物馆、美术馆平台不是现代主义时代的垂直的信息传达,而是追求互动与变化的文化现象。博物馆、美术馆正在利用网络平台了解在线用户,构建并提供方便用户的信息。在线上博物馆、美术馆的平台上,使用人数无限,可以变成数量较大的大规模集团,因此线上博物馆、美术馆正在逐渐变成连接博物馆、美术馆和个人,连接博物馆、美术馆和多数集团的巨大平台。

从平台产业的特征来看,PC时代的强者微软(Microsoft)、英特尔(Intel)、戴尔(Dell)在主导网络革命的谷歌(Google)、苹果(Apple)、亚马逊(Amazon)、脸书(Facebook)上名声大振。这四家企业以强大的"平台"为基础主导网络革命并且成长起来。[①]也就是说,从PC时代转变为以移动平台为中心的时代。随着这种剧变成为时代潮流,博物馆、美术馆的平台也应该从多个角度考虑游客的满意度与用户的要求和意图,从而对自身加以完善。

(二)在线博物馆、美术馆平台的作用

随着信息通信技术的发展,博物馆、美术馆的沟通方式发生了变化,线上博物馆、美术馆平台逐渐成为未来美术馆的一种形态。

在2018年韩国文化体育观光部主办的《第四次工业革命中克服危机的博物馆》政策研讨会上,与会代表称,各产业领域顺应第四次工业革命的到来并针对其带来的变化做出了回应。但是,韩国国内的博物馆和美术馆却没能很好地去应对。尽管现在社会已经形成了根据自己的喜好选择和消费文化产品的环境,但是博物馆和美术馆并没有展现出大众所希望的样子。与会代表预测,如果现有游客的再访问量减少,又不能引入新的游客,博物馆和美术馆的前景将不容乐观。另外,与会代表还分析称:"国立公立博物馆和美术馆免不了要苦战,因为在文化内容丰富多样的私立博物馆大幅增加的情况下,国立公立博物馆没有注重文化内容的发展,只注重于博

---

① Google Art and Culture作为数字平台,利用了大众可以虚拟参观合作伙伴组织的收藏品和画廊,探索美术作品的物理、文脉信息的高分辨率形象技术。平台包括高级搜索功能及教育工具。Boa Rhee·Gangta Choi, An Analysis of User Experiences of the Google Art Project, International.

物馆的设立。"

最近，韩国博物馆、美术馆在整个社会国际交流中，试图承担扩张文化和信息的新任务。在以开放平台为目标的 Web 2.0 时代，博物馆和美术馆的交流模式呈现出新的变化，网络的生活化也给参观者对展示空间的行动和思考带来了变化。现在，博物馆、美术馆通过数字媒体，可以立即获取艺术方面的经验，并且能够转换成可以解体的时间和空间。因此，博物馆、美术馆超越技术性变化，致力于在人与人之间构建可以沟通和共享的网络。所以，今天的在线博物馆、美术馆平台（Museum online platform）不只是作为一种线下展示的辅助工具，更应发挥构建另一个模式的独立作用。

从展示的角度来看，在 20 世纪 90 年代后期以后，很多作家利用多媒体的特性和电脑新技术，在网上制作作品，博物馆、美术馆发挥了重要作用。最近，这些作品以 Net Art、Web Art、Internet Art、On-line Art 等形式被广泛传播，该现象也在作家群体之间迅速扩散。

在线大型博物馆、美术馆在文化内容、大规模展示及与用户互动方面，利用包括社交媒体在内的新技术，使得个人或集团之间的联系和互动变得更加便利。这种现象在博物馆、美术馆的运营和内容构建上，引导更多用户优先使用这种模式，因此优化在线博物馆、美术馆平台与用户的交流需要多方面的力量。

网络的连接方式有可以使访客简单灵活地进行访问的开放属性，即开放的结构，因此可以进一步扩展展示空间。博物馆和美术馆在线平台与可选择性聚合的多媒体融合，可快速发展为内容独立的领域，并且可以弥补实际线下空间中不存在的各种要素。例如，可以重新整理并展示信息或凸显相关空间的特殊性。博物馆、美术馆在线平台作为具有现实可行的潜力空间，可以解决我们所谓的现实问题。因此，对博物馆、美术馆在线平台的研究核心是效用性和文化价值。博物馆、美术馆应该利用网络技术，规划并实施博物馆、美术馆的领域扩张战略。最近，韩国国内主要的博物馆、美术馆正在扮演着活跃的交流平台的角色。

关于第四次工业革命时代的文化政策热点和课题的报道资料显示，作为最现实的应对方案，文化政策的课题中"扩大以合作为基础的文化艺术教育支援及平台事业"高居第三位。这意味着必须形成以合作为中心的文化平台，而不是过去的单独活动，以此谋求线下平台和线上平台的网络活性化。但是实际上连接线上—线下（Online-Offline）的实质性方案还没有被提出，并且在文化机关的政策层面上，也没有先从具备基础设施方面入手；在具体实施的过程中，也没有指出应该从哪一部分开始入手。

第四次产业革命的主要特征是，以超智能化（Hyper-Intelligent）、超连接性（Hyper-Connected）为基础，融合人工智能（AI）、物联网（IOT）、大数据（BD）等尖端信息通信技术。要想实现"超连接社会"，就必须以人与人之间的连接为前提，通信网络的超高速发展、智能手机的普及和活性化使这种连接成为可能。据"Internet World Stats"的资料显示："全世界 75 亿人口中，使用网络的人数为 39 亿人，占总人口的 51.7%。从 2000 年到 2017 年，使用网络的人数增长了 976%。"①

与此同时，随着网络技术的高度化，以及移动设备和平台商务的出现，原有的价值链开始遭到破坏。特别是，最近在世界范围内出现的经济及文化形态的变化——共享经济（Sharing Economy）。以第四产业的特征——超连接性为基础的最优化会扩张公有经济。随着在线和移动通信技术的飞速发展，需求和供给即使不通过物理空间也能交叉开启，由此产生了共享经济。

正如之前所看到的，在线博物馆、美术馆平台作为第四次工业革命和数字文化中可以共享的网络平台，所起到的作用十分重大且意义非凡。

三、韩国在线博物馆、美术馆平台案例分析

韩国文化机构中网络分布最广的就是博物馆和美术馆，特别是韩国国立博物馆、美术馆的网络系统确实比其他机构更加普及。韩国国立在线博物馆、美术馆平台是如何搭建的，可以起到什么样的作用，具有什么样的重要意义，具体情况如下。

（一）国立中央博物馆

国立中央博物馆主页（www.museum.go.kr）如图 1 所示，其网络内容从展示领域来看，有"数字沉浸式视频体验馆"和"线上展示馆"两种；从教育、活动领域来看，有"在线学习资料室"和"网络教育"两类；从收藏品领域来看，有"数字合订""藏品 3D 观赏"和"手语视频"三种。

---

① Internet World Stats, June 2017. https://www.internetworldstats.com/.

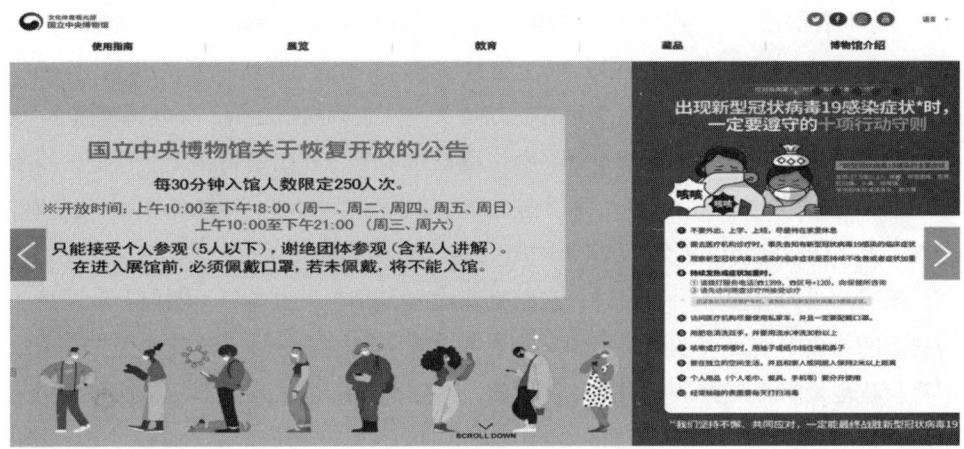

图 1　国立中央博物馆

这样的内容虽然可以让国立中央博物馆按照各个领域进行线上展示或者学习，但是很难称之为在线平台。特别是国立中央博物馆的网络系统中存在着很多不足之处。例如，"数字沉浸式视频体验馆"于 2020 年 5 月 20 日开馆，该馆的"影像馆 1、影像馆 2、影像馆 3、景天寺址十层石塔"资料如图 2 所示，但实际上网上只有 1 分钟左右的介绍，用户很难了解其详细内容。

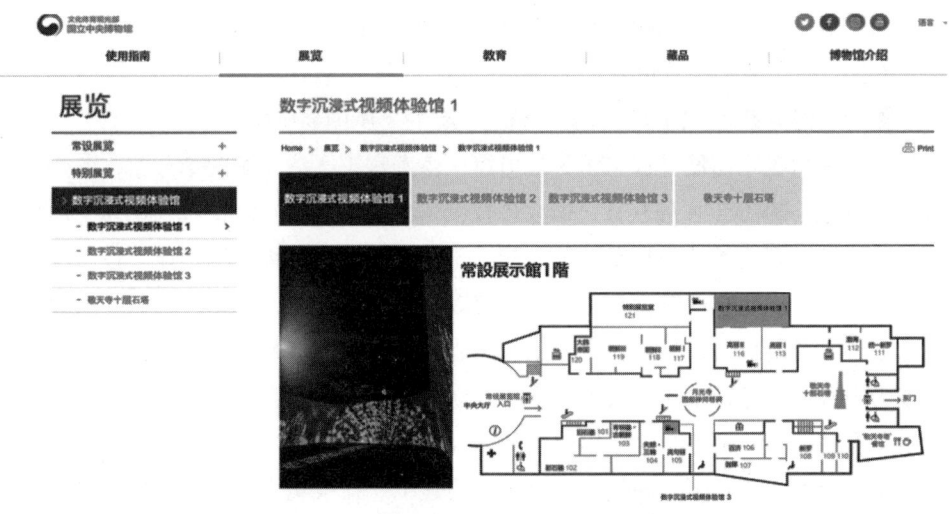

图 2　国立中央博物馆数字沉浸式视频体验馆

"线上展示馆"分为"中央博物馆"和"所属博物馆"。其中"中央博物馆"收录了8个VR、17个文物中心视频、7个主题视频、7个世界文化视频;"所属博物馆"收录了16个虚拟现实(VR)(大邱博物馆2个、扶余博物馆2个、公州博物馆2个、清州博物馆1个、金海博物馆1个、春川博物馆1个、罗州博物馆1个、益山博物馆4个、光州博物馆1个、晋州博物馆1个),11个视频(扶余博物馆3个、公州博物馆2个、清州博物馆3个、金海博物馆2个、济州博物馆1个)。

按时间、内容搜索网络资料,它们呈现的内容存在很大差异。例如,地区所属博物馆网络资料"百济金铜大香炉"的说明内容不超过1分钟,这就给用户带来了困难。其他资料也有很多相似之处。因此,可以得出结论:有关部门是抱着敷衍了事的心态准备这些内容的。

从属于"教育、活动"领域的"在线学习资料室"和"网络学习"来看,虽然"在线学习资料室"的资料有150份,但是资料的内容与中央博物馆和所属博物馆制作的内容有所不同。例如,用在线设备制作影像和用MP3制作的情况、某些资料被删除的情况等。如果读者不知道该系统,就很难共享资料。神奇的是,这150份资料全部都是在2020年4月10日被上传的,在此前后均没有资料上传。从这一点可以看出,此举是有关机构为了应对2020年新冠肺炎而紧急采取的资料共享举措,不足之处是其分享的内容是临时性的。

"网络教育"只有加入该网站的会员才能参与其中,这违背了任何人都可以观看的理念,因此它作为一个网络平台很难顺利地发挥作用。

(二)国立现代美术馆

作为韩国美术馆,国立现代美术馆是仅有的一所国立机构。

国立现代美术馆设有首尔馆、果川馆、德寿宫馆、清州馆四个分馆,各个分馆都独具特色。2020年6月9日,国立现代美术馆(MMCA)馆长尹范模为了加强四个馆的特性化及美术馆中长期政策功能,于9日改编了下级机构功能。首尔馆以常设企划展示及国际化功能为中心,果川馆以野外雕刻公园、儿童美术馆、家庭美术馆为中心,德寿宫馆以近代美术展示为中心,清州馆以藏品收藏及作品保存、复原功能为中心,并进行了功能改编。虽然国立现代美术馆设有四个分馆,却只设了一个网站主页,便于在线接收美术馆信息。

最为重要的是,国立现代美术馆单独构建了"在线美术馆"并搭建了平台,这可称为其一大特色。

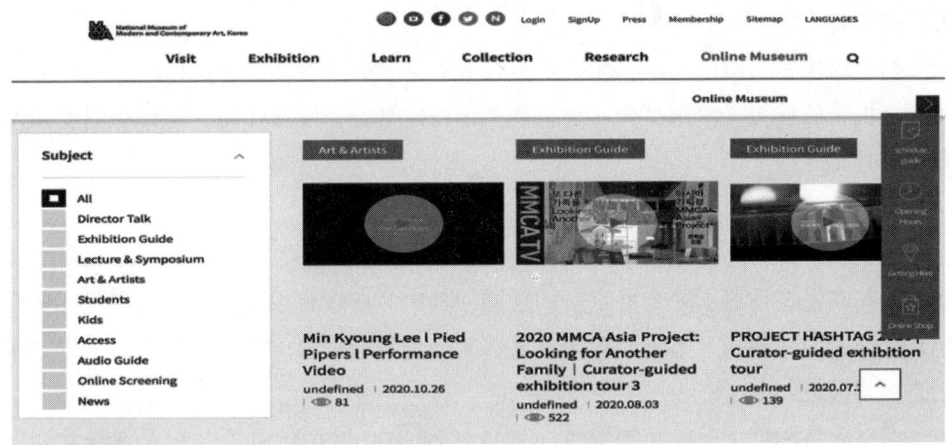

图 3　国立现代美术馆在线美术馆

国立现代美术馆的在线美术馆可以通过点击"直接进入在线美术馆"查看内容。在线美术馆的内容目录包括"馆长讲述的美术故事""策展人展示解说""讲义＆学术讨论""作品＆作家""青少年""儿童美术馆""手语解说""语音解说（录音导游）""在线上映""美术馆资讯"10 种。

在线美术馆所载资料共有 48 份，都是从 2020 年 2 月 27 日到 7 月 3 日上传的（以 2020 年 8 月 10 日为基准）。这也可以看作在线美术馆为了应对 2020 年新冠肺炎疫情而采取的举措。虽然按照在线美术馆的内容类别对这 48 份资料进行了命名，但是这些资料全都混杂在一起，而且按上传的日期和类别来看，在不同日期里上传的内容有多有少，因此访问者很难获取信息。

现在虽然是数字时代，但到 2019 年为止，韩国大多以直接参与的方式为主来运营美术馆。国立现代美术馆提供的网络视频在内容质量和数量上存在着很大的差异。如 2020 年 7 月 3 日被上传的"令人兴奋的色彩广场"并不是展示内容，而是简短的展示介绍。

观看线上展览时最令人担忧的是，线上展览会影响参观者对美术作品的鉴赏水平。在线参观时，观赏者只能无条件地跟随解说员讲解的内容。解说员讲解作品并共享自己的感性认知，会影响他人的自主鉴赏水平。因为美术作品的大小、量感、质感等造型要素和原理不同，参观者对其视觉上的理解力和共鸣力也会有所不同。

国立现代美术馆是独一无二的国立机构，如果能够搭建优质的线上美术馆平台，并构建能够共享多种内容的网络，那么将会对传播文化起到非常大的作用。因此，国立现代美术馆今后还需要进一步完善。

国立现代美术馆最近正在努力筹备线上展览和美术馆教育等,但是作为一个所属国立机构的在线美术馆平台,要想顺利地构建平台,发挥作用,需要有制度和人力方面的支持。

(三)国立民俗博物馆

国立民俗博物馆虽然没有在主页(www.nfm.go.kr)横幅广告上单独另设在线博物馆,却在主页设置了8个可点击的圆圈,其中"在线常设展览馆手语解说(第三个)"、"在线展示解说(第四个)"和"个人对应型在线教育(第六个)"都设为了"即刻前往",如图4所示。

国立民俗博物馆一般视频资料从2013年到2020年共有81个,但是在线常设展示馆展示解说视频中,手语解说视频共有8个,分别是2020年上传的"韩国人的日常——春、夏、秋、冬"4个视频和"韩国人的一天——早晨、白天、夜晚、市场"。

图4 国立民俗博物馆在线平台

相较于国立中央博物馆和国立现代美术馆,国立民俗博物馆长期以来一直坚持上传网络影像资料。从这一点上看,国立民俗博物馆在很早之前就开始运用网络系统了。

例如,从2013年,上传1份,即"海外展示阿里郎",2014年13份,2015年16份,2016年16份,2017年15份,2018年11份,2019年8份,2020年13份(以2020年8月10日为基准)等,共上传了93份。

国立民俗博物馆网络视频的特点是，不同于介绍收藏作品，其更多的是与展览企划者的谈话相关的视频。虽然可以通过这些谈话视频知道国立民俗博物馆以什么样的主题进行展览，对于展览的内容和作品也有所了解，但为了构筑只属于国立民俗博物馆多样性在线博物馆平台，需要增加有关收藏品的内容和其他领域的内容，从而丰富文化产品。

四、在线博物馆、美术馆平台的启示

本文中提出的在线博物馆、美术馆平台的概念和作用，可以发挥到什么程度，对于内容层面的分析具有不同的意义。根据平台可涉及的功能和范围，有人认为平台的作用可以很好地得以发挥，也有人不予认同。平台的意义，从狭义上看，可以说目前国立在线博物馆、美术馆正在很好地履行着平台的作用；从广义上来看，可以说其只起到了非常狭隘的作用。本文分析的三个机构均在展示、教育或活动领域构建了网络系统，但并不能看作构建了独立的网络平台。虽然目前在内容的多样化或平台的构建方面尚不完善，但是国立民俗博物馆和国立故宫博物馆在很久以前就开始使用网络系统。

正如前面所述，构建在线博物馆、美术馆平台的目的是了解网络用户，给用户提供便利。如果这期间忽视了网络系统的构建，那么不仅以上提到的这三个机构，其他所有博物馆、美术馆都应该花费更多的心血来构建和运营网络平台。对此，笔者提出以下改善方案。

第一，虽然需要分别构建各机构的网络系统，但是也要搭建一个可以构建韩国博物馆、美术馆在线网络的综合在线博物馆、美术馆平台。要想搭建一个综合在线博物馆、美术馆平台，就要随时随地向全体国民共享博物馆、美术馆所有领域的内容，进而给国民提供便利，使其可以迅速查询到在国际上很难查到的韩国博物馆、美术馆的信息。

第二，应该将在线博物馆、美术馆平台上的几个主题领域的内容更加具体化，并且要根据各个时期进行严格区分，构建一个具有可读性的系统。目前，国立在线博物馆、美术馆的平台虽然已经在一定程度上得以构筑，但平台中展示出的各领域的内容是混杂的，各个时期也存在严重偏差，因而很难获取多样的信息。就目前来看，比起真正的平台，现有的网络内容顶多算是一些网络资料的汇集。

第三，构建网络平台需要国家、各机关的行政支持。正如我们所查阅的代表韩国国立机关的网络影像资料一样，真可谓是千差万别。支持力度不同，产生的结果自然也不相同。因此，为了能够传达更高水准、更加精确的信息与内容，应该制作出一些更好的视频。

第四，为了准确具体地制作网上展示或教育内容，需要与专业人士合作。无论看起来多好的视频，如果内容不真实，就会成为有名无实的信息。所有的网络信息都应该将内容的准确性放在首位，只有为网络平台的构建提供技术上的，以及具体、准确的内容支持，才能真正发挥网络平台的作用。

除此之外，如果能够创作出符合各机构特点的内容，并构建一个可以与周边环境等相互交流的多样性文化产业的共享平台，那么即使没有观众的直接参与，博物馆、美术馆参观及教育也能获得较高的观众满意度，进而发展成为一个可以共享所有信息的平台。

【参考文献】

［1］李准. 数字时代的美术馆的作用与课题［J］.// 韩国文化观光研究院. 文化政策论丛，2002（14）.

［2］宣再浩. 第四次工业革命的定义及宏观观点上的对策研究［J］.// 产业通商资源部，产业政策局，产业政策科，产业资源部. 研究劳务课题，2017.

［3］Internet World Stats，June 2017. https：//www.internetworldstats.com/.

在地艺术与创意旅游
——濑户内国际艺术节的审美建构

杨欣欣[①]

(澳门城市大学,澳门 999078)

【内容提要】 审美体验是创意旅游者追求的重要体验。从气氛美学与关系美学的双重视角出发,在地艺术因其与自然、社会和人文之间不可分割的关系,不仅为旅游者构建了独特的审美空间,也促使旅游者参与共建该地的审美价值,使其可以成为地方独特的创意旅游资源。当前,我国正在探索文化、创意与旅游相结合的发展路径,日本濑户内国际艺术节是在地艺术与创意旅游协同发展的典型案例之一,可以为我们提供重要参考。

【关键词】 在地艺术,创意旅游,气氛美学,关系美学

一、濑户内国际艺术节: 在地艺术与创意旅游的协同发展

1985年,世界旅游组织分别提出了文化旅游在广义上和狭义上的定义。从广义上说,文化旅游是指人们希望了解彼此生活和思想而发生的旅游活动;从狭义上说,文化旅游是指人们基于文化生产的旅游活动,包含学术研究、参观历史遗迹、艺术演出、宗教朝圣、民俗文化、节事文化等旅游活动。[②] 而创意旅游被认为是文化旅游的一种可持续发展模式,是一种基于创意产业的思维方式和发展模式,是一种整合

[①] 杨欣欣,女,澳门城市大学人文社会科学学院在读博士。主要研究方向为文化产业理论研究、艺术管理与艺术批评。
[②] 沈中印.文化旅游理论与实践研究[M].北京:光明日报出版社,2020:12.

旅游资源、创新旅游产品、锻造旅游产业链的方式。[①] 它强调旅游者通过对旅游地的艺术、文化和自然遗产，以及地方特色的身心感知、参与互动，实现自我学习和发展，从而获得原真性和超越原真性的体验。创意旅游作为一种主动、深度的文化旅游，是对大众旅游的创新超越，是文化创意融合创新的领域拓展。[②] 武汉大学傅才武教授提出，旅游离不开旅游目标吸引物，它是旅游者体验的对象和客体。他进一步将目标吸引物定义为"文化旅游装置"，即由民族历史文化遗产和现代生活场景组成的文化空间及其象征符号系统集合而成的特定文化场域。文化旅游装置是一种具有文化（审美）形态的文化、艺术和科学项目，也是历史与现实相连的记忆共享空间，与地理位置相关，是一种区域性的价值高地。[③] 基于创意产业思维，强调文化创造和在地审美体验，是创意旅游的重要特征。作为当代的文化创造物，在地艺术因其与地点的不可分割性和独特的审美价值日益成为值得关注的"旅游目标吸引物"。

在地艺术（site-specific art）是一种与周围的空间对话，或暂时或永久地对空间进行更改的艺术。在地艺术强调对语境的分析，语境与具体的地点之间存在着不可割裂的关系。当今，在地艺术在全球范围内出现了数量可观的艺术实践，有的艺术实践以独立艺术作品的形式存在于某一地点，有的艺术实践以艺术展览或艺术节的形态集中出现。在地艺术节以艺术为媒介，通过营造"地方感"，[④] 为旅游者提供丰富的审美体验，将"此地"打造成独一无二的"旅游目标吸引物"，培养当地居民的自豪感，吸引旅游者，促进交流，并最终实现地域经济和社会的协同发展。本文所要探讨的日本濑户内国际艺术节（又称濑户内国际艺术三年展）就是其中的代表，也是在地艺术与创意旅游相结合的典型案例。

2010年，首届濑户内国际艺术节开幕，该艺术节每三年举办一次，至今已举办四届。艺术节的规模和影响力在艺术家组数、国别数和作品数量、旅游者数量等方面均呈现出逐步扩大和增长的趋势（见表1）。2019年，共有来自32个国家或地区的230组艺术家参与艺术节，作品创作数量达214个，表演活动达35项，吸引了117万余人次参观。

[①] 厉无畏，王慧敏，孙洁. 创意旅游：旅游产业发展模式的革新［J］. 旅游科学，2007, 21 (6): 2.
[②] 向勇. 创意旅游：地方创生视野下的文旅融合［J］. 人民论坛·学术前沿，2019(11): 65.
[③] 傅才武. 论文化和旅游融合的内在逻辑［J］. 武汉大学学报（哲学社会科学版），2020年，73 (2): 92.
[④] 沈婷茹，于国华. 地方艺术节的生态美学实践［M］// 向勇，王昀. 乡村振兴与地方创生. 北京：金城出版社，2020: 196.

表1 2010—2019年濑户内国际艺术节情况概览

年份	2010	2013	2016	2019
主题	海洋复兴			
展览时间	2010.7.19—10.31	春：2013.3.20-4.21 夏：2013.7.20-9.1 秋：2013.10.5-11.4	春：2016.3.20-4.17 夏：2016.7.18-9.4 秋：2016.10.8-11.6	春：2019.4.26-5.26 夏：2019.7.19-8.25 秋：2019.9.28-11.4
展览时长（天）	105	108	108	107
艺术家组数	75	200	226	230
国别数量	18	26	34	32
作品数量	76	207	206	214
活动数量	16	40	37	35
旅游者数量	938000	1070368	1040050	1178484

数据来源：濑户内国际艺术节2010、2013、2016、2019总括报告

随着规模的不断扩大，艺术节带来的经济效益逐年递增。据日本银行高松支行和濑户内国际艺术节执行委员会共同发布的数据显示，濑户内国际艺术节对区域内外均产生了客观经济带动效应，并呈现总体递增的趋势。2019年，濑户内国际艺术节的直接经济效果已达112亿日元，经济波及效果达180亿日元（见图1）。

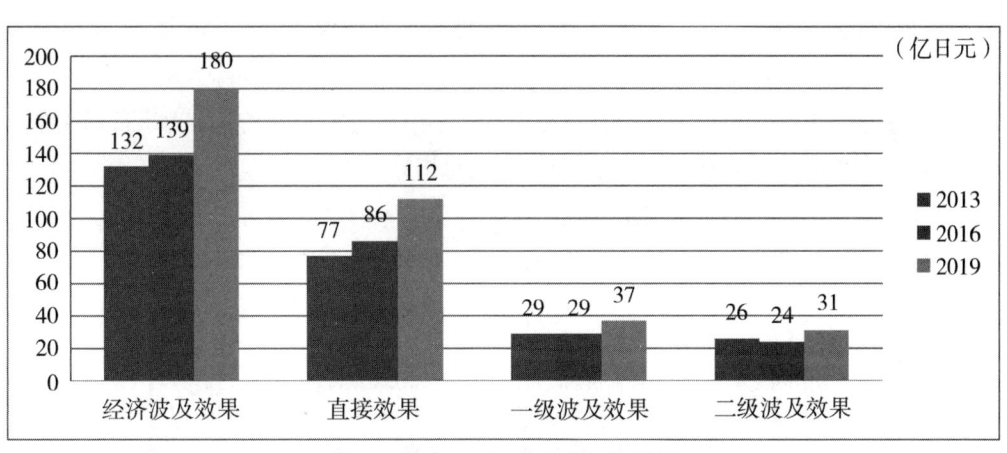

图1 濑户内国际艺术节经济效果

数据来源：日本濑户内国际艺术节2010、2013、2016、2019总括报告。
直接效果：从香川县外部购买的商品和服务总额。
主要影响：由于艺术节的直接影响，该县每个行业产出的增加。
二级波及效果：由于直接和主要影响导致的雇员收入增加而产生的消费造成的各行业的产出增长。

二、濑户内国际艺术节的背景及相关研究回顾

濑户内海位于日本本州岛、四国岛和九州岛之间,是著名的多岛海,自古时起就是重要的交通水道。第二次世界大战后,随着以广岛为中心的大都市圈的建设,整个濑户内海地区的城市化进程加快,大量重工业工厂密集汇聚于该地。由于产业废物的非法投弃,水俣病、哮喘病及光化学事件频繁发生。20世纪80年代,濑户内海的诸多岛屿被逐步废弃。濑户内海往昔的富饶、宁静和美丽在近代化过程中不再被重视,本地出现了人口锐减、渔业退化、地域力衰退等问题。①

为了激发地域活力,改善人口老龄化,濑户内海上的直岛首先开始行动。1985年,福武财团的福武哲彦和直岛市市长达成协议,计划将直岛南部开发为教育和文化场所。1986年,福武总一郎继承了父亲的事业,提出了"直岛文化村"的概念。1992年,倍乐生之屋博物馆在直岛开馆。该博物馆集美术馆与酒店于一体,艺术家们在其周边专门构建了大量永久性艺术空间及工作室,②与整体环境相得益彰。从1996年起,福武财团开始委托艺术家创作在地艺术作品。艺术家需要思考他们的作品在周围环境中的外观,以及他们的作品如何与区域文化和历史联系起来。1998年,福武财团购买或租用了直岛上空置的旧房屋和土地,再委托艺术家将这些空间变成艺术品,启动了与作品一体化的"家计划"。③

直岛在开展一系列艺术活动后成了著名的旅游胜地。2010年,日本总务省、经济产业省和国土交通省等政府部门也试图依靠直岛推动周边荒废岛屿复兴。同年7月,由香川县总体策划的濑户内国际艺术节正式开幕。④濑户内国际艺术节的执行方为濑户内国际艺术节执行委员会,由香川县知事担任会长,福武财团理事长福武总一郎担任总制作,著名的策展人北川富朗担任总指导。

濑户内国际艺术节不仅吸引了世界范围内艺术家的广泛参与,还吸引了日本国内外旅游者的频繁造访,更与始于2000年的日本越后妻有大地艺术节一并作为日本

---

① [日]濑户内国际艺术节2019官方指南 [M].日本:美术出版社,2019:22.
② Ihara, Y. (2007).A study on the characteristics of the art projects and their influence on the regional environment at the islands in the Seto Inland Sea [M]. Landscape Research Japan, Vol. 70, No.5: 625-630, Japanese Institute of Landscape Architecture.
③ [日]福武总一郎,北川富朗.艺术唤醒乡土——从直岛到濑户内国际艺术节 [M].李临安,杨琨,张芳译.北京:.中国青年出版社,2017:14.
④ 陈锐,钱慧,王红扬.治理结构视角的艺术介入型乡村复兴机制—基于日本濑户内海艺术节的实证观察 [J].规划师,2016,8(32):35.

国内艺术参与地域活化、乡村复兴的典型案例，吸引了我国业界的效仿和学界的关注。针对濑户内国际艺术节的研究，国内学者多以定性研究为主，理论视角囊括了管理学下的治理结构、传播学中的"媒介人物"和艺术学中的艺术介入，以及历史学中的文化记忆等。

陈锐、钱慧、王红扬（2016）重点关注了艺术介入背景下的艺术家、开发商、旅游者及村民四类建设主体的行为方式和由此建构起来的"艺术介入的乡村治理结构"，提出了作为一种乡村复兴的局部干预手段，艺术介入型乡村复兴机制的核心内容在于艺术文化的柔性介入和治理主体的多元参与。[①]渠濛（2016）从当代艺术介入、艺术节庆旅游和乡村地区可持续发展三个方面探讨了艺术节对当代文化和乡村可持续发展所起到的重要作用。[②]韩凝玉、张哲、王思明（2019）从传播视阈解构恢复乡村活力的实践，阐述濑户内国际艺术节所集中体现的具有传播价值的媒介事件、媒介人物和媒介时间，解析乡村活化与振兴中艺术与资本融合的智慧传播路径。[③]唐璐璐、向勇（2019）基于文化记忆视角对在地艺术的功能进行了探讨，并讨论了艺术赋权社区使当地居民成为了艺术节的主人，使他们重建文化自信。[④]

日本学者对濑户内国际艺术节的研究则多侧重于经济学和社会学视角，在研究方法上也多采用定量研究与定性研究相结合的混合研究方法，在研究内容上既关注濑户内国际艺术节对地域活化方面所起到的积极作用，也关注当地居民发出的一些反对声音。

宫本结佳（2012）通过考察直岛艺术项目，分析现代艺术对地域环境保护、资源再生和旅游业发展的作用，并指出在地居民对于地域形象的生成、新资源的创造和主体性的确认具有积极的可能性。[⑤]室井研二（2013）认为，在改善居住条件、促进区域经济增长等方面，艺术节的积极作用显而易见。但是艺术节对于社区的建设效果是否会随艺术节的结束而结束，也是值得深思的问题。单纯强调旅游者数量、财务效果和媒体曝光度等是不尽合理的，应时刻警惕在地艺术与创意旅游可持续发展

---

① 同③，35-39.
② 渠濛.当代艺术节介入乡村地域再生的可持续发展研究[J].公共艺术，2016（9）：38-45.
③ 韩凝玉，张哲，王思明.艺术唤醒乡土：传承农业文化精神的智慧之路——以日本乡村振兴模式之濑户内国际艺术节为例[J].城市发展研究，2019，26（4）：103-108.
④ 唐璐璐，向勇.在地艺术的文化记忆重塑与权利话语重置[J].福建论坛·人文社会科学版，2019（2）：80-86.
⑤ [日]宫本结佳.住民の認識転換を通じた地域表象の創出過程——香川県直島におけるアートプロジェクトを事例にして[J].社会学評論，2012，63（3）：391-407.

所面临的问题。比如，从一些居民对濑户内艺术节的反馈上可以得出，也许情况并非想象中的那么理想。艺术家与志愿者的持续参与、政府的可持续性政策支持才是真正提升在地居民幸福度的重要支撑。① 熊泽贵之（2016）分析了农村社区通过合作制作艺术对居民社区规划参与意识的影响。通过实验研究，他发现参与艺术合作有助于居民产生联结意识，同时有助于居民对社区建设产生持久的兴趣和意识，也有助于居民有效自我表达。他建议，居民应该积极主动地参与艺术合作。②

有别于上述中日学者的研究，本文基于气氛美学和关系美学的双重视角，探讨参与在地艺术项目的艺术家、当地居民及旅游者共同建构的美学场域。

三、艺术家与居民——气氛的营造者

德国哲学家格诺特·波默（Gernot Bohme）在20世纪末提出"气氛美学"的概念，他认为，所有场景化领域所涉及的都是气氛的营造。在1992年和1993年，波默接连出版了《自然性的自然·论技术复制时代的自然》和《为了一种生态学的自然美学》，他认为生态学的自然美学是人们借以进入美学的特殊之路。环境难题一般以自然科学的方式处理，但是人必须从审美的角度提出环境问题。波默同时指出，在我们的时代，诸如建筑师或设计师，并不能从美学理论那里学到很多东西，相反，审美理论需要从实践者那里学习很多东西。引入"气氛"概念，③ 目的是为了达成美学，尤其是自然美学方面的思想革新。"一件音乐作品或艺术品、一个日常对象、一栋建筑物或某种空间态势，散发的都是气氛，是那种对在场的人具有情感作用的气氛。气氛是某个空间的情感色调，在场的人通过自己的处境感受而知觉到该情感色调。"④ 气氛不仅仅是个场域，在该"氛围"之内审美主体与客体双方融合为一，而且是通过"身体性"而合一。⑤ 波默所讨论的人与自然的关系、环境问题，以及空间和气氛的营造实践，在濑户内国际艺术节都得到了广泛讨论和实施。岛屿美丽的自

---

① ［日］熊澤貴之. 農村地域包括支援に向けた協働のアート制作がまちづくりへの意識醸成に［J］. デザイン研究，2017，63（5）：1-6.
② ［日］室井研二. 離島の振興とアートプロジェクト-「瀬戸内国際芸術祭」の構想と帰結［J］. 地域社会学会年報，2013（25）：104.
③ ［德］格诺特·波默. 气氛美学［M］. 贾红雨，译. 北京：中国社会科学出版社，2018：1-2.
④ 同③，6.
⑤ 刘悦笛. 气氛美学、超逾美学与显现美学——当今德国的"生活美学"取向［J］. 山东社会科，2015（10）：63.

然环境及其曾遭受严重环境污染的历史,都激发了艺术家们的创作灵感。自然之美和艺术之美共同营造了不可替代的"气氛",带给本地居民和旅游者独一无二的审美体验。

日本著名的建筑设计师安藤忠雄,从1988年就开始参与把直岛变成艺术岛的工作。当时因为工厂排放二氧化硫,直岛的绿色植被大幅减少,最后变成了不堪入目的光秃山。安藤忠雄曾提到:起初,他还不能体会到福武总一郎站在宛如荒废的直岛上所说的话——"希望能够找回美丽的海洋与环境,把它打造成世界一流艺术家们大展身手的场所,改变来访者的价值观,成为磨炼感性的岛屿"。福武总一郎先生奔波于岛上,并不断坚定地提出"经济应该为文化所用"的信念,深深打动了安藤忠雄。此外,还有沃特尔·德·玛利亚(Walter De Maria)、隆恩(Richard Long)、草间弥生等前卫的当代艺术家也参与其中。①

安藤忠雄认为,"日本人的美学意识是从四季变化的丰富自然风景中培养出来的。在得天独厚的环境下成长,我们必须把世界独一无二的纤细感性,对家人、地方、社会和自然的感情,教导并传承给下一代"。②秉承"自然·建筑·艺术共生"的理念,安藤忠雄设计了隐秘在直岛南部绿色山丘腹内的地中美术馆,美术馆的主体位于地下,与周围的环境融为一体。从空中俯瞰,只能看到空间顶部或矩形或三角形的规则图形。美术馆中只展示了克劳德·莫奈、沃特尔·德·玛利亚和詹姆斯·特里尔三位艺术家的作品。建筑师和这三位艺术家都是操控光与空间的大师,着眼于渺小的人类与宇宙、天空、大地交相呼应的艺术构想,最终"合力"营造了一种神秘且静穆的气氛。

建筑设计师西泽立卫与艺术家内藤礼合作,在丰岛上建造了一间只有一件艺术作品的美术馆——丰岛美术馆。身处其中犹如珍珠安放在贝壳之内,又似婴儿安静地在母体内酣睡。在静谧的美术馆中,观众可以看到地下水从美术馆中央的地面上的孔隙向上涌,汇聚在一起后又滚向更低洼的地面处……在美术馆中,人们可以很自由地活动:有的席地而坐,目不转睛地注视着水珠的动向;有的躺在地上闭目养神;也有的在美术馆圆形的天窗下看悬挂其中的丝带迎风飘荡。北川富朗评价道:"这座美术馆是一件感觉水或空气的装置。我认为这是当今最新的美术馆形式。它不是我们一般认为的陶器、雕塑、绘画等艺术,这里诞生的艺术是通过整个身体理解

---

① [日]安藤忠雄.安藤忠雄:我的人生履历书[M].褚炫初,王筱玲,译.中国台北:联经出版视野股份有限公司,2013:125-127.
② 同①,218.

自然与人类的关系。"①

除了日本本土艺术家外，来自海外的艺术家在濑户内海艺术节也发挥了巨大作用，他们通过了解日本，了解当地，在艺术创作上发现了新的可能。北川富朗提到，艺术是与他人相连的媒介，所以不同的人越多越好。他认为，在金钱、资讯全球化的时代，因艺术、文化活动而在全世界穿行的人们，将取代传统的传教士、跨国企业和军队。海外艺术家扎根于此，深入挖掘场所的固有性，也从全球视角将整个"世界"注入该地区。②

在濑户内国际艺术节中，旅游者们乘坐游轮从一个岛屿"漂流"到另一个岛屿、游走在美术馆、艺术作品、岛民日常生活的街道之间，居住在某一个岛屿或者港口的宾馆或者民宿里，品尝着当地的特色美食……他们的身体性在场实现了他们对弥漫在濑户内海这一自然地理空间和艺术空间中的"气氛"的感知。

从创意旅游的视角来看，为了利用创意经济促进旅游业，有必要将创意产品与旅游目的地联系起来。虽然建筑或当代艺术的杰作无法复制，但如果艺术品与其位置之间没有联系，它将不会成为可持续旅游业的资源。然而，在濑户内国际艺术节上，委托创作的在地艺术作品与海岛的景观之间建立了牢固的关系，从而增强了艺术品的独特性，以及岛屿作为旅游胜地的吸引力。③创意旅游的结果强调旅游者对于地方价值的共享和情感的联结。创意旅游强化了旅游者的"地方感"，增强了旅游者对地方的主观理解、内心感知和心理描述，这是旅游者在文化旅游过程中与地方建立起的特殊联结，在此基础上形成独特感受、信念、态度和行为、思维模式，以及生活方式，最终完成旅游者的地方认同、地方依恋和地方依附。④濑户内国际艺术节将地方与艺术进行整合，促使旅游者与对此地的自然环境、生活方式和在地艺术进行深度感知并完成认同，生发审美情趣，实现不可替代的审美体验，建立独特的审美联结。

委托艺术家进行在地艺术作品创作，不仅使艺术品与岛屿的自然环境之间建立了联系，而且也建立了艺术品与当地居民之间的联系。为了促进居民走进美术馆了

---

① [日]福武总一郎，北川富朗.《艺术唤醒乡土——从直岛到濑户内国际艺术节[M].李临安，杨琨，张芳，译.北京：中国青年出版社，2017：83.
② [日]北川富朗.乡土再造之力——大地艺术节的10种创想[M].欧小林，译.北京：清华大学出版社，2015：219-220.
③ Contemporary art and tourism on Setouchi Islands [M]. Japan: Tourism and The Creative Economy, OECD, 2014.: 127–139.
④ 向勇.创意旅游：地方创生视野下的文旅融合[J].人民论坛·学术前沿，2019（11）：66.

解当代艺术，艺术项目向居民免费开放，并邀请他们参与其中。在社区中部开始的"家计划"项目，尤其培养了居民对当代艺术的亲近感。1998年，"家计划"中的第一件作品《角屋》问世。这件作品由建于两百多年前的旧民居改建而成，里面设置了艺术家宫岛达男使用数字计数器创作的作品《时间之海》。作者邀请了125位居民参与了其创作活动，促成了现代美术和日本古老民居相结合、当地居民积极参与的新型艺术创作方式。① 艺术家在日常生活中创作自己的作品，居民不仅可以看到艺术家的创作成果，还可以参与创作过程。北川富朗指出，获得认同是这些艺术作品成立的首要条件。与此同时，艺术家由于对当地材料不熟悉，工程技术也有限，搭建大型装置作品往往面临很大困难。但如果邀请当地村民参与，就能迅速抓住要领，并利用材料顺利完成作品。② 对居民而言，参与作品创作也提升了他们的参与感和自豪感。当作品被保留下来之后，居民便开始自发维护与清理，并且热心地向参观者介绍作品。正如北川富朗所说："艺术就像婴儿，麻烦、费神，不具备生产性，置之不理就会出毛病。正因为如此，周围的人才不由地给予其支持，帮助其成长。"③ 艺术使人们聚集在一起，相互照顾，并产生联系，这就是艺术的力量。当地居民对作品进行维护和讲解，也参与艺术作品意义的生成，成为吸引旅游者的重要因素。在岛屿上，每一个人、每一件事、每一个物都和艺术节息息相关，他们都是旅游装置的组成部分，一同构建艺术节的气氛，远道而来的旅游者也是其中一员。

四、旅游者——关系美学的参与者

濑户内国际艺术节的旅游者具有不可割裂的双重身份，他们既是创意旅游语境下的旅游者，也是濑户内艺术节的参观者，还是艺术作品的审美主体。法国策展人、艺术理论家尼古拉斯·伯瑞奥德（Nicolas Bourriaud）在20世纪末提出"关系美学"的概念，他指出，"关系美学"所遵从的是艺术实践的本质建立在主体间的关系之中这个原则，艺术作品并不限于传统艺术视觉审美的维度，而是通过某种中介形成一个共同的关系场域，艺术家的创作就是对这种关系场域的建构和组织。他进一步指

---

① ［日］福武总一郎，北川富朗. 艺术唤醒乡土——从直岛到濑户内国际艺术节［M］. 李临安，杨琨，张芳，译. 北京：中国青年出版社，2017：32-33.
② 唐璐璐，向勇. 在地艺术的文化记忆重塑与权利话语重置［J］. 福建论坛·人文社会科学版，2019（2）：85.
③ ［日］北川富朗乡土再造之力——大地艺术节的10种创想［M］. 欧小林，译. 北京：清华大学出版社，2015：116.

出,"展览是一处根据各种原则而装置这些临时集体性的特殊地点:根据艺术家要求观众的参与度、作品特性、作品所提示或再现的社会性样式,一个展览就能生成一个特殊的'交流领域'"。①

濑户内国际艺术节的旅游者,不仅以审美主体的身份欣赏艺术,同时参与艺术作品意义的建构。他们与艺术家互动,与艺术作品互动,与其他参观者、在地居民等交流,共同构建该场域的美学价值。

在关系美学中,艺术品成了社会交流的"中介",艺术家成了关系的缔造者。在濑户内国际艺术节中,旅游者们可以接触很多作品。例如,日本艺术家大竹伸朗为直岛建造了一个公共浴池,也就是参与式艺术作品"直岛钱汤'I♥汤'"。在日语中,"汤"的发音"yu"和英文中的"you"近似,即温泉。泡汤文化是日本传统文化中非常重要的组成部分,泡汤也是日本人日常生活的一部分。日本人把温泉视为每个人都要寻找的"心灵故乡",认为在泡汤的过程中身体与温泉彻底接触,人们可赤诚相对,涤荡身心。在岛上过着独居生活的老爷爷们每天都想泡澡,但是在自己家里准备洗澡水需要使用几个开关,如果不能正确地开关总闸,很容易引起火灾。幸运的是公共浴室减少了这些麻烦。②公共浴室不仅对直岛上的居民开放,还向来自世界各地的旅游者敞开了大门,成为人们交流的场所。尤其是对于海外的游客来说,不仅有机会体味日本独特的泡汤文化,还有了与当地居民或者其他旅游者交流的机会。当地居民和旅游者的参与使"直岛钱汤'I♥汤'"这件作品更有意义,作品的张力在于它不仅仅是一个温泉,还是一个由艺术家参与改造、制作的参与式艺术空间,且它与它的历史一直根植于它所在的地点,无法复制。这也是它能吸引旅游者进入其中的原因。

法国艺术家克里斯提昂·波坦斯基(Christian Boltanski)创作的"私语森林"将400个风铃安装在森林中,上面有访客写下的亲人或者爱人的名字。微风拂过,清脆动听的风铃声在森林中回荡,唤起了心灵的奥秘。新访客也会被邀请留下心爱之人的名字,之后,他们的笔迹会被刻在新的风铃上,成为艺术品的一部分。"私语森林"不仅通过风、光、声营造了"气氛",也借由与游客的互动建立起了"关系"。

关系美学的思想也与北川富朗的理念不谋而合。他曾指出,推动他进入在地艺术项目的最初动机是对现代化的批评。资本的逻辑已在城市的空间组织中得到彻底

---

① [法]尼古拉斯·伯瑞奥德.关系美学[M].黄宏峰,译.北京:金城出版社,2013:10.
② [日]福武总一郎,北川富朗.艺术唤醒乡土——从直岛到濑户内国际艺术节[M].李临安,杨琨,张芳,译.北京:中国青年出版社,2017:85.

实施，地方的同质化和有序化也在发展。无论是乡村还是城市，固有的"生活"经历都倾向于被抛弃。他期望艺术不仅在表达场所中发挥作用，而且能够引起交流。①濑户内国际艺术节构建了一个共同的关系场域。从公众到创作者、从自然系统到工业系统的相互介入，所实现的不仅是一种公共生产，也是对于关系美学在现实语境中的扩展。②

从创意旅游的视角来看，在文化旅游过程中，旅游吸引物的价值的实现，不仅仅关乎吸引物本身的价值大小或者高低，而且关乎旅游者本身的解读能力和参与（卷入）程度。③旅游者的身体性在场和对旅游地的理解、参与都对旅游吸引物价值的实现发挥着作用，所以，在思考创意旅游的发展中，关系美学也给我们提供了一种解决方案。有趣的和有意义的参与式艺术，有助于旅游者与地方建立情感连接，制造独特回忆。

结 论

审美体验是与生命、人生紧密相连的直接经验，是一种精神上的愉悦。审美愉悦是由于超越自我，回到万物一体的人生家园而在心灵深处产生的满足感和幸福感，是人在物我交融的境域中和整个宇宙的共鸣、颤动。④旅游审美是旅游者的本质追求，对于旅游者个体而言，文化旅游即是"意义发生"，体现为旅游者追求的意义最大化、经验最大化与情绪最大化。⑤在地艺术节通过挖掘地方的文化、历史和社会记忆，重建人与地方、人与自然、人与社会、人与人、人与艺术的关系，为此营造了看不见摸不着却无处不在的气氛，是向旅游者开放的无限的审美空间。气氛的建构不仅依赖于艺术家、建筑师、在地居民等的参与，同时离不开旅游者的参与，关系的建立也涉及参与濑户内国际艺术节中的各种异质元素。

反观近年来在我国开展得如火如荼的"艺术乡建"，我们也应该思考我们的乡村所面临的问题，什么样的艺术才能切实地帮助我们的乡村建构属于自己的气氛，从

---

① 室井研二：離島の振興とアートプロジェクト－「瀬戸内国際芸術祭」の構想と帰結[J].地域社会学会年報，2013，5（25）：95.
② 杨方伟.关系美学中的自然介入——"麦田计划"与自然笔记[J].美术观察，2018（4）：95.
③ 傅才武.论文化和旅游融合的内在逻辑[J].武汉大学学报（哲学社会科学），2020，73（2）：92.
④ 叶朗.美学原理[M].北京：北京大学出版社，2010：147.
⑤ 傅才武.论文化和旅游融合的内在逻辑[J].武汉大学学报（哲学社会科学），2020，73（2）：98-99.

而造福在地居民，吸引旅游者，带动创意旅游业的发展。我们的乡村建设应该根植于乡村，直面在地村民的情感诉求，解决乡村的具体问题。艺术家推动的"艺术乡建"不同于大刀阔斧的乡村改造和简单粗暴的社会治理，其初衷不仅仅是满足温饱或发财致富这类单一经济目的和愿景。相反，它是在尊重乡村在地传统及村民诉求的基础上，用情感融入和多主体互动的温和方式，使乡村社会整体复苏，以修复乡村完整的天地人神世界。①

【参考文献】

[1] 沈中印. 文化旅游理论与实践研究 [M]. 北京：光明日报出版社，2020.

[2] 厉无畏，王慧敏，孙洁. 创意旅游：旅游产业发展模式的革新 [J]. 旅游科学，2007，21（6）.

[3] 向勇. 创意旅游：地方创生视野下的文旅融合 [J]. 人民论坛·学术前沿，2019（11）.

[4] 傅才武. 论文化和旅游融合的内在逻辑 [J]. 武汉大学学报（哲学社会科学版），2020，73（2）.

[5] 沈婷茹，于国华. 地方艺术节的生态美学实践 [M] //. 向勇，王昀. 乡村振兴与地方创生. 北京：金城出版社，2020.

[6] 濑户内国际艺术节2019官方指南 [M]. 株式会社美术出版社，2019.

[7]［日］福武总一郎，北川富朗. 艺术唤醒乡土——从直岛到濑户内国际艺术节 [M]. 李临安，杨琨，张芳，译. 北京：中国青年出版社，2017.

[8] 陈锐，钱慧，王红扬. 治理结构视角的艺术介入型乡村复兴机制——基于日本濑户内海艺术节的实证观察 [J]. 规划师，2016（32）.

[9] 渠濛. 当代艺术节介入乡村地域再生的可持续发展研究 [J]. 公共艺术，2016（9）.

[10] 韩凝玉，张哲，王思明. 艺术唤醒乡土：传承农业文化精神的智慧之路——以日本乡村振兴模式之濑户内国际艺术节为例 [J]. 城市发展研究，2019，26（4）：103-108.

[11] 唐璐璐，向勇. 在地艺术的文化记忆重塑与权利话语重置 [J]. 福建论坛·人文社会科学版，2019（2）.

[12]［日］宫本結佳. 住民の認識転換を通じた地域表象の創出過程——香川県直島におけるアートプロジェクトを事例にして [J]. 社会学評論，2012，63（3）：391-407.

[13]［日］熊澤貴之. 農村地域包括支援に向けた協働のアート制作がまちづくりへの意識醸成に [J]. デザイン研究，2017，63（5）.

[14]［日］室井研二. 離島の振興とアートプロジェクト－「瀬戸内国際芸術祭」の構想と帰結 [J]. 地域社会学会年報，2013，5（25）.

[15]［德］格诺特·波默. 气氛美学 [M]. 贾红雨，译. 北京：中国社会科学出版社，

---

① 渠岩. 艺术乡建：中国乡村建设的第三条路径 [J]. 民族艺术，2020（3）：14.

2018.

［16］刘悦笛．气氛美学、超逾美学与显现美学——当今德国的"生活美学"取向［J］．山东社会科学，2015（10）．

［17］［日］安藤忠雄．安藤忠雄：我的人生履历书［M］．褚炫初，王筱玲，译．中国台北：联经出版视野股份有限公司，2013．

［18］［日］北川富朗．乡土再造之力——大地艺术节的10种创想［M］．欧小林，译．北京：清华大学出版社，2015．

［19］［法］尼古拉斯·伯瑞奥德．关系美学［M］．黄宏峰，译．北京：金城出版社，2013．

［20］杨方伟．关系美学中的自然介入——"麦田计划"与自然笔记［J］．美术观察，2018（4）．

［21］叶朗．美学原理［M］．北京：北京大学出版社，2010．

［22］渠岩．艺术乡建：中国乡村建设的第三条路径［J］．民族艺术，2020（3）．

［23］Contemporary Art and Tourism on Setouchi Islands［M］．Japan：Tourism and The Creative Economy，OECD，2014．

［24］Ihara，Y.（2007）．A study on the Characteristics of the Art Projects and Their Influence on the Regional Environment at the Islands in the Seto Inland Sea［M］．Landscape Research Japan，Vol. 70，No.5：625-630，Japanese Institute of Landscape Architecture.

《北大文化产业评论》征稿启事

一、期刊介绍

《北大文化产业评论》（Peking University Cultural Industries Review）是北京大学文化产业研究院和国家文化产业创新与发展研究基地联合主办的文化产业研究性学术期刊书（Jook, Journal Book），以学术期刊的方式编辑内容，以图书专著的形式出版发行，每年12月份付梓出版。

本刊以文化产业相关领域的理论性、批判性、历史性和国际性的研究为主要内容，重点探讨当下文化产业发展的热点和趋势。同时欢迎人文与社会科学领域内以跨学科视角探讨文化产业现象的论文。本刊所秉持的理论性，是对西方文化产业典范的重新思考和中国本土概念体系的重新建构；批判性，是对现实存疑的态度和自我辩证的思维；历史性，是回顾过去和面向未来的文化时序；国际性，是对研究问题普世价值的关照和国际情境的借鉴。

本刊的目标是成为国际文化产业学术领域中知名学者研究成果发表的主要阵地，同时也致力于入选南京大学中文社会科学引文索引（CSSCI）。

为进一步完善文化产业领域的学术研究，以艺术学理论的二级学科构建为方向，本刊针对文化产业领域的研究动向和发展趋势，设置以下固定栏目：理论视野、前沿观察、产业动态、区域热点。具体内容包括但不限于以下领域：文化产业理论（基础理论、史论研究）；文化产业要素（文化资源、文化技术、文化资本、文化资产）、文化产业组织管理（文化创意、领导力、文化经营、文化金融）、文化产业社会治理（文化聚落、文化软实力、文化治理）。

二、投稿须知

（一）文稿类型

论文文字中英文均可，但中文以简体字为限，英文内容不超过当期篇幅的1/5。

同时本刊欢迎使用其他语言如日文、韩文、法文等的来稿，经审议通过，本刊将原文刊登。论文须是具原创性且完整学术格式的论文，中英文文稿篇幅以不超过一万字为宜。

（二）论文格式

（1）来稿格式请采用 Word 文档形式，文件名注明"文化产业评论投稿"，用电子邮件的"附件"形式投寄。若不能用电子邮件投稿，可邮寄打印稿。若文稿中含有数学公式、表格、曲线图及其他图表，请用电脑制作相关内容，并务必保证其中的符号、数字、文字、图线清晰、规范。文字横向排列，并注明页码。

（2）本刊为统一文稿规格，编订了论文撰稿体例，敬请参考遵循采用。来稿请以首页（首页注明：中文论文题目、作者姓名与任职机构、通信地址与电话等相关资料）、中文摘要（200字以内）与4至6个关键词、英文摘要（200字以内）与4至6个关键词、正文、注释、参考书目及附录（如有需要）为序，各项独立起页。

（3）为便于本刊匿名审核论文，请勿在正文页内呈现作者姓名与任何可能辨识作者的资料信息。

（三）审查程序

（1）本刊的审查程序分为两个阶段。文稿投寄至本刊后，先由本刊编辑进行初审。初审完成后，本刊编辑再将文稿交给2至3名编辑委员进行匿名审查，需时约6周。本刊编辑负责通知作者文稿审查的进度与结果。

（2）第二阶段审查完毕后，本刊编辑会将审查意见与文稿副本寄给作者。作者收到审查意见与副本后，可进行文稿修改，并在10天之内，将文稿寄回本刊。文稿最终版本确定后，作者不得再对文稿内容进行任何更改。

（3）本刊依据匿名审查意见，保有对文稿进行任何必要更改的权利，并请作者参考审查意见做必要的修改或拒绝刊载文稿。不愿接受删改者，请在首页声明。

（4）请自留原稿，本刊依例不退还文稿。

（四）版权事宜

（1）本刊不接受已正式出版，以及一稿数投的论文。邀请论文不在此限。对于侵犯他人版权或者其他权益的文稿，本刊概不承担任何连带责任。

（2）经刊登的论文，版权归本刊所有。非经本刊同意，不得转载或转译为其他语种发表。邀请论文不在此限。

（3）论文经刊登，本刊将赠送作者当期刊物两本，不另付稿酬。

（五）稿件交寄

来稿请通过电子邮件投稿，本刊编辑部收到后会及时回复确认。请勿由私人转递稿件，以免辗转贻误。本刊编辑部收到后即回复，6个月后未被刊用可自行处理。本刊不收取任何费用，也不开具任何书面录用通知，请谨防诈骗。询问本刊出版相关事宜请联系：北京大学文化产业研究院《北大文化产业评论》编辑部。

联系方式：86-10-62767249，86-10-62757216

投稿邮箱：ici@pku.edu.cn（邮件标题请注明"《北大文化产业评论》投稿"）。

通信地址：北京大学燕南园51号院（邮编：100871）。

《北大文化产业评论》编辑部
2021年8月31日

同时本刊欢迎使用其他语言如日文、韩文、法文等的来稿，经审议通过，本刊将原文刊登。论文须是具原创性且完整学术格式的论文，中英文文稿篇幅以不超过一万字为宜。

（二）论文格式

（1）来稿格式请采用 Word 文档形式，文件名注明"文化产业评论投稿"，用电子邮件的"附件"形式投寄。若不能用电子邮件投稿，可邮寄打印稿。若文稿中含有数学公式、表格、曲线图及其他图表，请用电脑制作相关内容，并务必保证其中的符号、数字、文字、图线清晰、规范。文字横向排列，并注明页码。

（2）本刊为统一文稿规格，编订了论文撰稿体例，敬请参考遵循采用。来稿请以首页（首页注明：中文论文题目、作者姓名与任职机构、通信地址与电话等相关资料）、中文摘要（200字以内）与4至6个关键词、英文摘要（200字以内）与4至6个关键词、正文、注释、参考书目及附录（如有需要）为序，各项独立起页。

（3）为便于本刊匿名审核论文，请勿在正文页内呈现作者姓名与任何可能辨识作者的资料信息。

（三）审查程序

（1）本刊的审查程序分为两个阶段。文稿投寄至本刊后，先由本刊编辑进行初审。初审完成后，本刊编辑再将文稿交给2至3名编辑委员进行匿名审查，需时约6周。本刊编辑负责通知作者文稿审查的进度与结果。

（2）第二阶段审查完毕后，本刊编辑会将审查意见与文稿副本寄给作者。作者收到审查意见与副本后，可进行文稿修改，并在10天之内，将文稿寄回本刊。文稿最终版本确定后，作者不得再对文稿内容进行任何更改。

（3）本刊依据匿名审查意见，保有对文稿进行任何必要更改的权利，并请作者参考审查意见做必要的修改或拒绝刊载文稿。不愿接受删改者，请在首页声明。

（4）请自留原稿，本刊依例不退还文稿。

（四）版权事宜

（1）本刊不接受已正式出版，以及一稿数投的论文。邀请论文不在此限。对于侵犯他人版权或者其他权益的文稿，本刊概不承担任何连带责任。

（2）经刊登的论文，版权归本刊所有。非经本刊同意，不得转载或转译为其他语种发表。邀请论文不在此限。

（3）论文经刊登，本刊将赠送作者当期刊物两本，不另付稿酬。

(五）稿件交寄

来稿请通过电子邮件投稿，本刊编辑部收到后会及时回复确认。请勿由私人转递稿件，以免辗转贻误。本刊编辑部收到后即回复，6个月后未被刊用可自行处理。本刊不收取任何费用，也不开具任何书面录用通知，请谨防诈骗。询问本刊出版相关事宜请联系：北京大学文化产业研究院《北大文化产业评论》编辑部。

联系方式：86-10-62767249，86-10-62757216

投稿邮箱：ici@pku.edu.cn（邮件标题请注明"《北大文化产业评论》投稿"）。

通信地址：北京大学燕南园51号院（邮编：100871）。

《北大文化产业评论》编辑部
2021年8月31日